Johannes Seiffert

Grandiose
Täuschungsmanöver
der
Geschichte

edition berolina

ISBN 978-3-95841-108-1
1. Auflage
© 2019 by BEBUG mbH / edition berolina, Berlin
Umschlaggestaltung: BEBUG mbH, Berlin
Umschlagabbildung: © akg-images: »Die Sizilianische Vesper«, Gemälde von
Michele Rapisardi (1822–1886)
Druck und Bindung: CPI Moravia Books s. r. o.

eb edition berolina

Alexanderstraße 1
10178 Berlin
Tel. 030 / 206 109 – 0

www.buchredaktion.de

Inhalt

Vorwort

2019: Das Rad der Geschichte dreht sich – immer schneller? Das ist schwer, zu sagen. Es dreht sich jedoch wieder spürbar, und zwar spürbarer als in der Vergangenheit. So viel kann man sagen. Was sind die wesentlichen Entwicklungen? Manchmal sind es, für sich genommen, ganz unspektakuläre Dinge. Schlendert man im Augenblick durch das Zentrum Berlins, stößt man auf Plakate, die für das Deutsche Spionagemuseum werben. Und zwar mit dem treffenden Slogan für eine neue Ausstellung: »1989 – Der Traum der Staatssicherheit: an jeder Ecke ein Spitzel / 2019 – Der Traum der Staatsbürger: in jeder Ecke ein Spitzel«. Wobei sich letzterer Claim auf die neue perfide Form der Heimspionage in Form von »smarten« Lautsprechern wie Alexa, »smarten« Fernsehern et cetera bezieht, mit denen sich die Konsumenten die permanente Rund-um-die-Uhr-Überwachung freiwillig ins Haus holen und dafür auch noch Geld bezahlen. Das ist tatsächlich eine ziemlich absurde Entwicklung, vergleicht man die heutige Situation mit 1989, als die Menschen in der DDR auf die Straßen gingen, um die »allgegenwärtigen Spitzel der Stasi«, wie das in der Westblockpresse so gern formuliert wurde, loszuwerden. Und heute kauft dasselbe Volk freiwillig, ohne nachzudenken, ja, geradezu begeistert Ausspähtools, die der feuchte Traum der Stasi gewesen wären, hätte es diese Tools damals schon gegeben, und stellt diese möglichst in jedem Raum des eigenen Zuhauses auf: Man ermöglicht damit ebenso kommerziellen wie geheimdienstnahen Unternehmen die freiwillige permanente Abhörung rund um die Uhr (»ich hab ja nix zu verbergen«) samt Aufzeichnung aller Äußerungen (in Wort und teilweise auch in Bild) in riesigen, hypermodernen Datenbanken zur jederzeitigen Auswertung. Es dürfte nicht mehr allzu lange dauern, bis man sich verdächtig macht, wenn man, aus welchen Gründen auch immer, nicht mitmacht bei der Bestückung der eigenen Privatsphäre mit solchen freiwilligen Abhöreinrichtungen. *1984* beziehungsweise *Big Brother* lassen grüßen, nur diesmal nicht von der Normannenstraße oder der Moskwa, sondern vom Potomac.

Auch außerhalb Deutschlands geschehen »interessante« bis fragwürdige Dinge. Mitte April 2019 wurde *WikiLeaks*-Gründer und »Chefredakteur« Julian Assange in London nach sieben Jahren »Geiselhaft« in der ecuadorianischen Botschaft verhaftet. Die Bilder des von zivil gekleideten britischen Geheimdienstlern »robust« aus dem Gebäude geschleppten, sichtlich geschwächten Assange, mit wirrem Haar und fusseligem Vollbart, gingen um die Welt. Der seit 2017 amtierende ecuadorianische Staatspräsident Lenín Moreno (der seinem Vornamen wahrlich keine Ehre macht) hatte entschieden, sich dem Druck von USA und Großbritannien zu beugen und Assange der britischen Polizei auszuliefern. Damit endeten fast zweieinhalbtausend Tage Gefangenschaft in einem Zwanzig-Quadratmeter-Räumchen innerhalb der aus einer Sechs-Zimmer-Wohnung bestehenden Botschaft Ecuadors in London. Assanges Lebensbedingungen dort waren weitaus schlimmer als in einem Gefängnis, war ihm doch jeglicher Gang ins Freie verwehrt (rund um das Gebäude waren permanent britische Polizisten stationiert mit dem Auftrag, ihn bei der geringsten Bewegung außerhalb des Gebäudes beziehungsweise der Botschaftswohnung sofort festzunehmen), während man in einem Gefängnis zumindest einen täglichen Hofgang gewährt bekommt. Kein Wunder, dass Assange immer depressiver wurde, angesichts seiner zunehmenden gesundheitlichen Probleme bis hin zu der Schwierigkeit, in der Botschaft zahnärztliche Behandlung zu bekommen. Aus Sicht der USA beziehungsweise des Westblocks ist Assanges Sündenregister lang, und es bleibt abzuwarten, wie sich sein weiteres Schicksal gestalten wird. Auch ein »plötzlicher Tod« hinter Gittern ist nicht auszuschließen, ruft man sich die merkwürdigen Todesumstände zweier seiner Rechtsanwälte im Jahr 2016 in Erinnerung.

In Venezuela dagegen hat eine verschärfte Phase des Kampfes um die unermesslichen Ölreserven des Landes begonnen, mit dem von den USA installierten Möchtegern-Präsidenten Juan Guaidó gegen den gewählten Amtsinhaber Nicolás Maduro. Die USA haben gleichzeitig die iranischen Revolutionsgarden beziehungsweise deren Eliteeinheit, die Al-Quds-Brigaden, zu einer terroristischen Organisation erklärt; der Iran erklärte im Gegenzug das gesamte US-Militär zu einer terroristischen Organisation (was verblüfft, dass da noch keiner früher drauf gekommen ist, angesichts der vielen Angriffskriege, die die USA mit und ohne Kriegserklärung in den letzten siebzig Jahren führten). Russland hat sich offenbar entschieden, wie in Syrien für Assad so in Venezuela für den »russophilen« Maduro sein Gewicht in die Waagschale zu werfen. Auch China hilft im Hintergrund mit, den US-Durchmarsch in Venezuela nach zwei Jahrzehnten »Chávez-Sozialismus« zu verhindern. Statt mit Soldaten ist die mittlerweile größte und erfolgreichste Volkswirtschaft, die nach wie vor kommunistische Volksrepublik China, seit mehreren Jahrzehnten dabei, den Westen beziehungsweise die restliche Welt mit ihren Yuanmilliarden zu »unterwandern« beziehungsweise sich zentralen Einfluss zu sichern über gigantische Infrastrukturprojekte.

Wo sich französische Staatspräsidenten zur Befriedigung ihrer persönlichen Eitelkeit regelmäßig mit »pharaonischen« Gebäudekomplexen in Paris und anderswo für die Ewigkeit zu positionieren versuchten (welche sich vergleichsweise mickrig ausnehmen, wie der unterirdische *Louvre*-Eingang, die *Bibliothèque Nationale* oder der Gebäudekomplex der *Défense*), schüttet China ein scheinbar unerschöpfliches Füllhorn an Dollarmilliarden über Länder und Kontinente aus, in denen es eine führende Stellung einnehmen will: Afrika, Asien, Südosteuropa. Allein in der letztgenannten Region summieren sich die Investitionen aus dem Reich der Mitte während der letzten Jahrzehnte auf über dreißig Milliarden Dollar. Das chinesische Vorgehen hat den Nachteil, dass der Einfluss auf diese Weise nur schrittweise und in vergleichsweise moderatem Tempo steigt. Es hat aber im Gegenzug zu dem von den USA und ihren Streitkräften beziehungsweise ihren Verbündeten, getrieben vom militärisch-industriellen Komplex, seit vielen Jahrzehnten und wider besseren Wissens betriebenen militärischen Vorgehen (Korea, Vietnam, Irak, Afghanistan, Kosovo, Jugoslawien, Libyen, Syrien et cetera pp.) den immensen Vorteil, das Ganze ohne Zerstörungsorgien, Umweltverseuchung (abgereichertes Uran et cetera), Tod und Leid von Hunderttausenden und der reihenweisen Hinterlassung von Failed States zu bewerkstelligen. Geduld hat China in den vergangenen sechstausend Jahren seiner kulturellen Hochblüte gelernt. Die USA haben das in den reichlich zweihundert Jahren ihrer Existenz bisher nicht geschafft (mit Ausnahme des Kalten Krieges gegen den Ostblock zwischen 1945 und 1991, hier aber *sub specie aeternitatis* eines im Zweifelsfall drohenden Nuklearkriegs, der die USA gezwungenermaßen davon abhielt, direkte militärische Maßnahmen gegen die verhasste Sowjetunion zu ergreifen – auch den Kalten

Kriegern vom Potomac mit ihrem tödlichen Hass auf die Sowjetunion beziehungsweise den »Kommunismus« war das Hemd näher als der Rock).

Zum Thema Libyen lauten die aktuellen Schlagzeilen: »Libyen, das neue Syrien?« – »Staatszerfall in Libyen« – »Angriff der Truppen von General Haftar« – »Bürgerkrieg in Libyen« – »Europas Libyen-Politik gescheitert« – »Kampf um Tripolis« – »USA ziehen Soldaten aus Libyen ab« – »Machtkampf in Libyen« – »Libyens Milizen immer brutaler« – »Elendslager in Libyen« – »Militärführer Haftar marschiert auf Tripolis zu« – »Letzter funktionierender Flughafen der libyschen Hauptstadt geschlossen« – und so weiter und so fort. Die »internationale Gemeinschaft« droht Haftar mit Sanktionen, sollte er die von der »internationalen Gemeinschaft« anerkannte Regierung in Tripolis verjagen. Im Jahr neun nach dem Sturz Gaddafis ist also alles, wie gehabt. Der in die Flucht gebombte und anschließend grausam abgeschlachtete, in der Westblockpresse konsequent als »Diktator« Geschmähte war zuvor Garant eines funktionierenden Staatsgebildes gewesen. Dieses wurde von NATO und USA in Grund und Boden gebombt, mögliche Ordnungskräfte zerschlagen, das Schicksal als Failed State für die Zukunft Libyens nur allzu gern in Kauf genommen – je weniger Staat, umso billiger das Öl, das von den verschiedenen Warlords in Preissenkungswettbewerben immer billiger vertickt wird, um so an Geld für die beabsichtigten Waffenkäufe zu kommen, und an Geld, um die eigene Anhängerschaft konsumistisch aushalten zu können.

Haftar selbst war unter dem früheren, von der NATO aus dem Amt gebombten libyschen Staatschef Gaddafi zum General avanciert, wechselte aber bereits in den 1990er Jahren die Seiten und arbeitete für die CIA am Sturz Gaddafis, war auch an dem NATO-Krieg gegen

Gaddafi 2011 aufseiten der NATO beteiligt und hat sich anschließend einen großen Teil des mit Bodenschätzen (vor allem Erdöl) gesegneten Landes unter den Nagel gerissen. Seit 2014 im zweiten Bürgerkrieg und ab 2017 im dritten Bürgerkrieg in Libyen versucht er, alleiniger Herrscher des Landes zu werden und damit Gaddafi zu beerben. Zu diesem Zweck hat er sich seit 2015 Russland angenähert und Moskau mehrere Male besucht, bezieht von dort auch einen Großteil seiner Waffen und des Nachschubs. Mit der ihm unterstehenden Libyschen Nationalarmee (LNA) hat er aus dem Osten des Landes heraus in einem »Sturmlauf« einen Großteil des Landes erobert, so dass der von der »offiziellen« Regierung beherrschte Landesteil deutlich geschrumpft ist. Im Libyen-»Spiel« agieren bekannte Akteure: USA, EU, Frankreich, Italien, Ägypten, Saudi-Arabien und Erdogans Türkei. Haftar, mit Machtbasis in Bengasi, wird von Saudi-Arabien, den Vereinigten Arabischen Emiraten und Ägypten unterstützt und bekommt Waffen von Frankreich. Die Gegner Haftars, die »international anerkannte Regierung« Libyens in Tripolis, werden von Erdogan unterstützt, er will sich im Rennen um die unermesslichen Ölreserven Libyens eine aussichtsreiche Position verschaffen. Frankreich wiederum ist aus der EU-Position ausgeschert und setzt ebenfalls auf Haftar, während das seit dem 19. Jahrhundert kolonial in Libyen agierende Italien auf die Regierung in Tripolis setzt beim Kampf um Öl und Wiederaufbaumilliardenaufträge (Berlusconi ist einer der größten Bauunternehmer Italiens, nicht zu vergessen). Von den mittlerweile nur noch grotesken Wirren um den von den Briten selbst angestrengten, nun aber mangels innerbritischem Konsens zum Ausstiegsvertrag immer wieder vertagten Brexit (Auszug aus der EU) ganz zu schweigen.

Das Russland-Bashing seitens der Westblockmedien

setzt sich auch 2019 ungebremst fort. So wurde der Staatsbesuch Putins in Italien Anfang Juli 2019 mit keinem Wort erwähnt oder, wenn ausnahmsweise doch, nur versteckt an hinterer Stelle. Dabei war der Besuch eine Sensation, gelten doch die sinnlosen Westblocksanktionen weiter samt einer unausgesprochenen Vereinbarung, Putin derzeit weder zu besuchen noch einzuladen, um ihn nicht noch weiter aufzuwerten. Doch die in Italien regierende unberechenbare Fünf-Sterne Partei (M5S) des eigenwilligen Komikers Beppe Grillo samt seinen rechtsradikalen Koalitionspartnern ist aus dem »Westblock-Agreement« ausgeschert, ist doch Russland nach wie vor einer der wichtigsten Handelspartner Italiens. Russland hat im Frühjahr 2019 auch angekündigt, technische Vorkehrungen zu treffen, sich notfalls vom restlichen weltweiten Netz (*World Wide Web*) abzukoppeln – und wurde dafür natürlich einmal mehr als paranoide zensurwütige Nation hingestellt. Außer Acht gelassen wurden bei solchen Bewertungen die vielen Drohungen seitens der USA, den Cyberwar mit Russland zu verschärfen, und viele bis heute unbekannt gebliebene Versuche verschiedener US-Behörden, die Sicherheit des russischen Netzes zu testen beziehungsweise zu durchbrechen und für aggressive Angriffshandlungen im Netz zu benutzen. Berücksichtigt man diesen Faktor, ist es nur sinnvoll und logisch, dass Russland jetzt einen »Schalter« einbaut, mittels dem es notfalls binnen Sekunden den US-Zugriff aufs russische Netz unterbinden kann. Dazu gehört auch, dass russische Daten ausschließlich auf in Russland platzierten Servern durchgeleitet werden dürfen (das sollte sich die EU auch einmal überlegen, schon aus Gründen des Datenschutzes, noch wird ein Großteil des EU-Datenverkehrs über die US-Geheimdiensten sperrangelweit offenstehenden US-Server abgewickelt).

In der benachbarten Ukraine wurde der vor fünf Jahren von der EU und den USA ins Amt geputschte Poroschenko im Mai 2019 abgewählt und durch den TV-Komiker Selenskyj ersetzt – Poroschenko hatte in seinen fünf Amtsjahren keines seiner vielen Wahlversprechen eingelöst. Dabei schreckte Petro Poroschenko im Wahlkampf auch vor schmutzigen Tricks Marke »unterste Schublade« nicht zurück. So beschuldigte er seinen erfolgreichen Gegenkandidaten unter anderem, drogenabhängig und ein Putin-Freund zu sein. Dieser verzweifelte letzte Angriff wurde angeblich von einem Fachmann aus Israel gesteuert, dem »Spindoktor« Moshe Klughaft, der in Israel durch bösartige Angriffe auf Linksliberale auffiel, dann in Österreich ausgerechnet die Sozialdemokratische Partei (SPÖ) im Wahlkampf beriet und schließlich noch in Georgien die Wahl eines Michail-Saakaschwili-Kandidaten verhinderte.

Zu diesen und vielen weiteren historischen Ereignissen, vom Mittelalter bis in die Gegenwart, die mit grandiosen Täuschungsmanövern einhergingen, werden im hier vorgelegten Buch Hintergründe und Vorgeschichten erläutert. Ich wünsche Ihnen eine aufschlussreiche und vergnügliche Lektüre.

Gagra und Nowy Afon, im Spätsommer 2019
Johannes Seiffert

Die »Konstantinische Schenkung«

Die viele Jahrhunderte auch weltliche Machtstellung der katholischen Kirche (inklusive reale Kriege führender und als Feldherren agierender Päpste) beruhte auf der sogenannten Konstantinischen Schenkung, die angeblich im 4. Jahrhundert u. Z. stattfand. Dieser »Schenkung« zufolge habe der spätantike römische Kaiser Konstantin nicht nur die katholische Religion zur Staatsreligion erhoben, sondern auch dem Bischof von Rom Grund und Boden in Rom und Mittelitalien geschenkt, der dem römischen Bischof, damals an letzter Stelle der fünf katholischen Kirchenpatriarchen rangierend, plötzlich eine prominente Sonderrolle verlieh und ihn in der kirchlichen Hierarchie weit nach vorn spülte – laut eigenem Amtsverständnis an die Spitze der katholischen Amtskirche, was sonst.

Was wäre allerdings, wenn sich diese Schenkung nur als ein Schwindel herausstellte? Dann wäre der Papst faktisch statt eines mächtigen Kaisers ein nackter Mann, wie im Märchen. Und wissen Sie was? Diese angebliche Schenkung ist tatsächlich ein Schwindel. Es gab diese Schenkung nie. Das Ganze beruht auf einem gigantischen Täuschungsmanöver, mit dem sich der Bischof von Rom kraft eigener Fälscherwerkstatt im Mittelalter zum mächtigsten Mann der westlichen Hemisphäre und zum Oberhirten der katholischen Kirche machte.

Was heißt das konkret? Ginge es nur nach den historischen Fakten, müsste der Papst den Kirchenstaat zurückgeben, den Vatikan und alle darin versammelten Kunst- und Vermögenswerte dem italienischen Staat beziehungsweise dem italienischen Volk als ihren rechtmäßigen Besitzer*innen retournieren und sich künftig darauf beschränken, als Bischof von Rom zu amtieren. Und nichts anderes. Es gäbe keinen Papst mehr. Keine weltweiten Reisen, keine Besuche ferner Länder zu Hunderttausenden von Anhänger*innen, die frenetisch applaudieren, keine »Hirtenworte«, mit denen bis heute den Katholik*innen auf der ganzen Welt die Verwendung von Verhütungsmethoden, wie Kondom und Pille, verboten wird, keine Verhandlungen auf Regierungsebene über die Zulassung von Missionaren in bis jetzt dem Katholizismus noch fern stehenden Ländern et cetera pp. Warum das nicht passiert, fragen Sie sich? Dazu am Ende dieses Kapitels mehr. Lassen Sie uns zunächst unter die Lupe nehmen, wie dieses bis heute wirksame Täuschungsmanöver vor vielen Hundert Jahren raffiniert in die Wege geleitet wurde.

Faktisch nachweisbar ist, dass sich der römische Bischof seit dem 9. Jahrhundert auf diese urplötzlich, gleichsam aus dem Nichts auftauchende Schenkungsurkunde des Jahres 317 u. Z., das *Constitutum Constantini* beziehungsweise die *Donatio Constantini ad Silvestrem I papam*, beruft. Darin wird Silvester I. (Amtszeit 314 bis 335 u. Z.) und sämtlichen Nachfolgern *usque in finem saeculi*, also bis in alle Ewigkeit, die realpolitische Oberherrschaft über Rom, Italien und die Westhälfte des ehemaligen Römischen Reichs mittels Schenkung übereignet. Die zugehörige Legende geht folgendermaßen: Der spätrömische Kaiser Konstantin sei kurz vor seinem Tod von einem schlimmen Hautausschlag gequält worden. Die heidnischen Priester hätten ihm geraten, im Blut unschuldiger Kinder zu baden. Das habe der Kaiser nach kurzer Überlegung abgelehnt. In einem nächtlichen Traum sei er dann von den Aposteln Peter und Paul an »Papst« Silvester I. verwiesen worden. Dieser könne ihm helfen. Der Kaiser habe Boten zum »Papst« geschickt, der sich außerhalb Roms verborgen hielt, und um Abhilfe gebeten. Der »Papst« habe den Kaiser dann durch ein Taufbad (die Taufe) von allem Aussatz geheilt. Konstantin habe sich daraufhin nicht nur zum trinitarischen (Dreifaltigkeits-)Glauben bekannt, sondern aus Dankbarkeit dem »Papst« auch eine Urkunde ausgestellt. Darin habe der Kaiser dem »Papst« nicht nur den Vorrang vor allen anderen katholischen Patriarchaten (Konstantinopel, Antiochia, Alexandrien, Jerusalem) verliehen, sondern auch Teile der kaiserlichen Insignien (Diadem, Purpurmantel, Zepter, Prozessionsrecht, Mitra mit Tiara) und ganz Italien sowie den gesamten Westen des Reichs zur Herrschaft überlassen. Auch der kaiserliche Lateranpalast sei auf diesem Weg in Kirchenbesitz gekommen. Als Zeichen der Unterwerfung soll der Kaiser dem »Papst« schließlich sogar noch in einer öffentlichen Zeremonie als Stallmeister gedient haben (indem er das »päpstliche« Pferd führte).

Schon früh kamen Zweifel an der Echtheit dieses so maßgeschneidert zu den »päpstlich«-römischen Geltungsansprüchen passenden Dokuments auf. Dem deutschen Kaiser Otto I. war Mitte des 10. Jahrhunderts eine Abschrift der angeblichen Schenkungsurkunde von einem Abgesandten des Papstes zur Bestätigung vorgelegt worden. Sie wurde jedoch von den Schriftexperten bei Hofe als mutmaßliche Fälschung erkannt und die Bestätigung daher abgelehnt. Auch sein Enkel Otto III. lehnte eine Anerkennung des *Constitutums* ab und starb kurz darauf eines plötzlichen Fiebertodes. Im Streit zwischen dem byzantinischen und dem römischen Patriarchen, der Mitte des 11. Jahrhunderts zur bis heute andauernden Kirchenspaltung führte, spielte das angeblich antike Dokument eine große Rolle. Der byzantinische Patriarch stellte das Dokument hohnlachend als Fälschung dar und weigerte sich selbstverständlich, es anzuerkennen. Bis zum Spätmittelalter beriefen sich die Päpste regelmäßig auf die »Konstantinische Schenkung« zur Begründung aller möglichen Forderungen. Doch die Fälschungsvorwürfe wollten nicht verstummen. Dass das *Constitutum Constantini* eine Fälschung sei, über die in Rom »selbst die Krämer und die Marktweiber offen redeten«, wurde dem späteren zweiten Stauferkaiser Friedrich Barbarossa bei seiner Thronbesteigung als römisch-deutscher König 1152 berichtet. Auch der berühmte, jedoch wegen seiner Obrigkeitshörigkeit zweifelhafte französische Theologe Bernhard von Clairvaux (*1090; †1153) äußerte Bedenken an der »Konstantinischen Schenkung« und beklagte, dass mit ihr weltlicher Prunk und Pomp in die Kirche eingezogen sei.

Unabhängig voneinander konnten zwei der berühmtesten Humanisten des 15. Jahrhunderts im Abstand weniger Jahre dann endgültig das Dokument mit lückenloser, unangreifbarer Beweisführung zweifelsfrei als Fälschung entlarven. Dies gelang 1433 dem deutschen Theologen und Philosophen Nikolaus von Kues (*1401; †1464) und 1440 dem italienischen Humanisten Lorenzo Valla (*um 1406; †1457). Valla verwies darauf, dass das Latein der Urkunde anders sei als bei vergleichbaren Urkunden des frühen 4. Jahrhunderts u. Z. Zudem werde in der Urkunde als Name der oströmischen Hauptstadt Konstantinopel angegeben, obwohl die Stadt damals noch Byzantion beziehungsweise Nova Roma hieß. In Deutschland sorgte der Reichsritter, Humanist und Kirchenkritiker Ulrich von Hutten (*1488; †1523) knapp hundert Jahre später, 1521, für die Verbreitung von Vallas Schrift *De donatione Constantini*. Die katholische Kirche vertrat in der Folge die Auffassung, die Urkunde sei zwar möglicherweise gefälscht, doch die Fälschung von Griechen begangen worden. Erst im 19. Jahrhundert belegte der katholische Gelehrte Ignaz von Döllinger (*1799; †1890), dass auch die (Schutz-)Behauptung eines griechischen Ursprungs und einer nachträglichen Übersetzung ins Lateinische haltlos sei. Der Vatikan anerkannte wenig später die Fälschung und räumte ein, dass der kirchliche Anspruch auf weltliche Macht nicht durch ein wie auch immer geartetes Geschenk des römischen Kaisers belegt werden könne. Es dauerte dann aber noch bis ins 21. Jahrhundert, bevor Papst Benedikt XVI., Joseph Ratzinger, den auf der »Konstantinischen Schenkung« beruhenden offiziellen päpstlichen Titel eines »Patriarchen des Abendlandes« definitiv streichen und die kaiserliche Tiara als Symbol der weltlichen Macht aus dem »Papstwappen« entfernen ließ.

Doch warum kann der »Papst« immer noch auf seinen also vor vielen Hundert Jahren erschlichenen Besitz- und Reichtümern sowie dem Amt als oberster »Hirte« der katholischen Kirche beharren, obwohl ihm diese überhaupt nicht zustehen? Ganz einfach. Weil sich nach wie vor niemand von den weltlichen Staatschefs in Ost und West traut, ihn zu diesem Schritt zu zwingen. Zu groß ist die Angst vor dem Einfluss der von Rom gesteuerten, im völlig unchristlichen Zölibat gefangenen und gleichermaßen zum Kindesmissbrauch »gezwungenen« katholischen Priester, zu groß die Angst um ihren Einfluss auf das liebe Wahlvolk, das einem die nächste Wahl ins Regierungsamt verhageln könnte, ginge man diesen zugegeben radikalen, aber historisch völlig folgerichtigen Schritt. Und da sich niemand traut, darf der »Papst« weiter Papst spielen, im Vatikan wohnen, sich über die Millionengewinne der in Geldwäsche verwickelten Vatikanbank freuen, sich am Anblick der in den Vatikanischen Museen versammelten Kunstwerke delektieren, die der Kirche von folgsamen

Katholiken nach wie vor massenhaft vermachten Vermögenswerte und Immobilien nutzen beziehungsweise »umrubeln« und also mit einem Täuschungsmanöver *ad infinitum* fortfahren, das sich schon vor sechshundert Jahren als banaler Betrug herausgestellt hat. So einfach – und so traurig – sind manchmal historische Umstände.

Gab es das »Mittelalter« überhaupt?

Das abendländische Geschichtsverständnis, unsere Traditionslinien basieren auf der festgefügten Abfolge Antike – Mittelalter – Neuzeit – Gegenwart. Was aber, wenn – verschiedenen ketzerischen Stimmen folgend – nun festgestellt werden müsste, dass in dieser Grundlage des abendländischen Selbstverständnisses mehrere Jahrhunderte fehlen, die dokumentarisch nicht belegt werden können? Das wäre für die meisten Mitmenschen in Europa und anderswo ein gelinder Schock. Oder sollten wir auch hier einer gigantischen Verschwörung und Täuschung unterliegen?

Die These, um die es hier gehen soll, tritt auf unter dem Titel »erfundenes Mittelalter« oder auch »Phantomzeit-Theorie«. Ihr zufolge wurden rund dreihundert Jahre des Mittelalters von verschiedenen Protagonisten frei erfunden. Tatsächlich soll auf das Jahr 614 u. Z. direkt das Jahr 911 u. Z. gefolgt sein. Damit wäre beispielsweise ein abendländischer Zentralheros und geistiger Gründungsvater des vereinten Europas wie Karl der Große bloße Chimäre, ein Phantom, kurzum: Fiktion.

Wer kommt denn aber nun auf solch ketzerische Gedanken? Prominentester Name ist hierbei der deutsche Publizist, Germanist und Verleger Heribert Illig. Dieser griff 1991 die These auf, man müsse durch die Löschung angeblich erfundener Jahre die Chronologie des Mittelalters korrigieren. Professor Hans-Ulrich Niemitz schloss sich dieser Vorstellung an und nannte den Zeitraum »Phantomzeit«. Demzufolge sei das Fränkische Reich nach Chlodwig I. ein Produkt der Phantasie. Insbesondere Personen wie Karl der Große und andere Karolinger hätten überhaupt nicht existiert oder seien vor 614 beziehungsweise nach 911 zu datieren.

Von der Fachwelt, also Geschichtswissenschaftlern und Mediävisten, wird diese These als Pseudowissenschaft verworfen, die auf Irrtümern und methodischen Fehlern beruhe und teilweise schon Charakterzüge einer Verschwörungstheorie trage. Illig geht jedoch davon aus, dass innerhalb der traditionellen, wissenschaftlichen Chronologie ein Zirkelschluss vorliege. Moderne Datierungsmethoden, wie die Radiokarbonmethode oder die Dendrochronologie, beruhten auf der als korrekt angenommenen herkömmlichen Chronologie und könnten daher nicht als Beleg für deren Richtigkeit angesehen werden. Eine neue Chronologie müsse absolute Datierungen neu festlegen und dadurch diese Datierungsmethoden neu justieren. Illig geht davon aus, dass die Kalenderreform 1582 samt Berichtigung des julianischen Kalenders (mit einer angenommenen mittleren Jahreslänge von 365,25 Tagen) um drei Tage zu kurz ausgefallen sei (zehn statt dreizehn Tage). Die tatsächliche Jahreslänge betrage 365,2422 Tage. Die Gesamtabweichung seit Einführung des julianischen Kalenders im Jahr 46 v. u. Z. habe sich bis 1582 auf insgesamt 12,7 Tage summiert. Somit kommt Illig auf drei Jahrhunderte zu viel, den Zeitraum grenzte er auf September 614 bis August 911 ein.

Die Fachwelt wendet jedoch ein, Illig habe dabei das Datum der Tag-und-Nacht-Gleiche, das bei Einführung des julianischen Kalenders nicht überliefert sei, übersehen. Zudem sei der 21. März als Frühlingsbeginn erst beim Konzil von Nicäa im Jahr 325 u. Z. zur Berechnung des Osterdatums herangezogen worden. Daher müsse dieses Jahr, und nicht die Einführung des julianischen

Kalenders, als Ausgangspunkt der Chronologie betrachtet werden. Bis 1582 habe sich der astronomische Frühlingsbeginn auf den 11. März verschoben. Papst Gregor XIII. habe daher zu Recht den Sprung vom 11. März auf den 21. März eingefügt. Illig entgegnet, dass Originalurkunden aus dem Zeitraum 614 bis 911 äußerst spärlich seien. Überdies seien zwischen dem 10. Jahrhundert und dem Anfang des 13. Jahrhunderts zahlreiche Urkunden neu abgeschrieben und die Originale vernichtet worden. Auf diese Weise sei die fiktive Einfügung von dreihundert Jahren ermöglicht worden.

Entgegen Illigs These existieren jedoch nach heutigem Kenntnisstand aus dem fraglichen Zeitraum 614 bis 911 mehr als siebentausend Originaldokumente. Für die monastische Literatur sei das 9. Jahrhundert an Autoren und Manuskripten sogar das reichste des gesamten frühen Mittelalters. Das Abschreiben war zudem für das Mittelalter die einzige Möglichkeit, Texte zu kopieren. Eine pauschale Verwerfung der Texte des Frühmittelalters als Fälschungen à la Illig sei wissenschaftlich nicht haltbar. Die Phantomzeitbefürworter verweisen jedoch zusätzlich darauf, dass es nur wenige archäologische Funde aus dem Frühmittelalter gebe und diese zudem falsch in die Zeit zwischen dem 7. und 10. Jahrhundert datiert worden seien. Auch das ist jedoch falsch. Es gibt gerade für den fraglichen Zeitraum eine große Zahl archäologischer Funde.

Auch die astronomischen Kritikpunkte Illigs sind mittlerweile widerlegt. Illig beharrt jedoch darauf, dass seine Thesen durch astronomische Berechnungen nicht widerlegbar seien, weil diese auf zu unsicheren Quellen beruhten. Er argumentiert mit einem Zitat des Astronomen Dieter B. Herrmann, das sich allerdings nur auf Sonnenfinsternisse bezieht. Astronomische Ereignisse der Vergangenheit sind generell nur schwer eindeutig einem Datum zuzuordnen. Die Summe vieler historischer Beobachtungen ergibt aber ein valides Bild. Zudem sind Berichte über zwei totale Sonnenfinsternisse, die im heutigen Portugal im Abstand von 29,5 Jahren auftraten, eine Sonnenfinsternis im Jahr 59 u. Z. und mehrere Beschreibungen des Halleyschen Kometen eindeutig einem Zeitpunkt zuzuordnen und widerlegen somit Illigs These. Dieser setze sich nicht mit den Hinterlassenschaften der von ihm in Frage gestellten Zeit, sondern hauptsächlich mit Sekundärliteratur auseinander.

Bei der Frage nach möglichen Urhebern der von ihm angenommenen Täuschung verwies Illig darauf, dass hierbei der römisch-deutsche und der byzantinische Kaiser sowie der damalige Papst zusammengearbeitet haben mussten. 2005 modifizierte er seine These und behauptete nun, die Fälscher seien Otto III. und Silvester II. sowie Konstantin VII. gewesen. Im Zeitraum zwischen 990 bis 1009 seien sich diese Herrscher einig genug gewesen, um eine solche Täuschung ins Werk zu setzen. Gemeinsames Motiv sei gewesen, im Heiligen Jahr 1000 zu leben. Otto III. habe sich zudem Karl den Großen als ruhmreichen Vorgänger ausgedacht. Illigs These ist dabei nicht völlig neu. Vorwürfe umfassender historischer Urkundenfälschungen wurden immer wieder erhoben. Der autodidaktische Historiker und Schriftsteller Wilhelm Kammeier reklamierte in den 1920er Jahren umfangreiche Urkundenfälschungen, die im 15. Jahrhundert durchgeführt sein sollen. Ihm ging es dabei um Ideologiekritik. Details und Quellenangaben Illigs lassen darauf schließen, dass er diese von Kammeier übernommen hat, ohne dies explizit zu machen. Der Philosoph Karl Hepfer ordnet Illigs Thesen dem Bereich der Verschwörungstheorien zu, die auf der angeblichen Zweckrationalität mutmaßlicher Verschwörer gründen, wobei die Rationalität der Zwecke selbst – also die Erfindung von drei Jahrhunderten – nicht hinterfragt werde.

Generell gehören Thesen wie die von Illig und Kammeier in den Bereich der beliebten »Chronologiekritik«, der Sammelbezeichnung für diese Form unwissenschaftlichen Geschichtsrevisionismus. Gemeinsam ist ihnen die These, der zufolge der von Historikern konstruierte Geschichtsverlauf fehlerhaft sei. Als Grundlage dient meist eine generelle Urkundenkritik oder eine entsprechende Analyse der Katastrophenberichte in den Mythologien verschiedener Völker. In diesem Sektor tummeln sich auch Vertreter des »Neokatastrophismus«, die allgemein anerkannte wissenschaftliche Darstellungen der Erdgeschichte sowie der Evolution ablehnen und die Gültigkeit wissenschaftlicher Altersbestimmungen durch Dendrochronologie und Radiokohlenstoffmethode bestreiten. Im Zentrum stehen insbesondere die Datierung der letzten Eiszeit sowie die Geschichtsschreibungen des Alten Ägyptens, der biblischen Geschichte, der Antike und des Mittelalters.

Hierbei gibt es sogar ganz kuriose Dinge wie den Glauben an die Existenz außerirdischer Lebewesen. Ihre Exponenten lehnen die Evolutionstheorie ab und behaupten, dass Dinosaurier gleichzeitig mit den Menschen auf der Erde lebten oder dass Außerirdische die Pyramiden sowie Bauwerke auf Mond und Mars errichtet hätten. Vorläufer dieser Denkrichtung ist etwa Nikolai Alexandrowitsch Morosow (*1854; †1946). Dieser behauptete in seinem Buch *Die Offenbarung Johannis – Eine astronomisch-historische Untersuchung* (1907), die Offenbarung des Johannes beschreibe eine astronomische Konstellation, die sich genau datieren lasse, und zwar auf Sonntag, den 30. September 395 u. Z. auf der Insel Patmos. Daraus folgerte er, dass die Offenbarung des Johannes oder die Herrschaft des Domitian (81 bis 96) um etwa drei Jahrhunderte zu früh datiert wurden. Er übersah dabei, dass die Offenbarung des Johannes bereits von den Kirchenvätern Irenäus (*um 135; †um 200) und Hieronymus (*347; †420) und damit genau im vermeintlich erfundenen Zeitraum erwähnt wurde.

Der russische Psychoanalytiker Immanuel Velikovsky (*1895; †1979) ist der Begründer des Neokatastrophismus. Er ging aus von der Annahme einer zeitlichen Übereinstimmung des Exodus des Volkes Israel mit der unter anderem in einem ägyptischen Papyrus beschriebenen Katastrophe. Auf dieser Grundlage verkürzte er die Chronologie Ägyptens um das Mittlere Reich. Damit strich er rundweg etwa 550 Jahre aus der herkömmlichen ägyptischen Geschichte. Er war der festen Überzeugung, dass »dunkle Jahrhunderte« ein Fehler der Geschichtsschreibung und als Fiktion zu betrachten seien. Illig publizierte ebenfalls, gemeinsam mit dem Soziologen Gunnar Heinsohn, zur ägyptischen Chronologie. Im Gegensatz zu Velikovsky stützen sie sich nicht nur auf biblische Quellen. Heinsohn überprüfte Illigs Phantomzeit-These mit Blick auf die Carolus- und Pippin-Münzen. Er postulierte, dass alle Carolus-Münzen von Karl dem Einfältigen stammen. Heinsohn glaubt zudem, dass es die Sumerer nie gab und dass die Geschichte Mesopotamiens und Ägyptens um zweitausend Jahre gestreckt wurde, um die biblische Geschichte zu stützen. Der Mathematiker Anatoli Fomenko (*1945) ist überzeugt davon, dass dieselben Geschichten in unterschiedlicher Ausgestaltung in diverse Epochen hineingedichtet worden seien, da zahlreiche Herrscherdynastien und Kriege auffällige Parallelen in anderen Epochen aufwiesen. So sei die Zeit Jesu nur etwa tausend Jahre zurückliegend. Daraus entwickelte er seine *Neue Chronologie*. Anhänger Fomenkos ist unter anderem der russische Schachweltmeister Kasparow.

In seinem Buch *Jahrhundert-Irrtum »Eiszeit«* von 1997 bezweifelte der Wissenschaftsphilosoph Horst Friedrich (*1931; †2015), dass es Gletscher von Hunderten Kilometern Länge gegeben habe. Gletscher hätten unmöglich Findlinge über weite Distanzen transportieren können, da ihnen dazu der nötige Schub gefehlt habe. Friedrichs Thesen gelten sämtlich als widerlegt. Uwe Topper (*1940) gehört zu den aktivsten Geschichtskritikern und verfasste mehrere Bücher hierzu. So vermutet er, Mohammed habe rund dreihundert Jahre früher gelebt. Somit falle die Entstehung des Islams (ab 622) mit dem Konzil von Nicäa (325) zusammen. Später neigte sich Topper der Theorie Fomenkos zu und behauptete, dass wesentliche Dokumente außereuropäischer Geschichtsschreibung neuzeitliche Fälschungen seien. Wie andere Chronologiekritiker bezweifelt Topper die gängige Erdgeschichte und die Evolution.

Hans-Joachim Zillmer (*1950) versucht, wie Fomenko und Topper zu belegen, dass die römische Antike erst vor etwa tausend Jahren begann und nur durch gefälschte Geschichtsschreibung in die Vergangenheit projiziert wurde. Zillmer geht davon aus, dass das Römische Reich nie existierte, sondern ein Reich der Etrusker war, die Rom gründeten. Als Grund für den Bruch in der Geschichte vermutet Zillmer die Kleine Eiszeit im 6. Jahrhundert u. Z. Zillmer bejaht Illigs These, drei Jahrhunderte (7. bis 9. Jahrhundert) aus der Geschichte zu streichen. Außerdem bestreitet er die Existenz der Eiszeiten. Zillmers Thesen werden als wissenschaftlich unhaltbar abgelehnt. Der Schweizer Historiker Christoph Pfister (*1945) ist einer der extremsten Verfechter der Chronologiekritik. Laut Pfister müssen sowohl Erdgeschichte als auch Kulturgeschichte verkürzt werden. Gängige wissenschaftliche Altersdatierungen bestreitet der Anhänger des Neokatastrophismus. Die Menschheitsgeschichte seit den frühen Hochkulturen glaubt er, auf weniger als tausend Jahre verkürzen zu können. Kelten, Griechen und Römer hält er für Erfindungen der Renaissance. Das römisch-antike Pantheon in Rom sei im 16. Jahrhundert u. Z. errichtet worden, das er als das eigentliche Mittelalter versteht. Hebräisch sei eine Kunstsprache, die im 16. Jahrhundert erfunden worden sei, ebenso wie die Bibel und andere antike Schriften. Urheber dieser Fälschungen seien Joseph Justus Scaliger (*1540; †1609) und Denis Pétau (*1583; †1652).

Die Thesen der Chronologiekritiker werden von der Fachwissenschaft abgelehnt. Denn wenn die Werke eines Geschichtsschreibers wie die des Bischofs Otto von Freising (*um 1112; †1158) gefälscht wären, dann hätte sich jemand die Mühe machen müssen, über 45 Handschriften anzufertigen und so zu gestalten, dass sie ganz verschiedenen Schreibschulen und verschiedenen Jahrhunderten anzugehören scheinen. Zudem kommen kontinuierlich neue Funde aus den angeblich gefälschten Jahrhunderten hinzu. Bauarbeiten legen im Boden versteckte Gebäudereste bloß, man findet beschriebene Pergamentblätter. Sie bestätigen das wissenschaftliche Geschichtsbild. Im Übrigen bezeichnet man teilweise im übertragenen Sinn auch Zeiten, in denen das zivilisatorische Niveau (zum Beispiel durch Kriege, Verfolgungen, Seuchen) als relativ niedrig eingeschätzt wird, als dunkle beziehungsweise dunkle Jahrhunderte. In diesen Zeiten kann auch ein Rückgang des Kulturschaffens und damit auch der Schriftproduktion zu verzeichnen sein, wodurch die Wahrscheinlichkeit, dass informative Schriftquellen überliefert wurden, reduziert wird. Ein etwa durch Seuchen oder Kriege verursachter Rückgang der menschlichen Besiedlungsdichte verringert auch die Möglichkeit archäologischer Funde.

Es gibt aber zumindest eine Epoche, die man zu Recht als *saeculum obscurum* beziehungsweise dunkles Jahrhundert bezeichnet: die anderthalb Jahrhunderte zwischen dem Mord an Papst Johannes VIII. im Jahr 882 bis zur Absetzung dreier Päpste 1046. Skrupellose römische Adelsfamilien rivalisierten um den ebenso lukrativen wie einflussreichen Papstthron. Von 45 Päpsten in dieser Epoche wurde ein Drittel des Amtes enthoben, ein weiteres Drittel endete im Kerker, im Exil oder wurde ermordet. Die Päpste erregten auch Aufsehen durch ausschweifende Amtsführung, welche dieser Epoche Bezeichnungen wie »Hurenregiment« oder »Pornokratie« (Herrschaft der Prostituierten) einbrachte. Die Simonie (Ämterkauf) wurde gängige Praxis beim Erwerb kirchlicher Ämter. Höhe- oder Tiefpunkt dieser skandalösen Epoche der Papstgeschichte war die Leichensynode (auch Kadaversynode), die im Januar 897 in Rom stattfand. Es handelte sich um einen kirchlichen Schauprozess, bei dem Papst Stephan VI. die Leiche seines Vorgängers Formosus exhumieren ließ, um ihn wegen angeblicher Missbräuche während seines Pontifikats vor Gericht zu stellen. (Siehe hierzu: Johannes Seiffert: *Der Vatikan. Sex, Lügen und Verbrechen.* 5. Auflage, Berlin 2017).

Die Sizilianische Vesper

Bisweilen gerät in Vergessenheit, dass die Grande Nation, also Frankreich, schon im Mittelalter im östlichen Mittelmeer stark engagiert war. Nicht nur im »Heiligen Land« Palästina, sondern auch im südlichen Italien. Dort hatte man sich vom Papsttum gegen die vom Vatikan verhassten Staufer unter Friedrich II. von Hohenstaufen (*1194; †1250) positionieren lassen, in Person des französischen Söldnerführers Charles d'Anjou (*1227; †1285), und munitioniert mit einigen Millionen aus dem päpstlichen Schatzkästlein. Nachdem der Franzose wie geplant 1268 Konradin (*1252; †1268), den letzten Stauferspross auf dem sizilianischen Königsthron, militärisch besiegt und anschließend im päpstlichen Auftrag hingerichtet hatte, kam das süditalienische Königreich, dessen Gebiet sich von Neapel bis Sizilien erstreckte, unter französische Herrschaft. Doch die Franzosenherrschaft war nicht von Dauer. Schon vierzehn Jahre später war es mit der Herrlichkeit wieder vorbei, als am 30. März 1282, einem Ostermontag, zum Zeitpunkt der Vesper zunächst in Palermo auf Sizilien eine von Massakern an den verhassten französischen Besatzungssoldaten (die bis zu diesem Zeitpunkt wie die Vandalen gehaust hatten) begleitete Erhebung der sizilianischen Bevölkerung gegen die französische Herrschaft unter Karl I. ausbrach, die sich schnell über die ganze Insel ausbreitete und zur Vertreibung des Hauses Anjou aus Sizilien führte. Diesen Aufstand bezeichnet man seither als »Sizilianische Vesper«. Doch diese Angelegenheit war nicht nur ein Streit zwischen den Sizilianern und Karl I. von Anjou. Hier zogen noch weitere Beteiligte im Hintergrund die Strippen. Sie sorgten dafür, dass der Anjou mittels eines gigantischen Täuschungsmanövers nach allen Regeln der Kunst ausgekontert und von seinen Welteroberungsplänen, die er damals verfolgte, für immer abgebracht wurde.

Werfen wir daher einen Blick auf die Details der Historie. Wie war es zum Aufstand von 1282 gekommen? Dazu müssen wir einige Jahre zurückgehen und uns zunächst die Ausgangssituation genauer ansehen. 1250 starb Friedrich II., der letzte Staufer-Kaiser des Heiligen Römischen Reiches und König von Sizilien. In seinem Testament hatte er seinen Sohn Konrad als Universalerben eingesetzt. Konrad fand in Deutschland aber kaum Unterstützung. Die militärische Lage dort wurde für ihn nach dem Tod seines Vaters schnell hoffnungslos. Daher zog er 1252 nach Italien, um die ihm nominell verbliebene Herrschaft im Königreich Sizilien anzutreten. Er konnte zwar Neapel noch erobern, starb aber bereits 1254 in seinem Heerlager. Sein unmündiger Sohn Konradin konnte seinen Anspruch auf die römisch-deutsche Krone ebenfalls nicht durchsetzen. In Sizilien amtierte dessen Onkel Manfred, ein unehelicher Sohn Friedrichs II., und übernahm 1258 die Herrschaft und den Königstitel selbst. Manfred fiel 1266 in der Schlacht bei Benevent, und sein Reich ging an den Sieger, den vom Papst begünstigten Charles d'Anjou. Daraufhin zog Konradin 1267 selbst nach Italien, um die Nachfolge Manfreds als König im Königreich Sizilien anzutreten, woran ihn Papst Clemens IV. mit allen Mitteln zu hindern versuchte.

Charles d'Anjou blieb auch 1268 gegen Konradin in der Schlacht bei Tagliacozzo siegreich. Konradin konnte zwar zunächst entkommen, geriet dann aber in Gefangenschaft, wurde an Karl ausgeliefert und nach kurzem

Prozess am 29. Oktober 1268 in Neapel enthauptet. Karl I. von Anjou übernahm nun endgültig die Macht im Königreich Sizilien. Als Erstes führte er ein ausbeuterisches Steuersystem ein. Mit den so erpressten Einkünften aus dem Königreich wollte er seine weiteren Eroberungspläne finanzieren. Denn der immer mächtiger werdende Anjou hatte hochfliegende Ziele. Er wollte nicht weniger als die Weltherrschaft antreten. Damit übertraf er noch die zuvor in Sizilien herrschenden Dynastien der Staufer, Welfen und Normannen, die jeweils nur Norditalien ebenfalls in ihren Besitz bringen wollten. Genau das trachtete die misstrauische römische Kurie, die päpstliche Verwaltung hinter den jeweils als Marionetten amtierenden Päpsten, zu verhindern. Ihr ging es darum, das jeweils in Sizilien regierende Haus, nachdem es wie gewünscht die vorherige Dynastie im päpstlichen Auftrag aus dem Weg geräumt hatte, schon bald selbst zu eliminieren, um die gestiegenen Machtansprüche der Neubesitzer Siziliens, die man in Rom als bedrohlich ansah, zu durchkreuzen. Denn zum Königreich Sizilien gehörten nominell auch Besitzungen in Norditalien. Doch die gleichzeitige Herrschaftsausübung nördlich und südlich Roms, also des Kirchenstaats, weckte in der Kurie Umzingelungs- und Erpressungsängste. Man wollte diese Situation um jeden Preis vermeiden.

Nun war es also am Anjou, ebenfalls in diese Falle zu laufen beziehungsweise nach der Erledigung des päpstlichen Auftrags, der Vernichtung der Staufer, nun selbst das päpstliche Misstrauen auf sich zu ziehen. Und das tat er nicht nur mit den Ambitionen auf Norditalien. Charles d'Anjou hatte – befördert von seinem Bruder, dem französischen König, und der eigenen Großmannssucht – noch ganz andere Pläne. Er wollte sich nun ein weit größeres, scheinbar herrenloses Reich einverleiben: die seit dem Kreuzritterüberfall 1204 (samt Plünderung, die den Grundstock zum märchenhaften Reichtum einiger bekannter abendländischer Adelshäuser legte) unter wechselnden Herrschern vor sich hindümpelnden Reste – immer noch eindrucksvoll genug und deutlich größer und lukrativer als Sizilien – des ehemaligen Großreichs von Byzanz. Zudem hatten die einheimischen griechischen Adelshäuser, in Person von Michael VIII. Dukas Komnenos Palaiologos, im Jahr 1261 den letzten französischen Kreuzfahrernachfahren vom byzantinischen Thron vertrieben, was einen Feldzug westeuropäischer Länder gegen Byzanz in deren Augen legitimierte.

Für diesen Überfall auf Byzanz, der den Anjou an die Spitze einer der wichtigsten Institutionen des Abendlands führen und damit in den Zenit der abendländischen Machtstrukturen katapultieren sollte, brauchte er Geld. Viel Geld. Angesichts des trotz Plünderung immer noch märchenhaften Reichtums des byzantinischen Hofes sollte ihn dieser gigantische Raubzug endgültig von allen finanziellen Sorgen befreien – ähnlich wie Hitler mit dem Überfall auf die Sowjetunion den durch gigantische Aufrüstung in Schieflage geratenen deutschen Staatshaushalt sanieren wollte. Daher traf der Anjou seit 1269 umfassende Vorbereitungen, unter anderem mit dem Aufbau einer Flotte von tausend Schiffen, welche die Invasionstruppen übers Mittelmeer nach Byzanz transportieren sollten. Doch der geplante schnelle Feldzug ließ sich nicht so einfach zuwege bringen, immer wieder kamen dem Anjou andere Dinge in die Quere beziehungsweise waren andere vorbereitende Schritte notwendig, die den Beginn des eigentlichen Unternehmens gegen Byzanz über zehn Jahre lang verzögerten.

Wer war nun dieser Charles d'Anjou eigentlich? Bei ihm handelte es sich um einen erprobten kampfgestählten Haudegen, der im Alter von achtzehn Jahren schon sein erstes Heer gegen den Feind angeführt und mit einundzwanzig

Jahren gemeinsam mit seinem Bruder, König Ludwig IX. von Frankreich (*1214; †1270), an einem Kreuzzug teilgenommen, danach einen Erbfolgekrieg in Flandern geführt und in der Provence die Fürstentümer Orange und Savoyen erobert hatte. 1263 begann Charles seinen sizilianischen Feldzug, ließ sich 1265 vom Papst mit Sizilien belehnen und in der Peterskirche in Rom 1266 zum sizilianischen König krönen. Nachdem er die letzten Staufer ausgeschaltet (getötet) hatte, stand also seinen hochfliegenden Plänen, mittels des Überfalls auf Byzanz mit seinem Konkurrenten und Bruder, dem französischen König, nicht nur gleichzuziehen, sondern diesen sogar noch an Rang weit zu übertreffen und mit dem Thron von Byzanz zum Kaiser aufzusteigen, eigentlich nichts mehr im Wege.

Charles begann mit den konkreten Vorbereitungen bereits vor dem Ende seiner militärischen Unternehmungen gegen die Staufer, als er am 27. Mai 1267 in Viterbo mit dem ehemaligen byzantinischen Kaiser Balduin II. (*1217; †1273) einen Vertrag zur Rückeroberung Konstantinopels schloss. Balduin überließ Charles zudem Morea, Epirus und Korfu, die Charles sogleich besetzte, sowie die Aussicht, ein Drittel aller weiteren Eroberungen behalten zu können. Mit den Fürsten des Balkans, wie dem Bulgaren Konstantin Tich, schloss Charles ein Bündnis gegen Byzanz. 1270 entsandte er erste Truppen auf den Peloponnes. Doch erneut kam ihm sein Bruder nun in die Quere, der wieder einen Kreuzzug gegen die Heiden Nordafrikas unternehmen wollte, an dem teilzunehmen für Charles familiäre und politische Pflicht war. Als Charles am 25. August im Feldlager vor Tunis eintraf, lag sein am Fieber erkrankter Bruder bereits im Sterben. Nun wollte Charles den Oberbefehl über das Kreuzfahrerheer übernehmen, konnte sich aber gegen seinen Neffen Philipp III. (*1245; †1285) nicht durchsetzen. Er erreichte dafür einen Friedensvertrag mit dem Sultan, der ihm einen hohen Tribut zahlte. Charles kehrte daraufhin nach Sizilien zurück, um seine Vorbereitungen gegen Byzanz weiter voranzutreiben.

Aber auch danach kam es zu weiteren Verzögerungen. 1272 konnte Charles lediglich Durazzo einnehmen und so das Königreich Albanien begründen. Auch in Deutschland wollte Charles sich gegen mögliche Querschüsse absichern und betrieb daher 1273 die Wahl seines Neffen Philipp III. zum deutschen König; es setzte sich aber der vom Papst geförderte Rudolf von Habsburg (*1218; †1291) durch. Um gegen Byzanz voranzukommen beziehungsweise dieses zu umzingeln, strebte Charles nun nach der Krone des Königreichs Jerusalem. 1277 kaufte er Maria von Antiochia ihre Ansprüche auf Jerusalem ab. Die christlichen Barone im »Heiligen Land« erkannten aber weder Maria noch Karl an. Im selben Jahr ernannte Charles einen Gefolgsmann zum Statthalter in Jerusalem. Mit der Hilfe des Templerordens und der Venezianer gelang diese Aktion. Militärisch wurde seine Herrschaft durch ein französisches Regiment gesichert, welches einst sein Bruder Ludwig IX. dort zurückgelassen hatte und das noch immer von der französischen Krone unterhalten wurde. Mit den ägyptischen Mamluken schloss er einen gegenseitigen Duldungsvertrag, so dass diese sich darauf verlassen konnten, dass Karl I. von Anjou keinen Kreuzzug gegen sie unterstützen würde. 1280 wurde schließlich mit Papst Martin IV. (*um 1210; †1285) ein Kirchenoberhaupt gewählt, das dem französischen König, Philipp III., und seinem Onkel, Charles d'Anjou, zu Diensten war. So kündigte Martin IV. 1281 die zwischenzeitlich geschlossene Kirchenunion mit Byzanz einseitig auf und räumte damit die letzte Hürde für einen Angriff Charles' gegen Byzanz aus dem Weg. Am 3. Juli 1281 schloss sich Venedig in Orvieto der anjouinischen Allianz an, in der Hoffnung, durch den Feldzug gegen Byzanz seine ehemaligen Handelsstützpunkte im östlichen Mittelmeer zurückzugewinnen.

Charles sah nun endlich den Zeitpunkt für das antibyzantinische Großunternehmen gekommen. Er zog im Frühjahr 1282 eine Streitmacht von Hunderten Schiffen und knapp dreißigtausend Mann zusammen. Auch seine Verbündeten auf dem Balkan mobilisierten. Der Beginn des Unternehmens war für Anfang April 1282 festgelegt und mit allen Verbündeten abgestimmt worden. Wenige Tage vorher, buchstäblich in letzter Sekunde, brach am 30. März 1282 in Palermo eine Revolte der Bevölkerung gegen die französischen Besatzer aus, die schnell auf andere Städte Siziliens übergriff. Charles war von dieser Entwicklung völlig überrascht. Was hatte er in seinem grenzenlosen Hochmut und Leichtsinn übersehen?

Übersehen hatte er, dass er sich mit seinen Großmachtplänen viele Feinde unter den Mittelmeer-Anrainern gemacht hatte. Da war als Erster natürlich der Kaiser von Byzanz. Der hatte keineswegs vor, tatenlos zuzusehen, wie Karl I. von Anjou mit einer gewaltigen Streitmacht gegen Byzanz losmarschierte. Byzanz hätte zu diesem Zeitpunkt einem derartigen Truppenaufmarsch nichts entgegenzusetzen gehabt. Es war daher darauf angewiesen, andere Mittel zur Anwendung zu bringen. Und dies in aller Heimlichkeit, um Charles d'Anjou weiter in Sicherheit zu wiegen. Da kam die Initiative eines sizilianischen Hofbeamten genau richtig, der seit dem Einmarsch von Karl von Anjou nach Mitteln und Wegen trachtete, das ausbeuterische und grausame Besatzungsregime der Franzosen möglichst bald wieder zu beenden. Dieser Giovanni da Procida (*1210; †1298) war – wie viele andere sizilianische Adlige – unter Friedrich II. staufischer Hofbeamter in Palermo geworden. Aufgrund seiner medizinischen Kenntnisse war er zu Lebzeiten des Stauferkönigs sogar dessen Leibarzt geworden. Die Staufer hatten nämlich im Gegensatz zu Anjou wichtige Grundsätze für ein gedeihliches Besatzungsregime beachtet: so den örtlichen Adel an der Machtausübung zu beteiligen (unter Anjou wurden ausschließlich französische Würdenträger eingesetzt) und die Höhe der einzutreibenden Steuern an die Wirtschaftskraft, also die Zahlungsfähigkeit des Landes, anzupassen (Anjou hatte die Höhe der Steuern ausschließlich an seinem eigenen Finanzbedarf orientiert und damit so hoch angesetzt, dass den Einheimischen kaum noch etwas zum Überleben blieb, hätten sie die Steuern vollumfänglich bezahlt).

Charles fand derartige Rücksichtnahme überflüssig. Und wie so oft in der Geschichte wurde auch er für diese Dummheit entsprechend bestraft. Giovanni da Procida hatte es sich ab dem Einmarsch des Anjous zur Aufgabe gemacht, eine »Koalition der Willigen« zusammenzubringen, die den Anjou wieder des Landes verweisen sollte. Also suchte er – wie erwähnt: in aller Heimlichkeit, der Anjou bekam davon nichts mit, da er auch keinerlei Mühe darauf verwendete, die Stimmungslage in seinem neuen Besitztum zu eruieren, das er nur vom fernen Neapel aus regierte – Potentaten auf, bei denen zumindest theoretisch ein Interesse an einem Machtwechsel in Sizilien bestehen müsste. Das war an erster Stelle König Peter III. von Aragón (*1240; †1285), immerhin seit 1262 mit einer staufischen Verwandten Friedrichs II. verheiratet und somit nominell sogar anspruchsberechtigt auf den Thron von Sizilien, nachdem alle anderen Verwandten Friedrichs II. mittlerweile ermordet worden waren.

Also reiste Procida heimlich ins südliche Spanien und machte dem König von Aragón seine Aufwartung. Dieser war zwar nicht bereit, eine direkte militärische Auseinandersetzung mit dem Anjou zu riskieren, der zu diesem Zeitpunkt auf dem Gipfel seiner Macht war (verbündet mit dem Papst und dem in Europa an vorderster Stelle stehenden französischen König). Aber Peter war bereit, aus seiner gut gefüllten Kriegskasse einige Dukaten für andere Zwecke abzuzweigen. Nämlich zur Finanzierung und Ausbildung von Aufständischen in Sizilien. Mit vorerst vollem Geldbeutel kehrte Procida nach Sizilien zurück und begann, mit Gleichgesinnten ein antianjouinisches Untergrundnetzwerk zu organisieren. Doch damit nicht genug. Nachdem so der Grundstein für eine Guerillabewegung gelegt war, reiste er sofort weiter. Diesmal in die andere Richtung, ins östliche Mittelmeer. Genauer gesagt: an den Hof von Byzanz. Dort fand er in Kaiser Michael einen ebenfalls interessierten und zahlungskräftigen Zuhörer. Weiteres Geld floss in das sizilianische Untergrundnetzwerk. Die Vorbereitungen für den von Procida geplanten Aufstand konnten fortgesetzt und ausgeweitet werden. Aber noch war der Moment nicht gekommen. In Absprache mit dem König von Aragón und dem Kaiser von Byzanz sollten die Aufständischen erst in letzter Minute zuschlagen, unmittelbar vor dem Auslaufen der anjouinischen Flotte aus den sizilianischen Häfen, vor allem aus Messina.

Vorerst mussten sich die Aufständischen in Geduld fassen und das französische Terrorregime noch einige Jahre länger ertragen. Dann endlich, im Frühjahr 1282, war der Moment gekommen. Charles d'Anjou sammelte Truppen und Schiffe, eine gewaltige Armada, vor Sizilien, um den Feldzug gegen Byzanz zu beginnen. Anfang April war der Termin für das Auslaufen der Flotte gesetzt. Die Aufständischen bekamen das durch Verbindungsleute in der französischen Verwaltung und durch die Hafenarbeiter von Messina genau mit. Sie hielten Rücksprache mit Aragón und Byzanz und erhielten grünes Licht. Im denkbar letzten Moment, zu Ostern 1282, das Anjou noch in Neapel feiern wollte, sollte es losgehen.

Gesagt, getan. Am 30. März 1282, Ostermontag, zum Zeitpunkt der Vesper, der Abendmesse, versammelte sich eine große Menge Sizilianer traditionsgemäß vor der Kirche Santo Spirito, vor den Stadtmauern von Palermo gelegen. Viele Franzosen mischten sich unter sie, auf der Suche nach Ablenkung vom öden Exerzieren und vom Verwaltungsdienst. Sie hatten es besonders auf die schönen Sizilianerinnen abgesehen, die dort zahlreich erschienen waren. Auf ein geheimes Zeichen hin schlugen die Aufständischen, die sich ebenfalls in die Menge gemischt hatten, los. Sie schnappten sich alle Franzosen, derer sie habhaft werden konnten, und ermordeten sie. Pardon wurde nicht gegeben. Sollte der Aufstand Erfolg haben, musste man erbarmungslos vorgehen. Als Nächstes wurde die französische Garnison in Palermo gestürmt, die überraschten Wachsoldaten hatten kaum eine Chance zur Gegenwehr. Von Palermo aus breitete sich der Aufstand rasch und planmäßig über die ganze Insel aus.

Doch es gab noch ein Hindernis bei der Ausführung des geheimen Planes: die starke französische Garnison in Messina. Dort im Hafen lag ein Großteil der Flotte, mit deren Hilfe der Anjou die Invasion von Byzanz bewerkstelligen wollte. Und genau diese Flotte war Teil des Geheimplans. Es waren sorgfältige Vorbereitungen getroffen worden, um die Flotte zu attackieren. Daher wurden Scheinangriffe auf die Unterkünfte der französischen Garnison unternommen, während das Gros der Aufständischen sich mit Teer und Fackeln zum Hafen aufmachte, die französischen Sicherungstruppen einigermaßen mühelos überwand und nun bei den am Kai liegenden Schiffen Feuer legte. Starke Winde fachten die Brände schnell an. Da die Schiffe eng miteinander vertäut lagen, bis hinaus aufs offene Meer, wurde so binnen kurzer Zeit die gesamte Flotte ein Opfer der Flammen. Wenige Stunden später ragten nur noch rauchende Holzstümpfe aus dem Wasser, wo vorher noch eine stolze Armada auf den Wellen geschaukelt hatte. Die Aufständischen hatten Wort gehalten und waren jeden Golddukaten wert, den ihnen Aragón und Byzanz hatten zukommen lassen. Die Invasion von Byzanz war ein für alle Mal vereitelt. Es würde Jahrzehnte dauern, um erneut eine solche Flotte zusammenzustellen. Was noch schwerwiegender war: Die erneute Finanzierung einer solchen Flotte lag außer der Reichweite des Anjous, der sich schon für die nun vernichtete bis über die Halskrause verschuldet hatte.

Als die ersten Nachrichten vom Aufstand in Neapel eintrafen, gab sich der Anjou noch sorglos. Damit würden seine Truppen fertig werden, man würde kurzen Prozess mit den Terroristen machen. Doch schon wenige Stunden später war das Lagebild deutlich düsterer. Der Aufstand hatte nun alle größeren Städte erfasst, und die Flotte im Hafen von Messina stand in Flammen. In einem kurzen Moment der Wahrheit erkannte der Anjou, dass damit sein Lebensprojekt, der Einzug in Byzanz, für immer gescheitert war. Und es kam noch schlimmer. Einige Wochen später landete Peter von Aragón in Trapani auf Sizilien und wurde umgehend zum sizilianischen König gekrönt. Fortan gab es nun nominell zwei Könige: einen in Palermo (Peter) und einen in Neapel (Charles d'Anjou). Auch wenn die Flotte verloren war – Charles gab den Kampf ums Königreich Sizilien noch nicht auf. Peter versuchte, mit seinen Truppen von Messina aufs Festland überzusetzen und den Marsch auf Neapel zu beginnen. Doch Charles warf nun die für die Invasion von Byzanz versammelten Truppen in die Schlacht. So gelang es ihm, den Landungsversuch von Peter abzuschmettern.

Das Kriegsglück wogte noch eine Zeitlang hin und her. Dann besannen sich beide Könige auf eine weniger teure und zielführendere Lösung: ein Duell! Dazu sollten sich beide Könige am 1. Juni 1283 in Bordeaux einfinden, um an der Seite von je hundert Rittern den Kampf auszutragen. Der Sieger des Duells sollte anschließend die Krone des Königreichs sein Eigen nennen können. Es kam jedoch etwas anders. Zwar fanden sich beide Könige am 1. Juni 1283 in Bordeaux auf dem Duellplatz ein. Doch zu unterschiedlichen Tageszeiten. Beide erklärten sich – da der Gegner angeblich nicht erschienen sei – zum Sieger. Das Duell ging also aus wie das Hornberger Schießen. Der Status quo ante blieb gewahrt, Peter herrschte auf Sizilien, Charles in Neapel. Es gab noch einige Scharmützel an Land und ein paar Seegefechte, die jedoch alle mehr oder weniger unentschieden ausgingen. Charles d'Anjou starb 1285 im Alter von 57 Jahren. Seine Nachfahren hielten noch am nominellen Anspruch auf Sizilien fest und führten auch noch einige Kriege deswegen. Letztlich verblieb die Insel in spanischem Besitz. Erst neun Jahrzehnte später, 1372, gelang ein dauerhafter Frieden, auch wenn der König von Sizilien nun den Papst und den König von Neapel als Oberherren anerkennen musste. Einige Historiker halten bis heute an der Legende fest, es habe sich bei der Sizilianischen Vesper um ein zufälliges Geschehen gehandelt, ausgelöst durch die Übergriffe der Franzosen am 30. März 1282 vor der Kirche Santo Spirito. Sie übersehen dabei den eigentlichen Kern dieses Ereignisses: Es war eines der erfolgreichsten und folgenschwersten Täuschungsmanöver der Geschichte, forciert durch den weltgeschichtlich einmaligen Hochmut, die Ignoranz des Anjous, der alle Warnzeichen, die ihm zugetragen wurden, als unerheblich in den Wind schlug.

Der Krimkrieg 1853 bis 1856 – Ein erster konzertierter Versuch zur Zerschlagung Russlands

Der große, hohe, dunkle Saal, nur von vier oder fünf Kerzen erleuchtet, bei deren Schein die Ärzte die Verwundeten untersuchten, war buchstäblich voll. Ununterbrochen brachten die Träger Verwundete herein, legten sie nebeneinander auf den Fußboden, wo es so eng war, dass die Unglücklichen aneinanderstießen und sich gegenseitig mit Blut benetzten, und gingen neue holen. Die Blutlachen, die nur an den freien Stellen sichtbar waren, der Fieberatem von einigen Hundert Menschen und die Ausdünstungen der Träger verursachten einen besonderen, schweren, dicken, übelriechenden Gestank. Dumpfes Stöhnen, Seufzen und Röcheln, ab und zu von einem durchdringenden Schrei unterbrochen, erfüllte den Raum.

Leo Tolstoi: *Sewastopol im Mai 1855* [1856]

Angefangen hat alles verhältnismäßig harmlos. Palästina, Mitte des 19. Jahrhunderts. Die Grabeskirche in Jerusalem steht traditionell unter dem Protektorat europäischer Herrscherhäuser, die verschiedenen christlichen Konfessionen teilen sich ihre Nutzung. Das orthodoxe Russland, das nach wie vor versucht, von der zunehmenden Schwäche des Osmanischen Reiches zu profitieren, verlangt vom

Sultan nach französischen (katholischen) Provokationen, als einzige Protektoratsmacht für die Grabeskirche anerkannt zu werden. Es geht zu diesem Zeitpunkt also um eine Fläche von wenigen Hundert Quadratmetern. Doch aus diesem Minimalkonflikt sollte sich binnen kurzer Zeit eine Art Weltkrieg entwickeln. Und obwohl es dafür keine rechtliche Handhabe gab, nutzten die damals führenden Westblockmächte Frankreich und Großbritannien ihn mittels Täuschungsmanöver als Vorwand, um ins südliche Russland einzufallen, in der Hoffnung, auf diese Weise das Zarenreich zu zertrümmern und möglicherweise bis nach Moskau zu marschieren. Warum es letztlich nicht dazu kam, das wollen wir uns im folgenden Textabschnitt genauer ansehen.

Russlands Ziel war es nicht erst seit Mitte des 19. Jahrhunderts, endlich unbeschränkten Zugang zum Mittelmeer zu erhalten sowie seine Position auf dem Balkan zu verstärken, wo etwa in Serbien Aufstände orthodoxer Glaubensbrüder regelmäßig blutig von der osmanischen Herrschaft unterdrückt wurden. Um diese Ziele zu erreichen, musste Russland jedoch entweder vertragliche Vereinbarungen mit dem Osmanischen Reich treffen oder dieses – angesichts der geringen Neigung des Sultans, diesem Ansinnen nachzugeben – in einem siegreichen Feldzug dazu zwingen. Dafür standen die Chancen angesichts eines Niedergangs der militärischen und politischen Vormachtstellung des Osmanenreichs im Mittelmeer nicht schlecht. Frankreich hatte es vorgemacht und 1830 im Handstreich das bis dahin osmanische Algerien besetzt sowie anschließend zu französischem Staatsgebiet erklärt. Wenig später hatte sich mit französischer Unterstützung das bis dahin osmanische Ägypten für unabhängig erklärt. Als daraufhin ägyptische Truppen sogar Konstantinopel bedrohten, musste 1833 Russland dem Osmanischen

Reich zu Hilfe kommen und mittels einiger entsandter Divisionen den ägyptischen Vormarsch stoppen.

Das Osmanische Reich stand dem russischen Vorhaben – wenig überraschend – dennoch ablehnend gegenüber, auch Frankreich und Großbritannien beobachteten die russischen Aktionen misstrauisch, darauf bedacht, ihre uneingeschränkte Vormachtstellung im Mittelmeer nicht gefährden zu lassen. Die Sorge um ihre Vormachtstellung im Mittelmeer (hinzugekommen sind im Laufe des 20. Jahrhunderts die USA als weltweite Westblock-Hegemonialmacht) bestimmt im Übrigen bis heute die Politik Frankreichs und Großbritanniens (mit USA), was auch den Hintergrund für die »Befreiung« Libyens 2011 und den aktuellen »Bürgerkrieg« in Syrien darstellt, wo Russland seit Sowjetzeiten über eine winzige Marinebasis im Mittelmeer verfügt, sehr zum Ärger des Westblocks.

Russische Bemühungen, auf dem Verhandlungsweg die Zustimmung Österreichs und Großbritanniens für eine Auflösung des Osmanischen Reiches und eine Aufteilung der Beute zu erhalten, verliefen im Sande. Großbritannien hatte dabei auch seine Handelsinteressen im Auge, war es doch noch immer größter Warenlieferant des Osmanischen Reiches. Und dieser Handel warf erkleckliche Gewinne ab. Zudem hätte der mutmaßliche russische Beuteanteil an dem immer noch beeindruckend großen Osmanischen Reich einen gewaltigen Machtzuwachs für das Zarenreich bedeutet. Auch die Verbindungswege zur von London blutig unterdrückten britischen Kolonie Indien sah das Vereinigte Königreich durch eine weitere russische Expansion als gefährdet an. Generell lag Großbritannien bereits zu diesem Zeitpunkt an einem »Containment«, an einer Eindämmung der russischen Expansionsbemühungen in Asien, die die uneingeschränkte britische Vormachtstellung dort hätten gefährden können. Diese geopolitischen Auseinandersetzungen sind auch als »The Great Game« bekannt geworden. Russlands Ansehen in Europa hatte zu diesem Zeitpunkt durch die repressive Politik Nikolaus' I. (*1796; †1855) gelitten, auch die öffentliche Meinung war überwiegend antirussisch eingestellt. Und das nicht ohne Grund. Der Grund lag jedoch nicht in Russland, sondern im Westen. Seit dem 16. Jahrhundert war es Mode geworden, bei diplomatischen Auseinandersetzungen mit Russland zu einer zusätzlichen Waffe zu greifen: dem medialen Russland-Bashing. Hierzu wurden Lohnschreiber beauftragt, möglichst negative Berichte über Russland in hoher Stückzahl im Westen zu verbreiten, um so das Bild des Landes in der öffentlichen Meinung nachhaltig ungünstig zu gestalten. Angefangen hatten damit die Schweden, als sie im 16. und 17. Jahrhundert versuchten, sich große Teile Westrusslands einzuverleiben. Das war natürlich gegen Recht und Gesetz. Aber sobald man Russland als »das Reich des Bösen« gebrandmarkt und dieses Meinungsbild in der Öffentlichkeit verankert hatte, war es geradezu eine gute Tat, Russland anzugreifen und ihm große Stücke seines Territoriums zu entreißen. Der schwedische Plan ging nicht auf, ebenso wie viele andere Pläne späterer Jahrzehnte und Jahrhunderte (Napoleon, Hitler, Reagan et cetera).

Frankreich trat um 1853 im Streit um Jerusalem an die Seite des Osmanenreichs und sprach sich wie der Sultan gegen ein alleiniges russisches Protektorat über die Grabeskirche aus. Der zu weiteren Verhandlungen nach Istanbul entsandte russische Diplomat Fürst Alexander Sergejewitsch Menschikow (*1787; †1869) verschlimmerte die Situation durch sein herrisches Auftreten gegenüber dem Sultan. Schließlich stellte Menschikow dem Sultan ein Ultimatum, das dieser – angesichts umfassender westeuropäischer Unterstützung – ungerührt verstreichen ließ.

Menschikow trat daraufhin am 21. Mai 1853 empört die Rückreise nach St. Petersburg an, gleichzeitig verkündete Russland den Abbruch der diplomatischen Beziehungen zum Osmanischen Reich. Wie sehr Frankreich und Großbritannien zu diesem Zeitpunkt bereits zum Krieg gegen Russland entschlossen waren, zeigt das Einlaufen ihrer Mittelmeerflotten in der Besika-Bucht nahe der Dardanellen-Einfahrt. Man wollte nah zum Geschehen sein beziehungsweise künftige Operationen im Schwarzen Meer gegen Russland bei weiterer Eskalation schnell beginnen können. Die britische Flotte lief mit zahlreichen Kriegsschiffen bereits am 11. März 1854, siebzehn Tage vor der britischen Kriegserklärung, in die Ostsee aus, um russische Häfen zu blockieren. Zusätzlich wurden in den folgenden Wochen russische Werften und Häfen in Finnland beschossen.

Auch Russland war grundsätzlich bereit, seine Forderungen im Zweifelsfall militärisch durchzusetzen. Was es auch musste, um seine Glaubwürdigkeit nicht zu verlieren. Dennoch zögerte man in Moskau, den letzen Schritt zu tun. Schließlich wurde Zar Nikolaus I. jedoch durch die permanenten anglofranzösischen Nadelstiche in den Krieg hineingedrängt. Die russische Armee rückte nun wieder in nominell osmanische Gebiete, wie die einige Zeit zuvor von Russland zunächst besetzte und dann wieder geräumte Walachei sowie Moldawien, vor. Der Sultan erklärte Russland daraufhin – von Großbritannien und Frankreich dazu ermuntert – am 16. Oktober 1853 den Krieg. Eine osmanische Streitmacht konnte den russischen Verbänden in der Walachei eine erste Niederlage beibringen, das russische Feldheer war zu diesem Zeitpunkt allerdings schon durch Krankheiten und Seuchen drastisch dezimiert worden.

Russland revanchierte sich mit einem Seeangriff auf

den türkischen Schwarzmeer-Hafen Sinope und zerstörte dabei fast alle im Hafen liegenden osmanischen Kriegsschiffe. Daraufhin lief die britisch-französische Flotte ins Schwarze Meer ein. Zar Nikolaus machte Kompromissvorschläge, Großbritannien und Frankreich führten aber nur Scheinverhandlungen. Napoleon III. (*1808; †1873) schickte pro forma ein handgeschriebenes Schreiben an Nikolaus I., in dem er diesen zu einer friedlichen Beilegung des Konflikts aufforderte. Tatsächlich hatten sich Frankreich und Großbritannien jedoch in Geheimverhandlungen im Hintergrund längst auf einen Waffengang gegen Russland geeinigt. Kurzfristiges Ziel war es, Russland militärisch zu schwächen und vom weiteren Expansionismus abzuhalten sowie einen für möglich gehaltenen Zusammenbruch des Osmanischen Reiches zu verhindern. Mittelfristiges Ziel war es, Russland zu verkleinern, es zu zerlegen (wie dies auch das Ziel Deutschlands im Ersten Weltkrieg war, siehe »Orangenschalen-Strategie«) und so ein für alle Mal als europäischen Machtfaktor auszuschalten. Gleichzeitig wurde die französische und die britische Presse angewiesen, ihre antirussische Berichterstattung drastisch zu intensivieren. Am 12. März 1854 schlossen Frankreich und Großbritannien zunächst einen »Kriegshilfevertrag« mit dem Osmanischen Reich und erklärten dann Russland Ende März 1854 vereinbarungsgemäß den Krieg. Voller Hoffnung, Russland bezwingen zu können, schickte man Soldaten, Schiffe und Offiziere nach Osten.

Bereits seit Juni 1853 hatten Frankreich und Großbritannien ihre Flotteneinheiten rund um die Dardanellen verstärkt und im Januar 1854 erste Kriegsschiffe ins Schwarze Meer verlegt. Die Passage zwischen Schwarzem Meer und Mittelmeer ließ sich an zwei Stellen leicht unterbinden. Einmal vom Mittelmeer aus in den Dardanellen, einer im Schnitt nur drei Kilometer breiten und sechzig

Kilometer langen Wasserstraße, die das Mittelmeer mit dem türkischen Binnengewässer namens Marmarameer verbindet, und auf der anderen Seite, Richtung Schwarzem Meer, entlang des Bosporus, einer weiteren rund dreißig Kilometer langen und nur einen Kilometer breiten Verengung, die sich zwischen Istanbul und Schwarzem Meer erstreckt.

Im April 1854 stationierten beide westeuropäischen Länder zusätzliche Infanterietruppen in Gallipoli an den Dardanellen und schickten am 22. April Kriegsschiffe los, die zehn Stunden lang den russischen Hafen Odessa beschossen. Auch zu Lande lief es für Russland schlecht. So ging nach einem ungünstigen Ausgang der Gefechte Rumänien verloren, Bukarest wurde von osmanischen Truppen besetzt. Österreich, dessen wankendes Herrscherhaus Habsburg-Lothringen sechs Jahre zuvor bei den Aufständen 1848/49 noch von russischen Truppen unterstützt worden war, die das Überleben der Monarchie sicherten, stellte sich jetzt überraschend gegen Russland. Die k. u. k. Monarchie wollte – zum denkbar ungünstigsten Zeitpunkt – ihren diplomatischen Handlungsspielraum erweitern und sah sich im Hinblick auf das Heilige Land als Schutzmacht der Katholiken und von daher im Gegensatz zum orthodoxen russischen Kaiserreich. Anfang Juni 1854 forderte Österreich daher – für Russland völlig überraschend – den Abzug der russischen Truppen aus den Donaufürstentümern. Als Russland dieser Aufforderung um des lieben Friedens willen nachkam, griff Wien gierig zu, österreichische Truppen besetzten das nun herrenlose Gebiet. Zudem stationierte Österreich rund dreihunderttausend Soldaten im Grenzgebiet zu Russland, die erhebliche russische Kräfte banden, die daher für die kommenden Auseinandersetzungen mit Frankreich und Großbritannien nicht zur Verfügung standen. Preußen dagegen erklärte unter dem außenpolitisch Äquidistanz zwischen Ost und West wahrenden preußischen Gesandten Bismarck seine Neutralität und hielt sich auch daran.

Bereits Ende Mai 1854 gingen rund sechzigtausend Soldaten des britisch-französischen Expeditionskorps bei Warna (Bulgarien) an Land. Die russischen Truppen in der Region taktierten hinhaltend, zogen sich erst hinter den Pruth, dann hinter die Donau zurück. Die anglofranzösischen Truppen folgten ihnen langsam, geplagt von Krankheiten und einer ungewöhnlichen frühsommerlichen Hitze. Mit dem russischen Rückzug war der eigentliche Kriegsgrund entfallen, aber das war für die anglofranzösischen Machthaber kein Grund, das einmal angefangene Unternehmen aufzugeben. Napoleon III. wollte unbedingt einen außenpolitischen beziehungsweise militärischen Erfolg über Russland, um von der innenpolitischen Misere Frankreichs abzulenken, aber auch als Revanche für 1812 (Niederlage der Grande Armée in Russland). Ähnliches galt für die britischen Entscheidungsträger, die sich ebenfalls einen innenpolitischen Erfolg von einem militärischen Sieg über Russland versprachen. Den von Russland angebotenen und von der politischen Lage her naheliegenden Waffenstillstand lehnten beide ab, akzeptabel sei nur eine Kapitulation, die wiederum für Russland nicht in Frage kam. Einmal mehr wurde die antirussische Berichterstattung der Westblockpresse zur Absicherung der im Prinzip illegalen Fortsetzung des militärischen Vorgehens intensiviert.

Da ein Marsch auf das rund zweitausend Kilometer entfernte Moskau mit nur sechzigtausend Mann, deren Reihen sich aufgrund von Infektionskrankheiten täglich lichteten, aussichtslos erschien, nahm man als nächstes Ziel die russische Festung und zentrale Schwarzmeer-Marinebasis Sewastopol auf der Krim ins Auge. Durch deren

Zerstörung sollten künftige militärische Bedrohungen des Osmanischen Reiches durch Russland über das Schwarze Meer verhindert werden. Dabei gab es nur einen Haken: die für Mitteleuropäer ungewohnten Distanzen in Russland. Einen Marsch an Land entlang der Küste zum immer noch über tausend Kilometer entfernten Ziel Sewastopol hielt man realistischerweise für wenig chancenreich. Daher entschlossen sich die vereinigten Befehlshaber der Anglofranzosen zu einem Angriff von See aus. Per Schiff betrug die Entfernung nur fünfhundert Kilometer, und günstige Winde brachten britische Fregatten (im Gegensatz zur britischen Armee war die britische Marine damals weltweit dominierend) Anfang September 1854 rasch zum gewünschten Ziel. Gleichzeitig blockierten andere Kriegsschiffe der britischen Flotte die russischen Ostseehäfen (die sie auch immer wieder mit schweren Geschützen beschossen), um den Kriegserfolg durch Handelssanktionen beziehungsweise einen Boykott russischer Waren abzusichern, deren Hauptabsatzroute die Ostsee war. Ein weiteres Expeditionskorps griff russische Festungen in Finnland an und eroberte sie, da sich die russische Generalität auf den Hauptkonflikt konzentrierte und den Nebenkriegsschauplatz als unwichtig ansah. Einen weiteren Angriff unternahmen anglofranzösische Marineverbände gegen die russischen Fernosthäfen, wie Petropawlowsk auf der Halbinsel Kamtschatka. Doch die zweihundertdreißig Soldaten der dortigen Hafenfestung wehrten alle Angriffe der zahlenmäßig überlegenen alliierten Einheiten ab und zwangen diese am Ende sogar zum schmählichen Rückzug.

Auf der Krim starteten die Anglofranzosen am 12. September 1854 bei Jewpatorija – rund fünfzig Kilometer nördlich von Sewastopol – ein Landungsunternehmen mit den fünfzigtausend verbliebenen Soldaten. Sie planten einen Angriff auf Sewastopol, um den dortigen Hafen unbrauchbar zu machen; insgesamt sollte das Unternehmen laut Planung nur ein paar Tage dauern. Am nördlich von Sewastopol ins Meer mündenden Flüsschen Alma, das im Sommer austrocknete, erwarteten die russischen Truppen in einer gut ausgebauten Stellung am erhöhten Südufer des Gewässers ihre gemächlich auf Sewastopol vorrückenden Gegner. Doch die auf dem rechten (küstennahen) Flügel positionierten französischen Truppen begannen überraschend einen Sturmangriff auf den Höhenzug, unterstützt von Geschützen der vor der Küste ankernden französischen Fregatten, und konnten die russischen Einheiten von dort vertreiben. Während die übrigen französischen Einheiten im dichten Feuer der russischen Artillerie liegen blieben, gelang auch den Briten auf dem linken Flügel im Landesinneren der Durchbruch, dank ihrer mit länglichen statt runden Kugeln ausgestatteten modernen Vorderlader vom Kaliber .577 (1,46 Zentimeter), mit denen schon auf achthundert Meter Präzisionsfeuer auf die russischen Einheiten eröffnet werden konnte, während die russischen Einheiten mit ihren altertümlichen Flinten hierzu bis auf zweihundert Meter an die englischen Einheiten herangehen mussten und dabei immer wieder schwere Verluste erlitten.

Damit war die Schlacht entschieden und fürs Expeditionskorps der Weg ins noch fünfundzwanzig Kilometer entfernte Sewastopol frei. Dort hatten die russischen Kommandeure der vereinigten See- und Landstreitkräfte eine radikale Entscheidung getroffen. Da die vorhandenen russischen Schiffe an Bewaffnung und Schnelligkeit den anglofranzösischen Einheiten bei weitem unterlegen waren, hatten sie die Schiffe anders genutzt. Der Hafen von Sewastopol gleicht einem Fjord, der sich von der Küste rund fünf Kilometer landeinwärts erstreckt. Statt also ihre Schiffe in einer nutzlosen Attacke auf die überlegene Koalitionsflotte zu verheizen, versenkten die russischen Kommandeure ihre Schiffe direkt an der Hafeneinfahrt und sperrten so nachhaltig den Zugang ins Hafeninnere für die Invasionsflotte. Diese konnte daher die nun folgenden Angriffe auf die Stadt nur von See her, aus größerer Entfernung, und nicht im direkten Beschuss unterstützen.

Am 9. Oktober 1854 begann die Belagerung Sewastopols. Auf russischer Seite standen fünfundsiebzigtausend Soldaten der auf hundertfünfundsechzigtausend Soldaten verstärkten Westblock-Angriffsallianz gegenüber (hunderttausend Franzosen, fünfundvierzigtausend Briten, fünfzehntausend Savoyarden und fünftausend Türken). Da die Nordseite der Stadt stärker befestigt war, entschlossen sich die Alliierten zu einem Angriff von Süden. Doch der in russischen Diensten stehende Festungsingenieur Totleben hatte dort kurzfristig ein effizientes System von Gräben und Schanzen ausheben lassen, das den vielen alliierten Angriffen lange standhielt. Außerdem hatten die russischen Matrosen vor der Versenkung ihrer Schiffe alle Kanonen an Land gebracht, die jetzt die Verteidigung verstärkten – zeitweise verfügten die russischen Verteidiger über dreimal so viele Kanonen wie die alliierten Angreifer. Mitte Oktober gelang es den russischen Kanonieren sogar, mit einem Meisterschuss das französische Munitionsdepot zu treffen und in die Luft zu jagen. Die Briten revanchierten sich, in dem sie tagelang das Fort Malakow beschossen, bis das dortige russische Munitionsdepot in die Luft flog und viele Verteidiger tötete.

Ihre Operationsbasis hatten die Briten im etwa zehn Kilometer von Sewastopol entfernten Hafenstädtchen Balaklawa an der Südküste der Krim. Ein russischer Angriff Richtung Balaklawa konnte im Oktober 1854 abgewehrt werden, allerdings mit hohen alliierten Verlusten, so dass der Ausgang der Schlacht unentschieden gewertet wird. Ein weiterer russischer Angriff auf die Belagerungstruppen wurde Anfang November 1854 nahe des Dorfes Inkerman am landseitigen Ende des Sewastopol-Fjords vorgetragen. Erneut ergaben sich hohe Verluste unter den britischen, französischen und türkischen Einheiten der Belagerungsarmee, aber auch die russischen Angreifer hatten hohe Verluste erlitten, so dass am Ende wieder ein Unentschieden auf der Wertung stand. Auch die anglofranzösischen Befehlshaber waren den katastrophalen hygienischen Bedingungen vor Ort ausgesetzt: Schon kurz nach Beginn der Belagerung erkrankte der französische Oberbefehlshaber Armand-Jacques-Achille Leroy de Saint-Arnaud an Cholera und starb drei Tage später. Der britische Oberbefehlshaber Fitzroy Somerset, 1. Baron Raglan erlag im Juni 1855 der Ruhr, im November desselben Jahres krepierte der Befehlshaber der französischen Flotte Armand Joseph Bruat ebenfalls an Cholera.

Während der Winterstürme beschränkten sich die Auseinandersetzungen auf kleinere Scharmützel. Erst im April 1855 wurden die Artillerieduelle wieder aufgenommen. Die Briten hatten eigens eine zwanzig Kilometer lange Eisenbahnlinie von Balaklawa bis zur Kesselfront errichten lassen, um den per Schiff eintreffenden Nachschub schneller an die Front befördern zu können. Die Alliierten hatten über Winter auch ihre Belagerungstruppen auf insgesamt über hundertsiebzigtausend Mann verstärkt. Um den Kampf zu beenden, konzentrierten die Alliierten ihr Feuer auf das unmittelbar neben dem eigentlichen Stadthafen gelegene Fort Malakow, die stärkste russische Festungsanlage bei Sewastopol. Dabei wurden rund zweihunderttausend Granaten auf die russischen Stellungen abgefeuert, während die russischen Einheiten hunderttausend Geschosse in die Gegenrichtung fliegen ließen. Französische Einheiten konnten das Fort schließlich am 8. September 1855 stürmen, nachdem weitere hunderttausend Geschosse auf die Verteidiger abgefeuert worden waren. Die Alliierten hatten zu diesem Zeitpunkt hundertfünfzig Kanonen pro Frontkilometer aufgestellt, erstmals in der Geschichte der modernen Kriegsführung kam es zu einer solchen Massierung von Geschützen, die erst wieder viele Jahrzehnte später im Ersten Weltkrieg erreicht werden sollte. Die russischen Verteidiger der Stadt zogen sich daraufhin auf die Nordseite der Bucht von Sewastopol zurück und nahmen die Angreifer von dort weiter unter Feuer. Die Alliierten verzichteten auf weitere Angriffe, da sie neuerliche hohe eigene Verluste befürchteten. Die Hauptkämpfe waren damit nach dreihundertneunundvierzig Tagen vorbei. Die Zahl der Opfer während der knapp einjährigen Kampfhandlungen auf der Krim wird auf rund achthunderttausend Tote geschätzt.

Am 30. März 1856 einigten sich die Kriegsgegner in Paris auf einen Friedensvertrag, der insgesamt vierunddreißig Punkte enthielt, unter anderem die sofortige Räumung aller besetzten Gebiete. Außerdem wurde dem Osmanischen Reich staatliche Unabhängigkeit garantiert, was gleichbedeutend mit der Aufnahme in den Kreis der europäischen Mächte war, als Belohnung für die Waffendienste auf der Krim und die finanzielle Unterstützung des Feldzugs. Das Fürstentum Serbien verblieb unter türkischer Besatzung. Russland hatte seine seit 1815 führende Stellung in Europa endgültig verloren, Frankreich war nach langen Jahren der Marginalität in den Kreis der europäischen Mächte zurückgekehrt, Napoleon III. konnte das als Erfolg für sich verbuchen. Der Bruch zwischen Österreich und Russland war endgültig (und sollte sich im Vorfeld des Ersten Weltkriegs verhängnisvoll auswirken). Russland näherte sich nun Frankreich und Preußen an, während das Verhältnis zu Großbritannien auf einem Tiefpunkt angekommen war. Russland war jedoch militärisch nicht entscheidend geschwächt worden. Allerdings konnte Frankreich sein Ziel einer umfassenden europäischen Neuordnung mit Wiederherstellung Polens nicht erreichen. Großbritannien und Österreich verhinderten dies. Auch die französischen Pläne, nach dem Erfolg in Sewastopol doch noch auf Moskau zu marschieren, scheiterten an der Weigerung der Alliierten und an der Kriegsmüdigkeit in Frankreich.

Gleichzeitig war es Russland gelungen, auf dem asiatischen Kriegsschauplatz einige wichtige Siege zu erringen, die eine erneute osmanische Eroberung des südlichen Kaukasus verhinderten und die russische Expansion im Kaukasus beförderten. Auch in Zentralasien gelangen trotz britischer Gegenmaßnahmen weitere Eroberungen, etwa in Turkestan und dem Emirat von Buchara. 1860 kam mit der Gründung von Wladiwostok am Pazifik die erste größere Flottenbasis im Fernen Osten hinzu. Erst 1887 kam es zum Abschluss eines förmlichen Vertrags mit Großbritannien, in dem Afghanistan als Grenze der gegenseitigen Einflusssphären festgelegt wurde und der Afghanistan damit zur Pufferzone zwischen den beiden Großmächten machte. Was der Krieg allerdings unübersehbar gemacht hatte, war die Rückständigkeit Russlands gegenüber den führenden Nationen Europas, die die Wirtschaft und Gesellschaft bereits entsprechend modernisiert hatten. Die fortbestehende Leibeigenschaft verhinderte den Wechsel einer ausreichenden Zahl von Arbeitskräften aus der Landwirtschaft in die aufkommende Industrie, die Kampfkraft der Armee war unzureichend, die Flotte gegenüber der britischen rückständig. Russland musste im Pariser Frieden auch – was besonders schmählich war – einer Neutralisierung des Schwarzen Meers zustimmen, durfte dort also keine Kriegsmarine mehr unterhalten. Bis auf die Preisgabe Bessarabiens blieb das Territorium Russlands jedoch unangetastet, das eigentliche Kriegsziel der westlichen Alliierten damit verfehlt.

Alexander II. (*1818; †1881) hatte bei seiner Thronbesteigung 1855 den andauernden Krimkrieg als Erblast von seinem Vorgänger Nikolaus I. übernommen und strebte eine zügige Friedensregelung an. Angesichts der offen zutage getretenen Schwächen der russischen Gesellschaft ließ er wenige Jahre später (1862, und damit drei Jahre vor dem Verbot der Sklaverei in den Vereinigten Staaten von Amerika, aber fünfzig Jahre nach Preußen) die Leibeigenschaft aufheben, führte eine Justizreform durch und strukturierte das Militär um. Bauern stellten zu diesem Zeitpunkt über achtzig Prozent der Bevölkerung. Das System der Leibeigenschaft hatte weder Eigeninitiative noch soziale Veränderungen oder Mobilität zugelassen sowie effektivere und rationellere Bewirtschaftungsmethoden verhindert. Doch bei der Aufhebung der Leibeigenschaft wurden entscheidende Fehler gemacht. Die den Bauern zugeteilten Landflächen waren für eine auskömmliche Bewirtschaftung zu klein, die auf ihnen liegenden Hypothekenlasten zu hoch (die Bauern mussten dem Staat binnen neunundvierzig Jahren eine Entschädigungszahlung für den Wert des überlassenen Landes zahlen, da der Staat diese Summen den enteigneten Großgrundbesitzern vorgestreckt hatte). Die ungünstige Gesamtentwicklung führte auch zum Verkauf Alaskas an die Vereinigten Staaten von Amerika, womit die russischen Besitzungen auf dem amerikanischen Kontinent ihr Ende fanden. Da wirtschaftliche Eigeninitiative kaum vorhanden war, gründete der russische Staat unter Alexander II. Staatsbetriebe in den wichtigsten Wirtschaftszweigen. Das mit staatlicher Unterstützung gebaute Eisenbahnnetz umfasste in den 1880er Jahren zweiundzwanzigtausend Kilometer (Deutschland 1880: vierzigtausend Kilometer, Frankreich: dreißigtausend Kilometer). Analog zu Deutschland wurden private Eisenbahngesellschaften in den Folgejahren aus militärstrategischen Gründen verstaatlicht. Ein Gutteil des wirtschaftlichen Aufschwungs beruhte schon damals auf den Einnahmen aus dem Rohölverkauf. Die Ölfelder auf der Halbinsel Abşeron (auf der Aserbaidschans Hauptstadt Baku liegt) waren seit der Antike bekannt, seit 1814 gehörte Aserbaidschan zu Russland, in den 1870er Jahren begann ihre industrielle Ausbeutung.

Durch den Krimkrieg zerfiel endgültig das auf dem Wiener Kongress 1815 geschaffene politische Ordnungssystem Europas. Infolge der antirussischen Haltung Österreichs im Krimkrieg endete die Bündnistreue innerhalb der »Heiligen Allianz« der drei konservativen östlichen Großmächte. Russland galt nun nicht länger als militärische Großmacht und »Gendarm Europas«. Der damals offen zutage getretene britisch-russische Gegensatz setzte sich zu Sowjetzeiten fort und dauert bis heute an. Die russische Niederlage offenbarte der Welt, wie rückständig das Zarenreich damals in vielen Bereichen noch immer war. Das machte sich auch in der Finanzkraft bemerkbar: Während Großbritannien und Frankreich zusammen 344 Millionen Pfund Sterling für den Krieg aufwenden konnten, waren es auf russischer Seite nur 144 Millionen. In den über elf Monaten der Belagerung Sewastopols wurden von allen Kriegsparteien hundertzwanzig Kilometer Gräben ausgehoben. Es wurden etwa hundertfünfzig Millionen Gewehrschüsse und fünfzig Millionen Artilleriesalven abgefeuert. Der Aufwand für die Mobilisierung der Truppen, die zur Machtdemonstration an die Grenze zu Russland entsandt worden waren, sorgte in Österreich fast für den finanziellen Ruin. Daher wurden in den Folge-

jahren drastische Einsparungen bei der Armee durchgeführt. Den von Bismarck auch aus diesem Grund gezielt
vom Zaun gebrochenen Krieg von 1866 verlor Österreich
nicht zuletzt wegen dieser langjährigen Absenkungen
des Militärbudgets. Im Anschluss an den preußischen
Sieg 1866 wurde der Deutsche Bund aufgelöst, Preußen
vergrößerte seine Macht nachhaltig. Der Krimkrieg kann
aus diesem Blickwinkel als Wegmarke hin zur deutschen
Einheit von 1871 unter preußischer Führung angesehen
werden. Preußen war daher einziger eindeutiger Profiteur
des Krimkriegs.

Gleichzeitig war Österreich-Ungarn der eigentliche
Verlierer des Krimkriegs. Das frühere Bündnis mit Russland war dauerhaft zerbrochen. Wien blieb in der Folge
des Krieges diplomatisch isoliert, was zu seiner desaströ-
sen Niederlage im Französisch-Österreichischen Krieg
von 1859 beitrug, die zum Verlust der bisher österreichischen Lombardei an das Königreich Sardinien führte und
später zum Verlust der bisher von Österreich beherrsch-
ten Toskana sowie dem Fürstentum Modena. Damit endete der österreichische Einfluss in Mittelitalien. Zudem
blieb der ehemalige Verbündete Russland – im Gegensatz
zu 1848 – neutral, als das von Bismarck geführte Preußen
1866 Österreich-Ungarn überfiel und dem k. u. k. Reich
eine schmerzhafte Niederlage beibrachte, die die führende
Stellung Österreichs in den deutschsprachigen Ländern
beendete. Als Resultat dieses Krieges verlor Österreich
auch seinen letzten norditalienischen Besitz im Festungs-
viereck, das Veneto. Ohnmächtig musste Wien zusehen,
wie Deutschland unter preußischer Führung und Italien
sich unter der Führung der Savoyer zu machtvollen Natio-
nalstaaten entwickelten. Es musste weitere, seine äußere
und innere Stabilität schwächende Kompromisse mit
dem ungarischen Reichsteil eingehen und wurde zuneh-

mend zu einem Satellitenstaat Berlins. Frankreich stand Deutschland nun feindselig gegenüber, und Russland entwickelte sich zum Gegner Österreich-Ungarns, speziell was die Entwicklung auf dem Balkan anging, wo das Osmanische Reich zusehends zurückgedrängt wurde. Damit waren die Grundlagen gelegt für die Konfrontationen, die direkt zum Ausbruch des Ersten Weltkriegs führten.

Das große Elend der verwundeten Soldaten auf beiden Seiten führte nach anfänglich katastrophalen Missständen zu einem Fortschritt im Sanitätswesen. Im Dezember 1854 begann auf russischer Seite Nikolai Iwanowitsch Pirogow (*1810; †1881) seine Karriere als Militärarzt. Er führte unter anderem Gipsverbände zur Stabilisierung von Knochenbrüchen ein und entwickelte eine fersenerhaltende Amputationsmethode für den Fuß. Auch die Narkose wurde von ihm als Standardbehandlung bei Operationen auf dem Schlachtfeld eingesetzt. Die heute als Triage (Vorauswahl) bezeichnete abgestufte Behandlung von Verwundeten je nach Schweregrad ihrer Verwundung geht ebenfalls auf ihn zurück. Er setzte sich darüber hinaus für die Ausbildung von Pflegekräften ein und sorgte, wie Florence Nightingale (*1820; †1910), für die Zusammenstellung freiwilliger Krankenschwester-Einheiten zur Betreuung der Feldlazarette. Die von ihm 1847 beschriebene Anästhesie mit Äther war seiner Zeit weit voraus. Insgesamt starben im Krimkrieg hundertfünfundsechzigtausend Soldaten, davon hundertviertausend nicht an der Front, sondern an Seuchen und Krankheiten: fünfzigtausend der insgesamt siebzigtausend französischen ums Leben gekommene Soldaten, siebzehntausend von zweiundzwanzigtausend britischen ums Leben gekommene Soldaten und siebenunddreißigtausend von dreiundsiebzigtausend russischen ums Leben gekommene Soldaten. Die zivilen Opfer der Auseinandersetzungen hat niemand gezählt.

Die Dreyfus-Affäre

Paris, Ende September 1894. Mehr als zwei Jahrzehnte sind vergangen seit der schmählichen Niederlage Frankreichs gegen Deutschland im Krieg von 1870/71. Frankreichs Militär und Geheimdienste sind von dem Gedanken beseelt, sich zu revanchieren und den Deutschen eine Lektion zu erteilen. Nachdem der deutsche Sieg zu einem Gutteil auch auf der Grundlage der Informationen eines weitgespannten deutschen Spionagenetzes ermöglicht worden war, sind nun auch die Franzosen bestrebt, jede Möglichkeit zur Informationsgewinnung zu nutzen. Damals wie heute gehören die Putzkräfte zu den bevorzugten Zielen beziehungsweise Ansatzpunkten für geheimdienstliche Operationen, da sie direkten Zugang zu »interessanten« Räumlichkeiten haben. Bis heute zählt auch die Auswertung des Hausmülls von »feindlichen« Botschaften oder Personen im eigenen Land zu den regulären Aufgaben von nationalen Spionageorganisationen wie dem BND in der BRD oder dem FBI beziehungsweise der CIA in den USA, aber auch des FSB in Russland et cetera.

In diesen schönen Septembertagen 1894 versieht die Putzfrau Marie Bastian diesen vaterländischen Dienst für den französischen Auslandsnachrichtendienst, genannt *Deuxième Bureau* (zweites Büro), indem sie an ihrem Arbeitsplatz, dem *Palais Beauharnais*, der damaligen deutschen Botschaft in Paris, den Inhalt der von ihr geleerten Papierkörbe nicht zum Müll bringt, sondern zu einer mit ihren geheimen Auftraggebern verabredeten Ablagestelle, wo französische Geheimdienstmitarbeiter ihn abholen und nach interessanten Fundstücken durchforsten. Dabei sticht den Nachrichtendienstlern im Papiermüll vom 25. September 1894 ein in kleine Stücke zerrissenes Schreiben besonders ins Auge. Es stammt aus dem Papierkorb des deutschen Militärattachés Oberstleutnant Maximilian von Schwartzkoppen. Der französische Nachrichtendienst setzt den Brief wieder zusammen. Es handelt sich um ein nicht unterschriebenes, handschriftliches Begleitschreiben zu einer Sendung von fünf geheimen militärischen Dokumenten:

Mein Herr,

obwohl ich ohne Nachricht von Ihnen bin, dass Sie mich zu sehen wünschen, sende ich Ihnen einige interessante Auskünfte:

1. *eine Aufzeichnung über die hydraulische Bremse des 120-mm-Geschützes und über die Erfahrungen, die man mit ihm gemacht hat;*
2. *eine Aufzeichnung über die Bedeckungstruppen (der neue Plan wird einige Änderungen bringen);*
3. *eine Aufzeichnung über eine Veränderung in den Artillerieformationen;*
4. *eine Aufzeichnung über Madagaskar;*
5. *den Entwurf der Schießvorschrift der Feldartillerie (14. März 1894).*

Dieses letzte Dokument ist äußerst schwer zu beschaffen, und ich kann es nur sehr wenige Tage zu meiner Verfügung haben. Das Kriegsministerium hat den Truppenteilen nur eine bestimmte Zahl geschickt, und die Truppenteile sind dafür verantwortlich. Jeder Empfänger unter den Offizieren muss sein Exemplar nach den Manövern zurückgeben. Wenn Sie also das, was Sie interessiert, abschreiben wollen und dann den Entwurf zu meiner Verfügung halten, werde

ich ihn abholen, es sei denn, dass ich ihn ganz abschreiben
lasse und Ihnen die Abschrift zuschicke.
Ich bin im Begriff, zu den Manövern abzureisen.

Aus diesem als *Bordereau*, also als Verzeichnis der bei-
gefügten Dokumente, bekannt gewordenen Schriftstück
geht hervor, dass ganz offenbar ein französischer Gene-
ralstabsoffizier dem deutschen Geheimdienst vertrauliche
Informationen zugespielt haben musste. Der französische
Auslandsgeheimdienst leitet das Schriftstück dem französischen Kriegsministerium zu. Von diesem Ausgangspunkt aus sollte sich einer der größten Skandale der Dritten Französischen Republik entwickeln, der das Land die
nächsten zwölf Jahre in Atem hält und bei dem mächtige
Gegenspieler mit Tricksen, Täuschen und Tarnen versuchen, jeweils den maximalen Gewinn aus der Affäre zu
ziehen.

Im französischen Generalstab, vom Kriegsministerium
mit der Untersuchung des schleierhaften Schriftstücks beauftragt, herrscht zunächst Rätselraten. Die Handschrift
des *Bordereaus* lässt sich im ersten Anlauf keinem der Offiziere des Generalstabs zuordnen. Daher schlägt Oberstleutnant Albert d'Aboville vor, vom mutmaßlichen Täter-
profil auszugehen. Er glaubt, dass nur ein Artillerieoffizier
Zugang zu Informationen über das 120-Millimeter-Ge-
schütz hatte. Dieser Offizier müsse wegen der Vielfalt der
übrigen Dokumente des Verzeichnisses ein Absolvent der
École supérieure de guerre (ESG, »Höhere Kriegsschule«)
sein. Damit engt sich der Kreis der Verdächtigen erheb-
lich ein. Man kommt schließlich zu dem Schluss, dass
die Handschrift der des Artilleriehauptmanns Alfred
Dreyfus, 35, ähnlich sehe. Der Schreiber des *Bordereaus*
erwähnt allerdings in der letzten Zeile, dass er zu einem
Manöver aufbreche. Zu Dreyfus' Aufgaben gehört es eben

nicht, an Manövern teilzunehmen. Diesen Umstand ignorieren die beiden Ermittler.

Der 1859 geborene Alfred Dreyfus stammt aus einer elsässischen Industriellenfamilie jüdischen Glaubens. Als 1871 nach dem Deutsch-Französischen Krieg seine Geburtsregion an Deutschland fiel, hatten sich seine Eltern für die Beibehaltung der französischen Staatsbürgerschaft entschieden und waren nach Paris umgezogen. Die *École supérieure de guerre* hatte er als einer der Jahrgangsbesten abgeschlossen. Nur in der mündlichen Prüfung erhielt er auffallend schlechte Noten. Das hatte allerdings nichts mit seinem Fachwissen zu tun. Der Prüfer wollte damit Dreyfus' weitere Karriere behindern, da Juden im Generalstab »unerwünscht« wären.

Für Kriegsminister Auguste Mercier ist die Sache klar. Er wird bis zu seinem Tod von Dreyfus' Schuld überzeugt sein. Allerdings gibt es innerhalb der französischen Regierung unterschiedliche Meinungen. General Félix Gustave Saussier, Militärgouverneur von Paris, befürchtet einen Imageschaden für die französische Armee, sollte einer ihrer Offiziere wegen Landesverrats angeklagt werden. Außenminister Gabriel Hanotaux warnt vor absehbaren deutsch-französischen Spannungen, wenn bekannt werde, dass der französische Nachrichtendienst Unterlagen aus der deutschen Botschaft gestohlen habe. Staatspräsident Jean Casimir-Perier bezweifelt, dass das Schriftstück als alleiniger Beweis für eine Verurteilung reiche. Premierminister Charles Dupuy nimmt Kriegsminister Mercier das Versprechen ab, ein Verfahren gegen Dreyfus nur dann zu eröffnen, wenn zusätzliche Beweise beigebracht werden können. Mercier gibt sich siegessicher und unterzeichnet am 14. Oktober 1894 den Haftbefehl gegen Dreyfus. Die weiteren Ermittlungen überträgt er Major Armand du Paty de Clam.

Am 15. Oktober wird Dreyfus unter einem Vorwand zum Chef des Generalstabs gerufen, wo ihn du Paty erwartet und ihm Sätze aus dem *Bordereau* diktiert. Anschließend bezichtigt er ihn des Landesverrats, lässt ihn verhaften und ins Gefängnis bringen. Die Wohnung von Dreyfus wird gleichzeitig durchsucht. Major du Paty verweigert Dreyfus' Ehefrau Lucie gegenüber jegliche Auskünfte. Dreyfus selbst ist davon überzeugt, dass die gegen ihn erhobenen Vorwürfe sich binnen kurzer Zeit als gegenstandslos erweisen werden. Er hat zu den im Schreiben aufgeführten Unterlagen keinen Zugang. Die Ankläger haben auch Schwierigkeiten, ein glaubwürdiges Motiv für Landesverrat zu nennen. Geldnot scheidet bei Dreyfus aus. Dreyfus und seine Frau stammen aus wohlhabenden Familien. Das reguläre Jahresgehalt für einen Leutnant beträgt zweitausend Franc. Allein das Privatvermögen von Dreyfus sorgt für einen jährlichen Zinsertrag von vierzigtausend Franc.

Das Schriftgutachten eines hierfür gar nicht ausgebildeten Kriminalisten bestätigt die Identität von Dreyfus mit dem Verfasser des *Borderau*. Auch weitere Schriftsachverständige kommen zu dem Schluss, es gebe Ähnlichkeiten zwischen den beiden Handschriften. Generalstabschef Raoul Le Mouton de Boisdeffre gehört zur Fraktion der Gegner von Dreyfus. Major du Paty informiert ihn darüber, dass er auf der Grundlage der bisherigen Indizien Zweifel am Erfolg eines Gerichtsverfahrens gegen Dreyfus habe, was den Generalstabschef nicht besonders freut. Gleichzeitig lässt ein unbekannter Informant aus dem Kriegsministerium der Presse Details über den Fall zukommen. Am 31. Oktober 1894 berichten verschiedene Pariser Tageszeitungen über die Verhaftung eines jüdischen Offiziers im Kriegsministerium, teilweise mit Nennung des Namens von Dreyfus und seines Dienstgrads. Kriegsminister Mercier, wegen anderer ungelöster Probleme innerhalb der Armee bereits im Fadenkreuz der Presse, kommt dadurch in Zugzwang: Eine Freilassung Dreyfus' würde ihm seitens der nationalistischen und antisemitischen Zeitungen Vorwürfe mangelnder Härte einbringen. Würde der Prozess wiederum mit einem Freispruch enden, könnte man ihm vorhalten, leichtsinnig Beschuldigungen gegen einen Offizier erhoben und eine deutsch-französische Krise riskiert zu haben. Mercier wäre dann nicht mehr zu halten gewesen. In einer Sondersitzung des Kabinetts legt Mercier den Ministern eine Abschrift des *Bordereaus* vor und behauptet, Dreyfus sei zweifelsfrei der Verfasser. Die Minister stimmen daraufhin der Eröffnung des Verfahrens gegen Dreyfus zu. Die weiteren Untersuchungen übernimmt Hauptmann Bexon d'Ormescheville vom *Premier conseil de guerre*, dem obersten Kriegsgericht.

Der deutsche Botschafter erklärt am 10. November 1894, es habe in der Vergangenheit keinerlei Kontakte zwischen dem deutschen Militärattaché und Dreyfus gegeben. Gleichzeitig informiert der italienische Militärattaché Panizzardi (den mit Schwartzkoppen eine geheime homosexuelle Partnerschaft verbindet) das italienische Armeehauptquartier in einem verschlüsselten Telegramm darüber, dass auch er keinerlei Verbindung zu Dreyfus gehabt habe. Die französische Postbehörde fängt das Telegramm ab, es wird dechiffriert und dem Nachrichtendienst übergeben. Jean Sandherr, Leiter des militärischen Auslandsnachrichtendienstes, des *Deuxième Bureau*, lässt eine Abschrift anfertigen und schickt das Original ans Außenministerium. Die Kopie wird im Kriegsministerium archiviert. Vermutlich noch am selben Tag wird diese Kopie allerdings gegen eine gefälschte Version ausgetauscht. Darin heißt es jetzt, das französische Kriegsministerium verfüge über Beweise für Kontakte von Dreyfus zum Deutschen Reich.

Der Ton der Presseberichte wird unterdessen schärfer. Teile der Presse beschuldigen die Regierung wiederholt, die Aufklärung des Falles nicht energisch genug voranzutreiben, weil der Beschuldigte Jude sei und darauf Rücksicht genommen werde. Der katholische Antisemit und Journalist Édouard Drumont geht so weit zu behaupten, dass Dreyfus der Armee nur beigetreten sei, um als deutscher Spion agieren zu können. Als Jude und Elsässer hasse er die Franzosen. Juden seien ein Krebsgeschwür, das den Untergang Frankreichs herbeiführen werde. Mercier kündigt an, die Untersuchung gegen Dreyfus werde innerhalb von zehn Tagen abgeschlossen. In einem Interview behauptet er, dass eindeutige Beweise für den von Dreyfus verübten Landesverrat vorlägen. Der deutsche Geheimdienst sei der Empfänger der Geheimdokumente gewesen. Der deutsche Botschafter Georg Herbert zu Münster beschwert sich daraufhin bei Außenminister Hanotaux. Die deutsche Regierung habe in keiner Weise Anlass für die Verhaftung von Dreyfus gegeben.

Hauptmann d'Ormescheville überreicht seinen gemeinsam mit Major du Paty verfassten Untersuchungsbericht Anfang Dezember 1894. Die aufgeführten Beweise sind der *Bordereau*, Dreyfus' Deutschkenntnisse sowie negative Beurteilungen des Offiziers Dreyfus durch Kollegen. Gutachten von Schriftsachverständigen, die keine Ähnlichkeit zwischen der Handschrift von Dreyfus und der des Verfassers des *Bordereaus* konstatieren, unterschlägt d'Ormescheville. General Saussier ist über diese dünne Beweislage nicht erfreut und befiehlt, eine Übersicht aller Archivunterlagen, die gegen Dreyfus verwendet werden könnten, zusammenzustellen. Das so entstandene Geheimdossier enthält folgende Dokumente:

- eine abgefangene Notiz von Militärattaché Schwartzkoppen an den Generalstab in Berlin, in dem er Vor- und Nachteile der Zusammenarbeit mit einem namentlich nicht genannten französischen Offizier erwog, der seine Dienste als Agent offerierte;
- ein auf den 16. Februar 1894 datierter Brief des homosexuellen italienischen Militärattachés Panizzardi an seinen Liebhaber Schwartzkoppen, der sich so anhört, als ob Schwartzkoppen nachrichtendienstliche Informationen an Panizzardi weitergegeben habe;
- ein Brief Panizzardis an Schwartzkoppen, in dem dieser schrieb, ein französischer Offizier namens »D.« habe ihm Pläne einer militärischen Einrichtung in Nizza übergeben, die zur Weiterleitung an Schwartzkoppen bestimmt seien (dieser Hinweis bezog sich – was die an der Zusammenstellung des Geheimdossiers beteiligten Offiziere sehr genau wussten – auf einen Kartografen des Kriegsministeriums, der seit Jahren Pläne militärischer Einrichtungen an die beiden Militärattachés verkaufte und dessen Nachname gleichfalls mit D begann);
- eine erfundene Behauptung, dass »die deutschen Attachés einen Offizier im Generalstab haben, der sie ausgesprochen gut auf dem Laufenden hält« (diesen Abschnitt hatte der Geheimpolizist Guénée hinzugefügt).

Jean Sandherr gibt zudem die Anweisung, das Geheimdossier durch einen Kommentar von du Paty zu ergänzen, der eine Verbindung zwischen diesen Dokumenten und Dreyfus herstellen solle. Der genaue Inhalt des Geheimdossiers ist bis heute unbekannt, da bisher in keinem Archiv eine vollständige Fassung ausfindig gemacht werden konnte.

Der Prozess vor dem Kriegsgericht dauert vom 19. bis 22. Dezember 1894. Er findet unter Ausschluss der Öffentlichkeit und der Presse in geheimer Sitzung statt.

Keiner der Militärrichter ist Artillerieoffizier und damit in der Lage, die Bedeutung der im *Bordereau* genannten Dokumente einzuordnen. Dreyfus wird von Edgar Demange verteidigt, einem bekannten katholischen Anwalt. Demange hat die Verteidigung übernommen, da er aufgrund der Aktenlage von der Unschuld Dreyfus' überzeugt ist. Der Angeklagte macht vor Gericht angesichts seiner glaubhaften Antworten einen guten Eindruck. Auch die Zeugen sagen zugunsten von Dreyfus aus. Als dem Nachrichtendienst Zweifel am Erfolg des Verfahrens gegen Dreyfus kommen, wendet sich Major Hubert Henry, ein enger Mitarbeiter vom Leiter der Spionageabwehr, Jean Sandherr, rechtswidrig an einen der Richter, mit der Bitte, ihn ein zweites Mal als Zeuge zu vernehmen. Diesmal sagt er aus, Anfang 1894 sei der Nachrichtendienst vor einem verräterischen Offizier gewarnt worden, und bezeichnet Dreyfus als diesen Verräter. Der Zeuge weigert sich, die Quelle dieser Angabe zu benennen. Der Gerichtspräsident befindet, es reiche, wenn Henry sein Ehrenwort als Offizier gebe.

Als Nächstes überreicht du Paty dem Gerichtspräsidenten heimlich einen versiegelten Umschlag mit dem Geheimdossier. Damit soll das Gericht – trotz des dürftigen Beweismaterials, des fragwürdigen Handschriftenvergleichs, des fehlenden Motivs des Angeklagten und seiner Unschuldsbeteuerungen – von Dreyfus' Schuld überzeugt werden. Die heimliche Übergabe von Dokumenten ist illegal, das Militärgerichtsverfahren dadurch allein schon ungültig. Die Urteilsverkündung am 22. Dezember 1894 schockiert Dreyfus und seinen Anwalt. Die Militärrichter votieren einstimmig für Degradierung, lebenslange Haft und Verbannung von Dreyfus. Das Urteil entspricht dem höchstmöglichen Strafmaß, da die Todesstrafe für politische Verbrechen, einschließlich Landesverrat, 1848 abgeschafft worden war. Dreyfus erhält das Angebot, im Gegenzug für ein Geständnis Hafterleichterung zu bekommen, was er zurückweist. Sein Anwalt stellt einen Antrag auf Revision, der am 31. Dezember abgelehnt wird. Am 5. Januar 1895 folgt die öffentliche Degradierung von Dreyfus im Hof der *École Militaire*. Eine johlende antisemitische Menschenmenge ist zugegen, als Dreyfus die Epauletten von der Uniform gerissen, der Säbel zerbrochen und er anschließend gezwungen wird, zum Sound eines dumpfen Trommelschlags die Reihen der angetretenen Kompanien abzuschreiten.

Wenige Tage später wird Dreyfus in die Festung auf der Île de Ré vor der französischen Atlantikküste geschafft. Ende Januar beschließt die französische Abgeordnetenkammer auf Vorschlag von Mercier, Dreyfus auf die südamerikanische Teufelsinsel, vor der Küste von Französisch-Guayana, zu verbannen. Der Name der Insel ist Programm – dort sind die Lebensbedingungen extrem hart, Verbannungen hierher waren eigentlich seit Beginn der Dritten Republik 1870 unüblich geworden. Die nächsten vier Jahre verbringt Dreyfus in Isolationshaft. Sein Lebensraum umfasst sechzehn Quadratmeter in einer Steinhütte mit Wellblechdach. Er steht unter ständiger Beobachtung, seinen Wärtern ist es strengstens verboten, mit ihm zu sprechen. Als ob das nicht genug wäre, um auch einen psychisch stabilen Zeitgenossen in den Wahnsinn zu treiben, werden die Haftbedingungen weiter verschärft. Nachts wird er an sein Bett gekettet. Der Briefverkehr mit seiner Familie wird zensiert. Briefe erhält er mit langer Zeitverzögerung.

Zunächst sind es vor allem seine Frau Lucie und sein Bruder Mathieu, die für eine Freilassung von Alfred Dreyfus kämpfen. Mathieu ist zwei Jahre älter als Alfred, hat ursprünglich geplant, ebenfalls Offizier zu werden, ist jedoch bei der Aufnahmeprüfung an der *École polytechnique* durchgefallen. Gemeinsam mit den weiteren Brüdern Jacques und Léon hat er stattdessen die Führung des Familienunternehmens in Mulhouse (im Elsass) übernommen. Mathieu zieht nun mit seiner gesamten Familie nach Paris, um sich ausschließlich um die Freilassung seines Bruders zu kümmern. Im ersten Anlauf geht es ihm darum, Freunde und Bekannte von der Unschuld seines Bruders zu überzeugen. Das weckt natürlich den Argwohn des französischen Geheimdienstes, der ihn von nun ab rund um die Uhr überwacht. Seine Briefe werden geöffnet, die Concierge seiner Wohnung ist eine Informantin der Polizei. Eine Madame Bernard meldet sich mit einer abenteuerlichen Geschichte bei Mathieu, behauptet, sie sei Spionin des französischen Militärdienstes, und bietet ihm an, entlastende Dokumente zu beschaffen. Dieser vermutet (zu Recht) eine Falle der Polizei, um einen Anlass für die Durchsuchung seiner Wohnung zu bekommen. Als er der Frau anbietet, gegen Zahlung von mehreren Tausend Franc die Dokumente bei einem Notar zu hinterlegen, verschwindet sie spurlos.

Mathieu beauftragt als Nächstes eine in London ansässige, renommierte Detektei, ihn bei seinen Recherchen zu unterstützen. Er setzt mit ihrer Hilfe die Falschmeldung in Umlauf, sein Bruder sei von der Teufelsinsel entkommen. Daraufhin greift die französische Presse, wie beabsichtigt, den Fall wieder auf und beschäftigt sich mit den Ungereimtheiten im Prozess. Auch die unmenschlichen Haftbedingungen, unter denen Alfred Dreyfus zu leiden hat, werden publik gemacht. Der Kommandant des französischen Militärgefängnisses, in dem Alfred inhaftiert gewesen war, meldet sich bei Mathieu und übergibt ihm – von der Unschuld Dreyfus' überzeugt – die Kopie der Anklageschrift, die sein Bruder mit Kommentaren versehen hatte. Er verweist Mathieu auch an den anarchistischen Journalisten Bernard Lazare zwecks weiterer publizistischer Unterstützung. Dieser hat zuvor in verschiedenen Veröffentlichungen den offenen und versteckten Antisemitismus der französischen Gesellschaft angeprangert. Er verfasst nun eine zusammenfassende Darstellung des Falles unter dem Titel *Une erreur judiciaire. La vérité sur l'affaire Dreyfus* (*Ein Justizirrtum. Die Wahrheit über die Dreyfus-Affäre*), die Ende 1895 in Belgien gedruckt wird, um eine Beschlagnahme in Frankreich zu verhindern. Lazare prangert dort auch die vom Generalstab initiierte Pressekampagne gegen Dreyfus, die Unregelmäßigkeiten im Ermittlungsverfahren und den mehr als zweifelhaften Prozessverlauf an. Er weist zudem darauf hin, dass die Schriftgutachten ebenfalls nicht unter regulären Umständen entstanden sind.

Einen ersten und wichtigen Mitstreiter finden Mathieu und Lazare im liberalen Abgeordneten Joseph Reinach. Doch als noch wichtiger sollte sich ein anderer Zeitgenosse entpuppen. Sandherr, der Leiter des *Deuxième Bureau*, gibt seine Stelle 1895 wegen einer schweren Erkrankung auf. Ihn ersetzt Oberstleutnant Marie-Georges Picquart. Dieser gehört seit 1890 dem Generalstab an, war 1894 an der Untersuchung des *Bordereaus* beteiligt und wohnte als offizieller Beobachter dem Prozess gegen Dreyfus bei. Picquart erhält nun Hinweise, dass der deutsche Geheimdienst nach wie vor einen französischen Offizier als Informanten führt. Unter den weiterhin laufend aus der deutschen Botschaft entwendeten Papieren findet sich im März 1896 eine kurze Mitteilung, später wegen des hellblauen Schreibpapiers als *Le petit bleu* bezeichnet, an einen französischen Major namens Ferdinand Walsin-Esterházy, die mit »C.« unterschrieben ist, einem von Militärattaché Schwartzkoppen verwendeten Kürzel. Die

Überprüfung Esterházys bringt schnell zutage, dass dieser wegen Spielleidenschaft und kostspieligen Lebensstils hoch verschuldet ist, Zugang zu Artilleriedokumenten hat und regelmäßig an Manövern teilnimmt – also der gesuchte Mann, im Gegensatz zu Dreyfus. Esterházy selbst war ab 1877 im *Deuxième Bureau* tätig gewesen, davon drei Jahre Seite an Seite mit dem später notorisch werdenden Dokumentenfälscher Hubert Henry.

Im August 1896 informiert Picquart zunächst Generalstabschef Boisdeffre und anschließend den neuen Kriegsminister General Jean-Baptiste Billot, von der Fraktion der republikanischen Linken. Picquart, mit der Fortsetzung seiner Recherchen beauftragt, erhält Ende August die Akten des Falles Dreyfus und stellt dabei fest, dass die Handschrift des *Bordereaus* zweifelsfrei mit der von Esterházy identisch ist. Die Presseberichterstattung über den angeblichen Fluchtversuch von Dreyfus führt dazu, dass auch ausgewählte Inhalte des Geheimdossiers publik werden. Die Berichte werden offensichtlich von einem Informanten aus dem Generalstab lanciert, um die Öffentlichkeit davon zu überzeugen, dass nicht allein der *Bordereau* für die Verurteilung von Dreyfus ausschlaggebend sei. Dadurch wird jedoch auch der illegale Verlauf des Prozesses öffentlich, denn das Geheimdossier ist den Verteidigern bis zu diesem Zeitpunkt nicht bekannt. Picquart schlägt seinem Vorgesetzten, Charles Arthur Gonse, Generalstabsleiter des *Deuxième Bureau*, vor, Esterházy verhaften zu lassen, stößt damit jedoch auf entschiedene Abwehr. Gonse ist es egal, dass mit Dreyfus ein Unschuldiger hinter Gittern schmachtet, solange der Ruf der Armee unangetastet bleibt.

Am 18. September 1896 hält die Familie den Zeitpunkt für gekommen: Lucie bittet in einem öffentlichen Brief die Abgeordnetenkammer um Wiederaufnahme des Prozesses und Aufhebung des Fehlurteils. Den Kriegsminister fordert sie auf, das Geheimdossier zugänglich zu machen. Die Abgeordnetenkammer lehnt ihre Bitte ab. Nun nimmt der Fall groteske Züge an. Major Henry fälscht als Nächstes einen Brief des italienischen Militärattachés Panizzardi an dessen Liebhaber Schwartzkoppen, in den er einen frei erfundenen Text einfügt, der Dreyfus unterstellt, Informationen an die beiden Militärattachés verkauft zu haben. Der Fälschungsversuch ist völlig laienhaft zusammengeleimt. Nicht nur Henrys Handschrift, auch das Papier, das er für die Erstellung des Schriftstücks verwendet, unterscheidet sich deutlich vom originalen Brief Panizzardis. Dennoch übergibt Henry diese allzu offensichtliche Fälschung (mit Absicht, um das Komplott auffliegen zu lassen?) seinem Vorgesetzten, General Gonse, der umgehend den Kriegsminister über die neue »Entdeckung« informiert.

Im November 1896 kommt es auf Antrag des Abgeordneten Castellin, einem Antisemiten und Verschwörungstheoretiker, in der Abgeordnetenkammer zu einer Aussprache über den Fall Dreyfus. Castellin prangert darin aggressiv ein angeblich »jüdisches Syndikat« an, das im Hintergrund wirke und Zweifel am Beweismaterial erzeugen wolle. Kriegsminister Billot bekräftigt, Dreyfus habe Landesverrat begangen und der Prozess sei völlig ordnungsgemäß verlaufen. Picquart wird nun seines Amtes als Chef des Nachrichtendienstes enthoben, zunächst in die Provinz geschickt und später nach Tunesien versetzt. Er fürchtet um sein Leben, glaubt, man wolle ihn hier in der Abgeschiedenheit in aller Stille beseitigen. Der von ihm eingeweihte Rechtsanwalt Leblois wendet sich im Juli 1897 an Senator Auguste Scheurer-Kestner, seit Januar 1895 Vizepräsident des französischen Senats, der wie Dreyfus aus dem Elsass stammt. Scheurer-Kestner, von der Rechtmäßigkeit des Kriegsgerichtsverfahrens überzeugt, stört sich allerdings am Fehlen eines glaubwürdigen Motivs für Dreyfus' angeblichen Landesverrat. Seine Zweifel beginnen, sich zu verstärken, als ihn der ehemalige Justizminister Ludovic Trarieux auf mögliche Ungereimtheiten bei der Prozessführung aufmerksam macht und der italienische Botschafter Luigi Tornielli sich ihm gegenüber überzeugt zeigt, dass die angeblichen »Beweise« gefälscht worden seien. Scheurer-Kestner erklärt sich daher bereit, die Wiederaufnahme des Verfahrens auf seine Agenda zu setzen.

Der renommierte Senator bekennt als Nächstes öffentlich, er halte Dreyfus für unschuldig, und verleiht damit der Bewegung, die sich für die Aufklärung des Falles Dreyfus einsetzt, einen deutlichen Schub. Angesichts des zunehmenden Antisemitismus in Frankreich fürchtet Scheurer-Kestner einen Rückfall in längst überwundene Zeiten der Pogrome. Unerwartete Hilfe bekommt er vom Historiker Gabriel Monod, der Anfang November 1897 in einem offenen Brief kundtut, als Schriftsachverständiger sei er davon überzeugt, dass der *Bordereau* nicht von Dreyfus geschrieben worden sei. Einige Tage später identifiziert ein Bankier anhand des Faksimiles des *Bordereaus* die Handschrift darauf als die seines Kunden Esterházy. Als Beweis übergibt er dem Bruder von Alfred Dreyfus Briefe seines Klienten. Mathieu geht nun in die Offensive und beschuldigt Esterházy in einem offenen Brief an Kriegsminister Billot, der Verfasser des *Bordereaus* zu sein. Dennoch versichert Premierminister Félix Jules Méline, es gebe keine Zweifel an der Prozessführung gegen Dreyfus, und erhält dafür vehementen Widerspruch von Scheurer-Kestner. Trarieux unterstützt ihn als einziger Senator. Er sagt, es sei nicht als Angriff auf die Armee zu werten, wenn die aufgetretenen Verfahrensfehler benannt und berichtigt werden.

Gonse und Henry behaupten nun, Familie Dreyfus und ihre Komplizen seien dabei, Esterházy mittels eines Komplotts die Schuld zuzuschieben. In du Patys Auftrag fälscht Henry einen anonymen Brief, in dem Esterházy gewarnt wird, dass das »Syndikat« ihn als den wahren Landesverräter hinstellen wolle. Esterházy erklärt daher, die Ähnlichkeit seiner Handschrift mit der des *Bordereaus* könne nur darauf zurückzuführen sein, dass Dreyfus seine Handschrift imitiert habe. Er wendet sich sogar an Frankreichs Präsident Félix Faure, der sich gegen die Wiederaufnahme des Dreyfus-Verfahrens ausgesprochen hatte, und verweist auf den (gefälschten) Brief als Beleg dafür, dass man ihm eine Falle stellen wolle. Wenige Tage später droht Esterházy dem Staatspräsidenten, im Falle seiner Anklage ein für einige Diplomaten kompromittierendes Dokument zu veröffentlichen. Er behauptet, eine »verschleierte Dame« habe die Kopie des Dokuments Picquart gestohlen, der es wiederum in einer Gesandtschaft entwendet habe. Das Unwahrscheinliche geschieht – Esterházys unwahrscheinlichen Erklärungen wird Glauben geschenkt. Der Staatspräsident bittet den Kriegsminister, den Vorfall erneut zu untersuchen. Damit steht nun Picquart wegen nachlässigen Umgangs mit Beweismaterial im Zentrum der Untersuchungen. Am 12. November 1897 wird eine geheime richterliche Untersuchung gegen Picquart angeordnet. Antisemitische Medien behaupten, die Kampagne Scheurer-Kestners diene nur dazu, statt eines überführten jüdischen Offiziers nun einen unschuldigen Offizier der französischen Armee zu verurteilen. Die Ermittlungen gegen Esterházy werden Anfang Dezember 1897 eingestellt, da es laut Abschlussbericht keine Beweise gebe, die die Anschuldigungen gegen ihn stützen. General Saussier ordnet dennoch eine Verhandlung vor dem Kriegsgericht an, die Mitte Januar 1898 stattfindet. Bei seiner Befragung behauptet Esterházy wieder, von einer

»verschleierten Dame« über das gegen ihn gerichtete Komplott informiert worden zu sein. Picquart habe den *Petit bleu* gefälscht und im *Bordereau* seine Handschrift nachgeahmt. Esterházy wird daraufhin freigesprochen, Picquart unmittelbar darauf wegen Verletzung der Dienstpflichten verhaftet.

Damit stehen die Bestrebungen, Dreyfus freizubekommen, vor dem Aus. Lazare bemüht sich jetzt, den bekannten französischen Schriftsteller Émile Zola für die Dreyfus-Kampagne zu gewinnen. Dieser hatte im März 1896 in einem Artikel den zunehmenden Antisemitismus in Frankreich beklagt, den Fall Dreyfus jedoch nicht erwähnt. Scheurer-Kestner kontaktiert Zola ebenfalls und bittet ihn, sich mit der Dreyfus-Affäre zu beschäftigen. Diesmal willigt Zola ein und veröffentlicht Mitte November 1897 einen ersten Artikel über Scheurer-Kestners Kampf um die Klärung des Justizirrtums. Zwei Wochen später zerpflückt Zola in einem weiteren Artikel auch die Verschwörungstheorie vom angeblichen jüdischen Syndikat, das einen Freispruch für Dreyfus forciere. Als daraufhin Gegner von Dreyfus und rechtsextreme Nationalisten zu Abonnementskündigungen der Zeitungen aufrufen, die Zolas Artikel abdrucken, knicken diese ein und drucken weitere Artikel nicht mehr ab. Daher veröffentlicht Zola zwei weitere Artikel als Broschüren im Selbstverlag, die sich jedoch schlecht verkaufen. Als Georges Clemenceau eine neue Literaturzeitschrift namens *L'Aurore* (*Der Sonnenaufgang*) gründet, steht Zola damit eine neue Plattform zur Verfügung. Mitte Januar 1898 erscheint dort auf der Titelseite sein offener Brief an Staatspräsident Faure mit dem legendären Titel *J'accuse ...!* (*Ich klage an ...!*), in dem er erneut den Freispruch Esterházys kritisiert.

In seinem Text wirft Zola den Anti-Dreyfus-Aktivisten

du Paty, Mercier, Billot, Gonse und Boisdeffre vor, Draht-zieher eines Komplotts zu sein, beklagt die verbreitete antisemitische Propaganda in der Presse und beschuldigt Esterházy erneut, der wahre Landesverräter zu sein. Der Schriftsteller stellt auch die für den weiteren Fortgang der Affäre wegweisende Frage, inwieweit die Militärrichter überhaupt zu einem unabhängigen, unparteiischen Urteil in der Lage gewesen seien. Schließlich wäre eine Verurteilung Esterházys gleichzeitig eine Fundamentalkritik des Kriegsgerichts gewesen, das Dreyfus verurteilte. Innerhalb weniger Stunden werden mehr als zweihunderttausend Exemplare der Zeitung verkauft. In Paris werden daraufhin jüdische Läden, Kaufleute und bekannte Dreyfus-Unterstützer zur Zielscheibe von radikalen Antisemiten. Die Antisemitische Liga Frankreichs hetzt die Menschenmassen noch weiter auf. Erst nach mehreren Tagen ebben die Krawalle ab, um erneut zu eskalieren, als ein Prozess gegen Zola beginnt.

Zolas offener Brief markiert den Wendepunkt in der Dreyfus-Affäre. Der Autor befindet sich zu diesem Zeitpunkt auf dem Höhepunkt seines schriftstellerischen Erfolgs, seine Aufnahme in die *Académie française* ist nur noch eine Frage der Zeit. Mit seinem Engagement für Dreyfus riskiert Zola also viel. Aber das ist ihm egal. Er will mit seinem provokanten Text einen neuen Prozess gegen Dreyfus erwirken, denn er geht von einem Freispruch durch die zivile Rechtsprechung aus, womit die Unschuld des Inhaftierten bewiesen wäre. Er riskiert aber auch, selbst inhaftiert zu werden, wie sich bald zeigen soll. Zwei Tage nach Zolas die französische Gesellschaft erschütternden Artikel wird eine Petition veröffentlicht, welche die Revision des Fehlurteils fordert. Unterschrieben ist sie von Émile Zola sowie von dem Schriftsteller Anatole France, dem Historiker Daniel Halévy, dem Schriftsteller

Marcel Proust, dem Maler Claude Monet, dem Schriftsteller Jules Renard, dem Soziologen Émile Durkheim, dem Historiker Gabriel Monod und vielen anderen bekannten Persönlichkeiten Frankreichs.

Doch damit hat sich Zola mächtige Feinde gemacht. Am selben Tag fordern konservative Parlamentarier und der Generalstab Sanktionen gegen den Schriftsteller. Das Kabinett beschließt, über den Kriegsminister eine Verleumdungsklage gegen Zola zu erheben. Gesagt, getan. Die Staatsanwaltschaft zentriert ihre Vorwürfe auf die Textpassage, in der Zola dem Kriegsgericht unterstellt, Esterházy auf Befehl freigesprochen zu haben. Es fehlt jedoch auffälligerweise jeder Bezug zur Verurteilung von Dreyfus. Der Prozess dauert zwei Wochen. Vor dem Justizpalast lungern die ganze Zeit nationalistische Demonstranten herum, die Zola an jedem Verhandlungstag mit Gejohle, Steinen und Todesdrohungen empfangen. Im Gerichtssaal gelingt es seinen Anwälten, durch geschickte Befragung den Zeugen immer wieder auch Aussagen zur Dreyfus-Affäre zu entlocken. In die Enge getrieben, bringt General Pellieux erneut ein Dokument ins Spiel, das angeblich eindeutig die Schuld von Dreyfus belege. Als Zolas Anwalt darum bittet, dem Gericht das Schriftstück vorzulegen, greift General Gonse ein, bestätigt die Existenz des (gefälschten) Dokuments, fügt jedoch hinzu, es könne nicht öffentlich vorgelegt werden. Generalstabschef Boisdeffre bestätigt Pellieux' Aussagen und fordert vom Gericht, sich zwischen der Armee und Zola zu entscheiden. Am 23. Februar 1898 verhängt das Gericht gegen Zola eine Geldstrafe von dreitausend Franc sowie zusätzlich ein Jahr Gefängnishaft. Damit gilt der Fall von offizieller Seite als abgeschlossen.

Zwei Tage später wird Picquart unehrenhaft aus der Armee entlassen. Das Oberste Berufungsgericht hebt das

Urteil gegen Zola wegen eines Verfahrensfehlers wieder auf. Am 18. Juli 1898 wird Zola ein zweites Mal schuldig gesprochen. Seine Anwälte raten ihm, Frankreich sofort zu verlassen, damit das Urteil nicht vollstreckt werden kann. Noch am selben Tag reist Zola nach London. Doch Frankreich kommt nicht zur Ruhe. Der sozialistische Abgeordnete Jean Jaurès kündigt in einem offenen Brief an den Kriegsminister an, er werde die Beweisführung gegen Zola in allen Punkten widerlegen. Dies geschieht in einer Reihe von Artikeln, die im August und September 1898 erscheinen. Kernpunkt seiner Argumentation ist die These, dass das entscheidende Schriftstück eine im Generalstab fabrizierte Fälschung sei. Dies führt zu einer erneuten Untersuchung der Beweise. Dabei fallen die zwei unterschiedlichen Papiersorten auf, aus denen das Schriftstück besteht. Picquarts beharrliche Behauptung, dass es sich um eine Fälschung handelt, wird damit nunmehr bestätigt.

Der Fälscher Hubert Henry wird dazu in Anwesenheit der Generäle Boisdeffre und Gonse am 30. August 1898 befragt. Henry versucht erst, zu leugnen, gibt dann aber zu, dass er den Brief gefälscht habe. Er wird verhaftet und begeht einen Tag später im Gefängnis Selbstmord. Die antisemitischen Blätter behaupten nun, Henry sei vom »jüdischen Syndikat« für seine Aussage bezahlt worden. Boisdeffre tritt nach Henrys Tod zurück, Gonse wird zum aktiven Dienst versetzt und du Paty pensioniert. Esterházy, mittlerweile nach Belgien geflohen, gibt nun in Presseinterviews zu, dass er den *Bordereau* geschrieben hatte. Am 3. September 1898 stellt Lucie Dreyfus erneut ein Revisionsgesuch; der politisch neutrale Teil der Presse fordert eine Wiederaufnahme des Prozesses. Kriegsminister Charles Chanoine versucht – wie seine Vorgänger –, ein Revisionsverfahren für Dreyfus zu verhindern. Am

1. November 1898 kommt es deswegen zum Rücktritt des gesamten Kabinetts.

Nach der Weigerung der Abgeordnetenkammer, Lucies Antrag auf Wiederaufnahme des Prozesses anzunehmen, bleibt als einziges Rechtsmittel ein Verfahren vor dem Obersten Gerichtshof. Hier kann nur die Regierung Antrag auf Revision stellen. Die neue Regierung entscheidet mit knapper Mehrheit, das Revisionsverfahren einzuleiten. Im Laufe der Verhandlung beschuldigen rechte Zeitungen die Richter, vom »jüdischen Syndikat« und dem Deutschen Reich bestochen worden zu sein. Die Nationalisten drohen nun, einen Aufstand anzuzetteln. Vier Artillerieoffiziere bestätigen im Januar 1899 die Auffassung der Verteidigung, dass die Ungenauigkeit der im *Bordereau* genannten technischen Begriffe Beleg dafür sei, dass der Verfasser kein Artillerist ist. Sie weisen außerdem darauf hin, dass die im *Bordereau* genannten Informationen ebenso gut der damaligen Militärpresse hätten entnommen werden können, dass es sich mithin überhaupt nicht um Dienstgeheimnisse handelte, somit auch kein Geheimnisverrat stattgefunden habe.

Mit Zustimmung der Regierung tritt auch der Diplomat Maurice Paléologue in den Zeugenstand und präsentiert Unterlagen, die sich im Archiv des Außenministeriums zum Fall Dreyfus fanden. Daraus geht unter anderem die Fälschung von Panizzardis Telegramm hervor. Noch bevor die Strafkammer eine Entscheidung fällt, beginnt der zurückgetretene Präsident der Zivilkammer, Jules Quesnay de Beaurepaire, eine beleidigende Pressekampagne gegen die Richter der Kammer, die für die Revision des Dreyfus-Prozesses verantwortlich sind. Eine daraufhin eingesetzte Untersuchungskommission spricht die Richter der Strafkammer von allen Anschuldigungen frei. Noch bevor die Gemeinsame Kammer des Obersten Berufungsgerichts den Fall Dreyfus erneut prüfen kann, kommt es zu einem versuchten Staatsstreich der Nationalisten. Sie gehen davon aus, die Unterstützung der Armee zu erhalten. Die Situation ist zunächst unklar, in letzter Minute lässt der in Paris kommandierende General jedoch die Nationalisten verhaften.

Am 27. März 1899 beginnt das Verfahren vor der Gemeinsamen Kammer. Wie zuvor kommt das Gericht zum Ergebnis, dass es keine Dokumente gebe, die Dreyfus belasteten. Am 3. Juni 1899 fällt das Oberste Berufungsgericht sein Urteil. Es erklärt das Urteil des Kriegsgerichts von 1894 für ungültig und ordnet an, dass Dreyfus sich erneut einem Kriegsgericht zu stellen habe. Aufgrund des stark zensierten Briefverkehrs weiß Dreyfus bis November 1898 nichts von diesen Entwicklungen. Erst dann erhält er einen Bericht, erfährt von Henrys Suizid und den Vorwürfen gegen Esterházy wegen Landesverrats. Kurz darauf werden seine Haftbedingungen erleichtert. Streng bewacht tritt er eine Woche nach Aufhebung seines Urteils die Rückreise nach Frankreich an. Ab Juli 1899 wartet er im Militärgefängnis von Rennes auf die Wiederaufnahme seines Verfahrens. Hier sieht er erstmals seine Ehefrau und seinen Bruder wieder. Nach fast fünf Jahren Isolationshaft ist Dreyfus zunächst kaum in der Lage, zu sprechen. Aufgrund der unzureichenden Ernährung hat er seine Zähne verloren, was ihm das Sprechen zusätzlich erschwert. Zudem ist er stark abgemagert und kann anfangs kaum feste Nahrung zu sich nehmen. Mathieu macht sich Sorgen, ob sein Bruder überhaupt in der Lage ist, den anstehenden Prozess gesundheitlich durchzustehen.

Zum Revisionsprozess kommt zahlreiches Publikum aller politischen Richtungen sowie viele Journalisten nach Rennes. Der frühere Kriegsminister General Auguste Mercier tritt erneut als Belastungszeuge auf, während der ehemalige Staatspräsident Jean Casimir-Perier für Dreyfus aussagt. Bei Dreyfus selbst haben die Jahre der Isolationsfolter in dem extrem lebensfeindlichen Klima auf der Teufelsinsel deutliche Spuren hinterlassen. Gekleidet in seine alte, mit Watte ausgestopfte Uniform – um seinen ausgezehrten Körper zu verbergen –, kommt er auf skelettdünnen Beinen daher und antwortet auf Fragen mit einer monotonen, klanglosen Stimme. Während des Prozesses kommt es zu einem Attentat auf einen der Anwälte von Dreyfus, auf den am 14. August in Rennes auf offener Straße in den Rücken geschossen wird. Der Attentäter verschwindet spurlos. Die Verletzung ist nicht lebensbedrohlich, nach einer Woche ist der Anwalt wieder in der Lage, am Prozess teilzunehmen. Das Urteil stellt die bisherige Entwicklung, die eigentlich die staatlichen beziehungsweise militärischen Manipulationsversuche unzweifelhaft belegt hatten, auf den Kopf. Denn am 9. September 1899 wird Dreyfus zum zweiten Mal schuldig gesprochen. Allerdings werden nun mildernde Umstände miteinbezogen und das Strafmaß auf zehn Jahre verkürzt.

Mathieu ist davon überzeugt, dass sein Bruder im Gefängnis keine sechs Monate überleben werde. Über seine Kontakte in die hohe Politik lässt er sondieren, wie die neue Regierung zu dem Fall steht. Sowohl der neue Premierminister als auch der neue Kriegsminister sind für eine Begnadigung. Dieser stehen aber rechtliche und politische Hürden im Weg. Nach dem Einspruch von Dreyfus' Rechtsanwälten ist das Urteil von Rennes zunächst nicht rechtskräftig. Laut Gesetz kann eine Strafe nur nach einem rechtskräftigen Urteil erlassen werden. Dreyfus muss daher seinen Einspruch zurücknehmen, was ein Teil der französischen Öffentlichkeit als Kapitulation betrachtet. Dreyfus geht dennoch diesen Weg. Staatspräsident Émile Loubet, bisher in der Affäre neutral, weigert sich zunächst, die Begnadigung zu unterzeichnen, da damit auch die Armee und das Militärgerichtsverfahren in ein kritisches Licht gerückt werden. Am 19. September 1899 wird Alfred Dreyfus dennoch begnadigt.

Die Rücknahme des Einspruchs und die anschließende Begnadigung führen zu einer Spaltung innerhalb der Unterstützergruppe von Dreyfus. Bei ihrem Einsatz ging es nicht nur um die Person Dreyfus, sondern auch um grundsätzliche Fragen des Rechtsverständnisses und der Rolle der Armee im Staat. Aus dieser rechtlichen Sicht ist der Einspruch gegen das Urteil von Rennes zwingend notwendig. Am 19. November 1899 stimmt der Senat über ein Amnestiegesetz ab, unter das alle im Zusammenhang mit der Affäre begangenen Straftaten fallen sollen, ausgenommen lediglich das Verbrechen, für das Dreyfus verurteilt worden war. Damit bleibt ihm die Möglichkeit, mittels Revisionsverfahren eine vollständige Rehabilitation zu erreichen. Das Amnestiegesetz, das im Dezember 1899 in Kraft tritt, beendet viele schwebende Verfahren, wie beispielsweise gegen Zola. Es verhindert aber die Einleitung gerichtlicher Untersuchungen gegen Boisdeffre, Gonse und du Paty, die in die staatlich-militärische Intrige verstrickt waren. Alfred Dreyfus und Marie-Georges Picquart sind gegen das Amnestiegesetz, aus eben diesem Grund. Während der Debatte über das Amnestiegesetz legt Picquart Berufung gegen seine Entlassung aus der Armee ein. Die Chancen für eine Rehabilitierung stehen zu diesem Zeitpunkt nicht schlecht. Als Reaktion auf das Amnestiegesetz zieht Picquart seinen Berufungsantrag jedoch zurück und erklärt, er nehme von einer Regierung, die Verbrecher in hohen Positionen belasse, keine Rehabilitation an.

Anschließend spielt die Dreyfus-Affäre in der Öffentlichkeit nur noch eine untergeordnete Rolle. Im Frühjahr

1902 gewinnt erneut das linksliberale Bündnis die Wahlen. Die Brüder Dreyfus kommen zu dem Schluss, dass nun die Zeit gekommen ist, mit einem Revisionsverfahren die Affäre Dreyfus wirklich zu beenden. Einmal mehr hält Jean Jaurès eine Rede vor der Abgeordnetenkammer, in der er die Unschuld von Alfred Dreyfus darlegt und eine Untersuchung der Intrigen des Generalstabs fordert. Während der turbulenten Sitzung brüllen sich Abgeordnete gegenseitig nieder und attackieren einander. Der Antrag von Jaurès auf eine erneute Untersuchung wird am Ende angenommen. Bei der anschließenden Untersuchung der Geheimdienstakten, die für das Verfahren in Rennes zusammengestellt worden waren, wird festgestellt, dass das seit 1894 auf mehr als tausend Dokumente angewachsene Dossier zahlreiche gefälschte »Beweise« enthält. Das Verfahren vor dem Obersten Berufungsgericht zieht sich über vier Jahre bis zum Sommer 1906 hin. In seinem Urteil hebt das Gericht das Militärurteil von Rennes einstimmig auf. Das Verfahren soll auch nicht an ein anderes Gericht zurückverwiesen werden, da keinerlei strafbare Handlung des Angeklagten vorlag. Damit wird endlich eindeutig und unwiderruflich die Unschuld von Alfred Dreyfus gerichtlich festgestellt.

Am 13. Juli 1906 erhält Dreyfus seine Beförderung zum Major, Picquart wird zum Brigadegeneral ernannt. Bei Picquart werden die Dienstzeiten, die er wegen der rechtswidrigen Strafverfolgung im Gefängnis verbracht hatte, berücksichtigt, bei Dreyfus nicht. Dafür wird Alfred Dreyfus am 20. Juli zum Ritter der Ehrenlegion ernannt. Mitte Oktober 1906 tritt der mittlerweile Siebenundvierzigjährige als Major einer Artillerieeinheit wieder den aktiven Dienst an. Nach einem Jahr verlässt er dann auf eigenen Wunsch endgültig die Armee und geht in den Ruhestand. Die lange Haft unter menschenunwürdigen

Umständen hat ihre Spuren hinterlassen, psychisch und physisch. Zudem leidet er seit der Inhaftierung auf der Teufelsinsel nach wie vor unter wiederkehrenden Fieberschüben (vermutlich Malaria) und chronischer Müdigkeit. Dreyfus verlangt keine Entschädigung vom Staat oder von beteiligten Personen. Entscheidend ist für ihn nur die Feststellung seiner Unschuld.

Auffällig in der nun folgenden Phase ist, dass ein außergewöhnlich hoher Prozentsatz der Dreyfus-Unterstützer keines natürlichen Todes stirbt. Beginnen wir mit dem Schriftsteller Émile Zola. Dieser erlebt die vollständige Rehabilitierung von Dreyfus nicht mehr mit. Er stirbt 1902 im Alter von zweiundsechzig Jahren bei einem merkwürdigen »Unfall« in seiner Pariser Wohnung. Angeblich kam es zu einer Kohlenmonoxidvergiftung aufgrund einer Verstopfung seines Kamins. Gerüchte, dass es sich dabei um einen Racheakt der Nationalisten und Antisemiten für sein Eintreten im Fall Dreyfus handelt, sind seither nie mehr verstummt. Das 1953 veröffentlichte Geständnis eines ehemaligen Kaminkehrers, er habe Zolas Kamin absichtlich verstopft, um ihn so zu ermorden, gilt in seiner Authentizität als umstritten. Marie-Georges Picquart wird 1906 sogar Kriegsminister und bleibt es bis 1909. Er stirbt 1914 im Alter von neunundfünfzig Jahren bei einem »Reitunfall«. Jean Jaurès entwickelt sich zu einem der entschiedensten Gegner von Militarismus und Krieg und wird von fanatischen Nationalisten 1914 unmittelbar vor Kriegsbeginn ermordet. Er wird nur vierundfünfzig Jahre alt. Der Fälscher Hubert Henry war ja bereits 1898 im Militärgefängnis angeblich durch Suizid gestorben – tatsächlich war damit ein gefährlicher Belastungszeuge gegen die Armee aus dem Weg geräumt worden, auf welchem Weg auch immer.

Als am 4. Juni 1908 Zolas Sarg feierlich ins Panthéon

überführt wird, verübt der rechtsradikale Journalist Louis Grégori ein Attentat auf Alfred Dreyfus. Die zwei abgefeuerten Kugeln verfehlen Dreyfus nur knapp. Vor Gericht wird Grégori freigesprochen – ein Indiz dafür, wie stark der Antisemitismus in der französischen Gesellschaft nach wie vor virulent war. Der 1899 unehrenhaft aus der französischen Armee entlassene Ferdinand Walsin-Esterházy verbringt den Rest seines Lebens im englischen Exil. Er stirbt 1923 und behauptet bis zuletzt, er habe den *Bordereau* im Auftrag des damaligen Leiters des Nachrichtendienstes verfasst. Der ehemalige Kriegsminister Auguste Mercier bleibt bis zu seinem Tod 1921 fest der Meinung, richtig gehandelt zu haben. Dreyfus selbst lebt nach seinem Rückzug aus der Armee weitgehend zurückgezogen. 1901 veröffentlicht er seine Memoiren beziehungsweise seine Erinnerungen an das Verfahren und seine Haft auf der Teufelsinsel unter dem Titel *Cinq années de ma vie* (*Fünf Jahre meines Lebens*). Er schreibt darin, dass sein Vertrauen darauf, dass seine Vorgesetzten alles daran setzen würden, seine Verurteilung aufzuklären, falsch war, was ihn bitter enttäuschte. Umso mehr habe er sich über die immer stärker werdende Bewegung zu seiner Befreiung gefreut und seine Hoffnungen darauf gesetzt. Zu Beginn des Ersten Weltkriegs tritt der Fünfundfünfzigjährige wieder in die Armee ein und dient zunächst als Inspekteur für die Verteidigungsanlagen rund um Paris, später in einem Artilleriekommando nahe Verdun und am Chemin des Dames. Dreyfus' Sohn Pierre, der am Ersten Weltkrieg als junger Offizier an der Somme und vor Verdun teilnahm, überlebt und wird 1921 in die Ehrenlegion aufgenommen. Der Sohn seines Bruders Mathieu fällt im ersten Kriegsjahr, ebenso Mathieus Schwiegersohn. Alfred Dreyfus stirbt am 12. Juli 1935 im Alter von sechsundsiebzig Jahren, seine Frau Lucie überlebt ihn um mehr als zehn

Jahre. Während des Zweiten Weltkriegs flüchtet sie in das zunächst von Deutschland unbesetzte Gebiet Frankreichs, ändert ihren Namen und verbringt die letzten Kriegsjahre unter deutscher Besatzung als Jüdin versteckt in einem Nonnenkonvent. Nach der Befreiung Frankreichs kehrt sie nach Paris zurück, wo sie wenig später stirbt.

Wie konnte es zu dem Skandal kommen, was waren die Besonderheiten? Die Armee genoss in Frankreich vor dem Ersten Weltkrieg generell große Achtung, weil sie als Garant französischer Größe galt. Angesichts der häufig wechselnden Regierungen wurde sie jedoch zunehmend zu einem Staat im Staat. Auch die in Frankreich traditionell mächtige katholische Kirche, geprägt von Antisemitismus, mischte mit. Ihr Klerus bestand zum großen Teil aus Monarchisten. Eine weitere Besonderheit der Dreyfus-Affäre war die große Rolle, die Elsässer darin spielten. Nicht nur die Familie Dreyfus, sondern auch spätere wichtige Unterstützer wie Auguste Scheurer-Kestner, Joseph Reinach, Marie-Georges Picquart, jedoch auch der intrigante Geheimdienstchef Jean Sandherr stammten alle aus dieser Region. Viele Elsässer waren nach 1871 in die französische Armee eingetreten, weil sie ihre Heimat für Frankreich zurückerobern wollten. Picquart und Dreyfus gehörten zu jenem Personenkreis, der die Niederlage gegen Deutschland als tiefe Demütigung erlebte. Elsässer waren generell gewohnt, als »deutschfreundlich« verdächtigt zu werden. Wer von den Elsässern zusätzlich noch Protestant war, galt diesbezüglich als besonders verdächtig. Das mussten während der Dreyfus-Affäre auch Prominente wie der Senator Auguste Scheurer-Kestner und der Vorsitzende der Strafkammer, Louis Loew, erleben, beide Protestanten elsässischer Abstammung.

Das Problem für Dreyfus und andere jüdische Offiziere der damaligen französischen Armee war der von Monarchisten und Antisemiten in den höheren Dienstgraden geprägte Korpsgeist. Die wenigen jüdischen Offiziere wurden auch immer wieder zum Duell gefordert, wobei Juden keine Zeugen sein durften. So fungierte der Verräter Esterházy als bezahlter nichtjüdischer Zeuge bei Duellen, eine Position, die der Oberrabbiner Frankreichs gegen Geld vermittelte. Der Streit um die richtige Haltung zu Dreyfus spaltete nicht nur viele katholische, sondern auch viele jüdische Familien in Frankreich. In der Familie des Romanciers Marcel Proust ging das so weit, dass dessen Vater Adrien Proust, Arzt und Staatsbeamter, den Kontakt zu seinen Söhnen Robert und Marcel abbrach, als diese sich für Dreyfus engagierten. Letztlich setzte sich mit der Rehabilitierung von Dreyfus in Frankreich (im Gegensatz zum Deutschland der Weimarer Republik mit ähnlichen Problemen) der demokratische Rechtsstaat durch.

Allerdings hatte das seinen Preis. Die Begnadigung von Dreyfus 1899 war ein politischer Kuhhandel. Das damit verbundene Amnestiegesetz erlaubte es unter anderem dem das Recht beugenden und brechenden ehemaligen Kriegsminister Mercier, bis kurz vor seinem Tod ein hohes politisches Amt auszuüben. Der Prozess diente aber auch als Anstoß für das damals neu erlassene Gesetz über die vollständige Trennung von Kirche und Staat in Frankreich, was in der BRD bis heute nicht geschafft wurde (die DDR war da deutlich weiter). So zieht der Staat in Frankreich seitdem keine Kirchensteuer mehr ein, und es gibt in staatlichen Schulen keinen Religionsunterricht mehr. In Frankreich hatte sich die katholische Kirche während der Dreyfus-Affäre durch vehementen Antisemitismus und ihre Feindschaft gegenüber der Republik kompromittiert. Die Regierung konnte Frankreich damit säkularisieren und das bis heute geltende Prinzip des Laizismus etablieren. Das Nachrichtenbüro der Armee, Ausgangspunkt vieler Intrigen und Fälschungen, wurde dem Kriegsministerium, also der Zivilverwaltung, unterstellt und damit neutralisiert.

Wie sehr bestimmte Empfindlichkeiten bis in die heutige Zeit weiterwirken, zeigt folgende Episode: Die 1985 vom französischen Staatspräsidenten François Mitterrand (Sozialistische Partei) bei Bildhauer Louis Mittelberg in Auftrag gegebene Statue von Alfred Dreyfus sollte neben der Militärhochschule in Paris aufgestellt werden. Der von der Armee entsprechend instruierte und Komplikationen beziehungsweise Probleme mit der Armee fürchtende Verteidigungsminister weigerte sich jedoch, der Aufstellung dort zuzustimmen. Und dies, obwohl Dreyfus bekanntlich 1906 vollständig rehabilitiert und wieder in die Armee aufgenommen worden war. Als offizieller Grund wurde angegeben, dass der Aufstellungsort nicht der Öffentlichkeit zugänglich sei. Stattdessen wurde die Statue am Boulevard Raspail neben dem Ausgang der Metrostation Notre-Dame-des-Champs aufgestellt. Eine Kopie steht am Eingang des Museums für jüdische Kunst und Geschichte in Paris. Erst zehn Jahre später, 1995, anerkannte die Armee öffentlich die Unschuld von Alfred Dreyfus.

Generell verfügten Menschen jüdischen Glaubens in Frankreich seit der Französischen Revolution 1789 über volle Bürgerrechte. Die Zahl der jüdischen Franzosen war gering, 1890 handelte es sich bei einer Bevölkerungszahl von knapp neununddreißig Millionen Franzosen um einen Anteil von weniger als 0,2 Prozent. Unter ihnen befanden sich jedoch einige einflussreiche Männer. Denn wie in anderen europäischen Ländern war den Juden zuvor auch in Frankreich die Ausübung aller Berufe bis auf das Geldverleihen und den Viehhandel verboten gewesen.

Ihnen blieb also nur das Finanzwesen und der Handel mit Vieh, um den Lebensunterhalt für ihre Familien zu verdienen. Dadurch kamen einige von ihnen natürlich zu großem Reichtum und entsprechendem Einfluss. Nach der Niederlage im Deutsch-Französischen Krieg 1870/71 hatten viele Franzosen dafür den Juden die Verantwortung zugeschoben. Der prominente jüdische Bankier Rothschild hatte sich damals wie viele andere Franzosen dem Monarchismus zugewandt. Daher übernahmen jetzt andere jüdische Familien Teile des republikanischen Finanzmarkts.

Die Antisemiten verbreiteten die Lüge, die Juden seien die eigentliche Ursache für den Untergang der Dritten Republik gewesen. Juden waren überproportional häufig Staatsbeamte, Wissenschaftler oder Künstler. Der französischen Armee gehörten in den 1890er Jahren etwa dreihundert jüdische Offiziere an, davon waren fünf Generäle. Im Kaiserreich Österreich-Ungarn hatten Juden erst 1867 die vollen Bürgerrechte erhalten, blieben jedoch weiterhin vom Staatsdienst ausgeschlossen. In Deutschland bekamen Juden sogar erst 1871 volle bürgerliche Rechte. Die Verhaftung, Verurteilung und Degradierung von Dreyfus war für viele französische Juden eine Katastrophe. Zwar waren zwei seiner ersten Unterstützer, Lazare und Reinach, beides bekannte jüdische Zeitgenossen, insgesamt fand Dreyfus jedoch wenig Unterstützung bei seinen eigenen Glaubensbrüdern- und -schwestern. Dabei spielte die Achtung vor der Armee, das Vertrauen in ihre Führung, eine große Rolle. Insbesondere in der gehobenen jüdischen Gesellschaftsschicht war man zu Beginn der Affäre der Überzeugung, dass bedingungslose Neutralität das beste Mittel gegen den grassierenden Antisemitismus sei.

Die Dreyfus-Affäre wird häufig als Höhepunkt des Antisemitismus im Frankreich des 19. Jahrhunderts angesehen. Die vom allgemeinen Aufschwung ausgeschlossenen Teile der französischen Gesellschaft begannen, die Juden als Ursache ihrer Misere zu betrachten. Ein weiterer Baustein für das Anwachsen des Antisemitismus war der Zusammenbruch der katholischen *Banque de l'Union générale* 1882. Vier Jahre zuvor gegründet, um eine Bank zu schaffen, die weder in protestantischer noch jüdischer Hand war, war sie nun aufgrund von Managementfehlern zahlungsunfähig. Tausende von Kleinanlegern verloren ihr Geld. In der Presse kursierten danach Lügenmärchen, dass jüdische Bankiers den Bankrott dieser Bank organisiert hätten. Als Dreyfus 1893 als erster Offizier jüdischen Glaubens in den französischen Generalstab aufgenommen worden war, hatte das zu weiteren Protesten und antisemitischen Ausschreitungen geführt. Sein 1894 bekannt gewordener, angeblicher Landesverrat war für viele Antisemiten eine willkommene Bestätigung ihrer Vorurteile. So entstanden immer neue Verschwörungstheorien, die von Teilen der Presse gern und auflagenfördernd verbreitet wurden.

Unter den Personen, die sich für die Freilassung von Dreyfus einsetzten, gab es aber auch Antisemiten, die sich über die juristischen Manipulationen des Prozesses gegen den (jüdischen) Offizier empört zeigten. Dazu zählten auch Picquart und Clemenceau. Die Sozialisten waren grundsätzlich gegen die Oberschicht, die Plutokraten und Oligarchen, eingestellt, egal welcher Religionszugehörigkeit, und stellten sich daher zunächst gegen Dreyfus als Abkömmling reicher Fabrikanten. Das galt auch anfangs für Jean Jaurès, der die Affäre als Auseinandersetzung innerhalb der herrschenden Klasse ansah. Als er sich näher mit dem Prozess beschäftigte, änderte er seine Einstellung und engagierte sich nun im Kampf für Gerechtigkeit, was zu einer Spaltung des sozialistischen Lagers führte. Generell stellt sich die Frage, ob die Verhaftung von Dreyfus, des, wie erwähnt, ersten jüdischen Offiziers im französischen Generalstab, ein antisemitisches Komplott war. Aus heutiger Sicht wird das meist verneint, da eindeutige Beweise fehlen. Das heißt allerdings nicht, dass es definitiv kein Komplott war (wofür vieles spricht), sondern nur, dass bisher die entsprechenden archivalischen Beweise nicht gefunden werden konnten, vermutlich, weil sie sorgfältig vernichtet worden sind im Laufe des Verfahrens.

In direktem inhaltlichen und zeitlichen Zusammenhang mit der Dreyfus-Affäre steht 1896 die Gründung und Etablierung der Gruppe *Action française*, einer militant katholischen, nationalistischen, monarchistischen und antisemitischen Bewegung. Sie etablierte sich als dauerhafte politische Kraft. Während der Besetzung Frankreichs durch deutsche Truppen im Zweiten Weltkrieg gehörten die Angehörigen dieser Gruppe ab 1940 zu den eifrigsten Kollaborateuren. Sie waren mitverantwortlich für die Deportation von knapp achtzigtausend französischen Juden in die deutschen Vernichtungslager im Osten. Nach der Befreiung zerschlagen und verboten, verbuchten die ehemaligen Gruppenmitglieder dies als »Rache von Dreyfus«. Der eigentliche Held der Affäre war Georges Clemenceau. Seine täglichen Artikel zu dem Ereignis und die Publikation von Zolas Streitschrift führten zu gewalttätigen Ausschreitungen in ganz Frankreich. Angestiftet vom Generalstab der Armee und der antisemitischen Presse zogen rechtsradikale Studenten, Royalisten, Abenteurer und Gangster los, um die demonstrierenden Dreyfus-Anhänger zu terrorisieren. Der Anführer der Antisemitischen Liga war ein Krimineller, den der antisemitische Teil der Hautevolee als Held feierte. Als dieser Mob die Herrschaft auf den Straßen eroberte, stellte sich dem laut Clemenceau niemand entgegen, auch nicht die

Arbeiter, die an dem Konflikt desinteressiert waren. Erst als Jaurès und Zola sich für Dreyfus engagierten, regte sich auch der Widerstand der Arbeiterschaft, aber weniger für Gerechtigkeit und Freiheit, sondern hauptsächlich gegen Klerikalismus und Monarchismus.

Die Dreyfus-Affäre und der in ihrem Zuge immer deutlicher sichtbar werdende Antisemitismus gelten auch als ausschlaggebend für die Gründung des Zionismus durch Theodor Herzl. Dieser war seit Oktober 1891 als Korrespondent in Paris und berichtete unter anderem über die öffentliche Degradierung von Dreyfus im Januar 1895 und vermerkte sowohl dessen Unschuldsbeteuerungen als auch die Zuschauerrufe, die seinen Tod und den Tod aller Juden forderten. Für Herzl war damit unzweifelhaft klar, dass die Bemühungen um Akkulturation und Assimilation endgültig gescheitert waren und dass das jüdische Volk einen anderen Weg einschlagen musste. Er begann im Frühsommer 1895 mit der Arbeit an seiner Programmschrift *Der Judenstaat. Versuch einer modernen Lösung der Judenfrage.* Diese Lösung lag für ihn von nun an in der Rückkehr der jüdischen Nation auf ihren eigenen Grund und Boden in Palästina. Dass es sich dabei um keinen menschenleeren Landstrich handelte, der einfach wieder besiedelt werden konnte, sondern dass dort in den vergangenen zweitausend Jahren andere Völker, andere Menschen sesshaft geworden waren, ignorierte er – und schuf damit einen der zentralen »Geburtsfehler« des Staates Israel.

Die Dreyfus-Affäre diente in der Folge als Stoff für zahllose künstlerische Umsetzungen. Der letzte Roman Émile Zolas, *Wahrheit* (1902), spiegelt die Affäre in den Bereich der Erziehung. Anatole France veröffentlichte 1908 *Die Insel der Pinguine*, wo die Affäre in Kapitel VI wiedergegeben wird: »Der Fall der 80.000 Heubündel«. Marcel Proust widmete ihr wichtige Abschnitte im zweiten, dritten und vierten Band seines siebenteiligen Romans *Auf der Suche nach der verlorenen Zeit*. Weitere Autoren, die das Geschehen in Romanform umsetzten, waren Roger Martin du Gard, Maurice Barrès und Robert Harris. Viele Dokumente und Requisiten der Affäre werden im Pariser *Musée d'art et d'histoire du Judaïsme* ausgestellt. In den ersten Analysen der Affäre wurde der Einfluss des grassierenden Antisemitismus in Frankreich nur beiläufig erwähnt. In jüngster Zeit haben Publikationen von Jean-Denis Bredin und Steven Wilson das korrigiert.

2019 drehte Regisseur Roman Polanski unter dem Titel *J'accuse* den mittlerweile vierten Kinofilm zu Dreyfus in den letzten acht Jahrzehnten. Entstanden auf der Grundlage des Buches von Robert Harris, *An Officer and a Spy* (2013, in Deutschland erschienen unter dem Titel *Intrige*), lief der Film mit großem Erfolg auf dem Filmfestival von Venedig. In der Hauptrolle wirkt der herausragende Jean Dujardin mit, als Darsteller von Marie-Georges Picquart. Den Kritiken zufolge ist dem Regisseur ein großartiger Film gelungen, der zahlreiche Bezüge zur (französischen und weltweiten) Gegenwart aufweist, in Form von Antisemitismus, Ausländerfeindlichkeit, Intoleranz und Gewalt gegen Andersdenkende.

Elli Barczatis – Lieben, Spionieren, Sterben

Dresden, Mittwoch, der 23. November 1955. Morgengrauen. Es ist abzusehen, dass ein weiterer trüber, kalter Herbsttag vor den Menschen liegt, die in der Bezirkshauptstadt wohnen. In diesen frühen Morgenstunden pfeift ein frostiger Wind um die verwitterten Gebäude der Untersuchungshaftanstalt Dresden I am Münchner Platz in der Südvorstadt. Düstere Wolken hängen tief über der Stadt, es soll im Laufe des Tages Schneeregen geben. Das Gefängnis ist Teil des historistisch gestalteten Landgerichtsgebäudes aus kaiserlicher Zeit. Seit sechs Jahren wird hier DDR-Recht gesprochen. Einige trübe Funzeln erleuchten mühsam den Hof des Gebäudes. In der Mitte steht die furchterregende Anlage einer Guillotine, die zu jeder Hinrichtung einige Stunden vorher aufgebaut und nach vollzogener Verrichtung wieder abgebaut und eingelagert wird. Schon öffnet sich eine Tür zum Gefängnistrakt. Ein Staatsanwalt, ein Volkspolizeioffizier und zwei Justizbedienstete kommen heraus und geleiten in ihrer Mitte eine verhärmte, vom Leben nicht allzu gut behandelte Frau, Anfang vierzig. Sie zittert unmerklich, während sie umringt von den Männern auf das Schafott zugeht. Dort erwartet sie der Scharfrichter. Er bedeutet ihr, sich bäuchlings auf die Liegefläche zu platzieren und den Kopf unter das Fallbeil zu legen. Ihr Körper wird festgeschnallt, der Kopf in der Laufbahn des Fallbeils fixiert. Die Männer stellen sich ringsum auf. Von den Fenstern der zum Hof liegenden Zellen erhebt sich ein zögerlich lauter werdendes Gemurmel als »Begleitmusik«. Einzelne Häftlinge schlagen rhythmisch mit Holzlöffeln oder anderen harten Gegenständen gegen die Gitterstäbe. Der Scharfrichter lässt sich davon nicht aus der Ruhe bringen und überzeugt sich vom ordnungsgemäßen Zustand des Geräts und der Platzierung der Delinquentin. Er nickt dem Staatsanwalt zu. Der Staatsanwalt nickt zurück. Die Frau blickt starr auf den Boden unter ihr. Dann schließt sie die Augen. Sie fängt wieder an, zu zittern. Der Scharfrichter drückt einen verborgenen Knopf am Schafott, und das mit Zusatzgewichten zweihundert Kilo schwere Fallbeil, bis zu diesem Augenblick von zwei Widerhaken an der Spitze des Aufbaus arretiert, saust vier Meter nach unten, beschleunigt dabei allein mit Hilfe der Schwerkraft auf knapp vierzig Stundenkilometer. Mit einem schmatzend-klatschenden Geräusch trifft es auf das Genick der Frau und trennt den Kopf sauber vom Leib.

Wer war diese Frau, die hier unter solchen Umständen zu Tode kam? Geboren wird sie unter dem Namen Elli Helene Barczatis in den ersten Januartagen des Jahres 1912 zu Berlin. Als Tochter eines Schneidermeisters und einer Hausfrau besucht sie die Grundschule im Ortsteil Köpenick. Von 1926 bis 1928 absolviert sie die Ausbildung zur Kauffrau bei einem kleinen Verlag, anschließend arbeitet sie als Stenotypistin in einer Berliner Buchhandlung. Sie tritt der Angestelltengewerkschaft bei und holt in einer Abendschule bis 1933 die mittlere Reife nach. Nach der Machtergreifung der NSDAP unter Hitler bekommt sie eine Arbeitsstelle als Stenotypistin bei der NS-Parteiorganisation »Deutsche Arbeitsfront« (der Nachfolgeorganisation des ehemaligen Gewerkschaftsbunds). Während der nächsten Jahre wechselt sie häufiger die Arbeitsstelle, zu den Einrichtungen, für die sie arbeitet, gehören der Reichsbund der Metallwarenindustrie, das Deutsche Institut für Jugendhilfe, das Ostelbische Braunkohlensyndikat sowie der Luftschutzbund. Nach der bedingungslosen Kapitulation NS-Deutschlands am 8./9. Mai 1945 tritt sie noch im selben Jahr dem Freien Deutschen Gewerkschaftsbund (FDGB) und 1946 der Sozialistischen Einheitspartei Deutschlands (SED) bei. Zudem engagiert sie sich bei der Gesellschaft für Deutsch-Sowjetische Freundschaft (DSF) und dem Demokratischen Frauenbund Deutschlands (DFD). Sie arbeitet wieder als Stenotypistin und Sekretärin für verschiedene Firmen. Im Januar 1946 zieht die Vierunddreißigjährige das große Los und wird Sekretärin von Gustav Sobottka, der ab 1947 Präsident der Zentralverwaltung für Brennstoffindustrie in der Sowjetischen Besatzungszone (SBZ) ist.

Dadurch gerät sie aber auch ins Fadenkreuz der westlichen Geheimdienste, in diesem Fall der CIA und ihrer westdeutschen Tochterfirma, der »Org.«, vulgo »Organisation Gehlen«, dem nachmaligen Bundesnachrichtendienst (BND), wie die Organisation seit 1956 bis heute heißt. Das Verhängnis nimmt seinen Lauf. Aber *warum* gerät Elli Barczatis ins Fadenkreuz der Westgeheimdienste? Die Antwort liegt auf der Hand. Weil sie als Sekretärin des Chefs einer der zentralen Verwaltungsbehörden der künftigen DDR Zugang zu wichtigen, aus westlicher Sicht hochinteressanten Akten und Informationen hat. Grund genug, einen der zahlreichen gutaussehenden »Romeos« der »Org.« auf sie anzusetzen. Als Agenten tätige »Romeos« – war das nicht ein Monopol des DDR-Auslandsgeheimdienstes Hauptverwaltung Aufklärung (HV A) unter Markus »Mischa« Wolf, also der Stasi? So stellt es zumindest die Westblockpresse bis heute gern dar. Und unterschlägt dabei, dass westliche Geheimdienste diese spezielle Form der Informantenwerbung erfunden und perfektioniert haben, sie zahlenmäßig weitaus öfter einsetzten und bis heute einsetzen. Zusätzlich zu vielen zur Informantengewinnung eingesetzten »Julias«, im westlichen Agentensprech »Honeytraps« (»Honigfallen«) genannt: köstliche Verführung, böses Erwachen.

Die CIA beziehungsweise die »Org.« setzen einen ihrer besten Männer, einen ihrer erfolgreichsten »Romeos« auf Elli Barczatis an: einen gewissen Dr. Karl Laurenz. 1905 im tschechischen Brünn (*Brno*) geboren, also sieben Jahre älter als sein Opfer Elli Barczatis, schlägt er sich offiziell als Journalist und Übersetzer durchs Leben, steht aber insgeheim schon seit längerer Zeit auf der Gehaltsliste der »Org.« beziehungsweise der CIA. Laurenz wächst in seinem Geburtsort Brünn auf, erwirbt dort die Hochschulreife und studiert anschließend Jura, ebenfalls in Brünn an der Masaryk-Universität. Seine Dissertation trägt – rückblickend betrachtet tragischerweise – den Titel: »De poena capitali mutandis in temporibus« (»Über die Todesstrafe im Wandel der Zeiten«). Noch während seines Studiums wird der neunzehnjährige Laurenz 1924 Schriftleiter (Chefredakteur) des nur in niedriger Auflage erscheinenden deutschsprachigen Lokalblättchens *Tagebote* in Brünn und arbeitet zusätzlich als Übersetzer, Gerichtsdolmetscher, Gerichts-, Parlaments- und Telefonstenograf. Außerdem fungiert er als Korrespondent der *Neuen Freien Presse* (Wien) und der *Ostrauer Morgenzeitung* für Brünn. Er verhält sich die nächsten Jahre weitgehend unpolitisch. Ob er nach dem Einmarsch der Wehrmacht in die ČSR in die NSDAP eingetreten ist, konnte nicht geklärt werden, nach eigenen Angaben war er nie Mitglied der Nazipartei. 1941 wird er zur Wehrmacht eingezogen. 1929 hatte Laurenz zudem geheiratet und war Vater zweier Töchter. Diese lebten nach dem Krieg in Wien, Laurenz' Bruder bei Karlsruhe.

Der fast vierzigjährige Karl Laurenz gerät im April 1945 bei Profen (Sachsen-Anhalt) für wenige Wochen in US-amerikanische Kriegsgefangenschaft. Unmittelbar danach beginnt er, in der ostdeutschen Montanindustrie zu arbeiten, zunächst beim Tagebau Profen und dann bei der Sowjetischen Aktiengesellschaft (SAG) »Maslo«. Ob seine Ehe jemals rechtskräftig geschieden wurde, steht bis heute nicht fest. Künftig schlägt sich der gutaussehende »Silver Ager« Laurenz mit seinen angegrauten Schläfen als »aufgeschlossener«, um nicht zu sagen: »frauenverschleißender«, Junggeselle durchs Leben. Als »Herr Doktor« mit viel Lebenserfahrung macht er etwas her, auf viele Frauen wirkt er attraktiv und vielversprechend genug, um sich mit ihm einzulassen. Dass er nach kurzer Zeit die Beziehung wieder beendet, wenn sie keinen Ertrag in verschiedenstem Sinne bringt, können sie ja anfangs noch nicht wissen. Der versierte Journalist und promovierte Jurist eilt in dieser Phase privat und beruflich von Erfolg zu Erfolg, sein weiterer Aufstieg in der von Arbeitskräftemangel geprägten SBZ ist nur eine Frage der Zeit. Berlin ist sein Ziel, das Machtzentrum der »Ostzone«. Und tatsächlich landet er kurze Zeit später bei der Zentralverwaltung für Brennstoffindustrie in der künftigen Hauptstadt der DDR. Anfang 1948 tritt er pflichtgemäß der SED bei. In der »Zentralverwaltung« macht sich der Herr Dr. Laurenz an mehrere Frauen in »interessanten« Positionen heran, unter anderem eben an die Sekretärin seines Chefs, des »Kohle«-Präsidenten Gustav Sobottka, dem späteren Leiter der Hauptverwaltung Kohle im Ministerium für Schwerindustrie der DDR. Wann genau Laurenz zur CIA beziehungsweise zur Organisation Gehlen Kontakt bekommen hat, ist bislang archivalisch noch nicht gesichert worden. Vermutlich wurde er schon während seiner Kriegsgefangenschaft bei den US-Streitkräften von der CIA-Vorläuferorganisation OSS oder dem Militärgeheimdienst CIC als Perspektivagent im Osten angeworben.

Mit Elli Barczatis hat Laurenz jedenfalls einen ausgesprochenen Glückstreffer gelandet. Die anlehnungsbedürftige Junggesellin besorgt ihm interessante Akten vom Schreibtisch und aus dem Panzerschrank ihres Chefs. Motiviert von Laurenz, gibt sich Elli Barczatis mit der Stelle bei der »Zentralverwaltung« nicht zufrieden, sondern bewirbt sich auch für »höhere Weihen«, sprich: für Arbeitsplätze in der Staatsleitung – und hat Erfolg. Laurenz kann sein Glück kaum fassen, als sie im April 1950 Chefsekretärin des DDR-Ministerpräsidenten Otto Grotewohl wird. Eine so hochplatzierte Quelle gehört auch für die erfolgsverwöhnten Westblockgeheimdienste zu den absoluten Ausnahmen. Der HV A von Markus Wolf sollte erst Anfang der 1970er Jahre mit Günter Guillaume, der Spitzenquelle im Vorzimmer von BRD-Bundeskanzler Willy Brandt, Ähnliches gelingen. Im Januar 1953 besucht Elli Barczatis einen Qualifizierungslehrgang der Verwaltungsakademie »Walter Ulbricht« und arbeitet dann ab Juni 1953 als Hauptsachbearbeiterin und Referentin im Referat Wirtschaft erneut beim Ministerpräsidenten der DDR. Sie wohnt die ganze Zeit bei ihrer Mutter und ihrer Schwester Herta in der Rudower Straße 52 in Berlin-Köpenick.

Laurenz' Agentenführer ist ein 1949 bei der »Zentralverwaltung« ausgeschiedener und nach Westberlin umgezogener ehemaliger Kollege namens Clemens Laby, 1984 hochbetagt an seinem letzten Wohnort Bonn verstorben. Welchen Stellenwert man dem künftigen Mitarbeiter und Agentenführer Laurenz angesichts seiner hochplatzierten Quellen beimisst, veranschaulicht die Tatsache, dass zur Besprechung der weiteren Führung von Elli Barczatis als Informantin kein anderer als Geheimdienstchef Gehlen dazu extra aus Pullach bei München (wo die »Org.« mittlerweile in einem ehemaligen NS-Villenviertel aus dem Besitz Martin Bormanns ihren Sitz genommen hat) nach Westberlin kommt. Dort trifft man sich in einer »sicheren« Wannseevilla und bespricht bei »hochwertigen« Speisen und Alkoholika die künftige Zusammenarbeit im Hinblick auf Barczatis. Gehlen stellt sich natürlich nicht mit seinem wirklichen Namen vor, sondern tritt als »Herr Schubert« auf. Der in Oberschlesien geborene Laby hat Laurenz aber im Vorfeld klargemacht, dass er direkt mit dem »Chef« sprechen wird und sich entsprechend verhalten soll. Dass der notorisch misstrauische und normalerweise seinen »Fuchsbau« in Pullach so selten wie möglich verlassende Gehlen höchstselbst das entscheidende Anwerbungsgespräch mit Laurenz übernimmt, belegt, welchen Stellenwert man dieser Spitzenquelle im Osten bei der »Org.« zuschreibt. Nämlich allerhöchsten. Der umtriebige Herr Laby unterhält nicht nur Verbindungen zum westdeutschen Cartellverband der katholischen deutschen Studentenverbindungen, Sammelbecken für frühere Kollegen aus dem oberschlesischen Bergbau, die nun Funktionäre der BRD-Kohleindustrie werden, sondern auch zur britischen *North German Coal Corporation*, dem Vorgänger der 1949 gegründeten Internationalen Ruhrbehörde.

Es ist eine klassische Win-win-Situation. Laurenz kommt auf die Gehaltliste der freigiebigen »Org.« mit ihren unbegrenzten Dollar- und D-Mark-Konten, und die »Org.« kommt zu einer ihrer raren Spitzenquellen mitten im Machtzentrum des ansonsten vom Ministerium für Staatssicherheit (MfS) zuverlässig und erfolgreich abgeschirmten Ostens. Ihre sonstigen, zur Weiterleitung an die Muttergesellschaft CIA bestimmten Erkenntnisse bezieht die »Org.« nämlich zumeist von in der »Zone« lebenden Verwandten ihrer Mitarbeiter*innen beziehungsweise aus den obligatorischen Debriefing-Gesprächen mit »Zonenflüchtlingen« in den westdeutschen Auffanglagern, wo nicht nur die »Org.«, sondern auch die CIA selbst sowie die französischen und britischen Geheimdienste tätig sind. Den hohen nachrichtendienstlichen Wert der Verbindung zu Elli Barczatis bestätigt viele Jahre später niemand anders als eben Reinhard Gehlen in seinen für den westlichen Geheimdienst an manchen Stellen ärgerlich geschwätzigen Memoiren (*Der Dienst. Erinnerungen 1942–1971*). Dort bezeichnet der ehemalige BND-Chef die Spionin Barczatis als eine »der wichtigsten Verbindungen in den anderen Teil Deutschlands« und dankt ihr ausdrücklich für ihre »hingebungsvolle und erfolgreiche Tätigkeit«, die sie letztlich mit ihrem Leben bezahlt.

Es könnte also nicht besser laufen für den erfolgsverwöhnten Herrn Dr. Laurenz. Doch sein Lebenswandel bringt ihn in Konflikt mit den DDR-Behörden. Die SED schließt ihn 1950 wegen »kleinbürgerlicher Abweichungen« aus, er verliert auch seine Stelle bei der »Zentralverwaltung«. 1951 wird er – als Jurist arbeitend – wegen »Gefangenenbegünstigung« sogar zu drei Monaten Einzelhaft verurteilt. Dank seiner Westkontakte ist das allerdings weder finanziell noch sonst wie ein Problem für Laurenz. Denn er besitzt mit Elli Barczatis ja eine weiterhin munter sprudelnde Quelle, die nach wie vor über Zugang zu Geheimdokumenten der obersten Geheimhaltungsstufe der DDR verfügt, die die »Org.« gern abnimmt und großzügig bezahlt. Inwieweit Laurenz seine Quelle Barczatis in sein Tun und Treiben einweiht, ist unklar. Angeblich glaubt sie bis zuletzt, er benötige die von ihr besorgten Geheimakten für seine journalistische Arbeit. Bei der »Org.« läuft der Vorgang unter dem sprechenden Decknamen »Mauerblümchen«. Laurenz macht Barczatis im Laufe der Jahre von seinem üppigen Agentenlohn viele Geschenke, von der Westschokolade bis zum Radio mit Westempfang.

Doch das Verhängnis schwebt schon über der bis über

beide Ohren in ihren »Romeo« verliebten Quelle und ihrem mit allen Wassern gewaschenen Agentenführer Laurenz. Ausgangspunkt für die Entwicklung, an deren Schluss ihre Hinrichtung steht, ist eine Unvorsichtigkeit beziehungsweise der Zufall. Elli Barczatis trifft sich fast auf den Tag genau fünf Jahre vor ihrem Ende auf dem Schafott am Mittwoch, den 20. Dezember 1950, zwischen 15.30 und 18 Uhr in der Konditorei der HO-Gaststätte *Aschinger*, Leipziger -, Ecke Friedrichstraße, konspirativ mit Laurenz und übergibt ihm dabei offiziell aussehende Akten. Was Agentenführer und Quelle übersehen, ist, dass eine weitere Person in der Konditorei bei Kaffee und Kuchen sitzt, die beide nur zu gut kennt. Ihre ehemalige Kollegin von der »Zentralverwaltung«, Johanna Lexow. Offizielle Freundin von Laurenz ist zu diesem Zeitpunkt eine andere Sekretärin aus der »Zentralverwaltung«, ein gewisses »Fräulein Rettschlag«. Johanna Lexow wundert sich daher, dass Laurenz sich mit dem »Mauerblümchen«, der unscheinbaren Elli Barczatis, trifft und mit ihr wie schwer verliebt herumturtelt, während diese ihm Akten übergibt. Johanna Lexow kann eins und eins zusammenzählen. Am nächsten Tag berichtet sie ihrem Vorgesetzten von ihren Beobachtungen. Natürlich wissen viele bei der »Zentralverwaltung«, dass ihre ehemalige Kollegin Elli jetzt seit mehr als einem halben Jahr Sekretärin des Staatschefs der DDR ist und dass der windige Dr. Laurenz vor längerer Zeit wegen Unzuverlässigkeit gekündigt wurde. Lexows Vorgesetzter stimmt zu, dass es sich um einen brisanten, sicherheitsrelevanten Vorfall handelt, und meldet ihre Beobachtungen dem Ministerium für Staatssicherheit. Die Stasi führt Johanna Lexow künftig als Informelle Beobachterin (IB) unter dem Decknamen »Grünspan«.

Die Mühlen der DDR-Spionageabwehr mahlen langsam. Man begnügt sich zunächst mit Hintergrundrecher-

che und (unauffälligen) Verbesserungen der Sicherheits-
bestimmungen im Sekretariat des Staatspräsidenten. Erst
über ein halbes Jahr später, am 26. Juni 1951, eröffnet das
MfS eine formelle Untersuchung gegen Elli Barczatis und
Dr. Karl Laurenz, unter dem Decknamen »Sylvester«. Beide stehen fortan unter Beobachtung. In den Unterlagen
des MfS finden sich zahlreiche Protokolle abgebrochener
Beschattungen, weil die Beschatteten die S-Bahn nach
Westberlin nehmen. Auch die Telefonüberwachung und
die Briefkontrolle bringen das MfS nicht wesentlich weiter. Man entschließt sich daher, dem Agentenpärchen eine
Falle zu stellen. Ein MfS-Spezialist platziert präparierte
Dokumente im Panzerschrank Grotewohls und kann anhand der aufgetretenen Spurenlage erkennen, dass diese
von Elli Barczatis unerlaubt aus dem Panzerschrank entnommen und wieder zurückgebracht worden waren, was
sie später auch vor Gericht einräumt.

Das MfS beschließt, die ursprünglich für Ende 1954
geplante Verhaftung der beiden noch aufzuschieben,
um weitere Erkenntnisse über mögliche Hintermänner
gewinnen zu können. Daher schlagen die Spionageab-
wehr-Experten erst am 5. März 1955 zu. An diesem Tag
wird Dr. Karl Laurenz beim Verlassen seines Hauses in
der Vinetastraße 49 in Berlin-Pankow verhaftet und zur
Volkspolizeiinspektion Berlin-Lichtenberg gebracht.
Die halbjährige Untersuchungshaft verbringt er in der
MfS-Haftanstalt Berlin-Hohenschönhausen. Dort wird er
von MfS-Leutnant Gerhard Niebling und Unterleutnant
Karli Coburger vernommen. Der dreiundzwanzigjährige
Niebling ist seit 1953 Mitarbeiter der Ermittlungsabtei-
lung (Hauptabteilung IX) und die nächsten fünfundzwanzig Jahre lang »Untersuchungsführer« in Berlin-Ho-
henschönhausen. Am selben Tag wird Elli Barczatis beim
Verlassen des Ministeriums festgenommen. Barczatis legt

in den anschließenden Verhören ein umfassendes Geständnis ab.

Am 17. Juni 1955 werden die Untersuchungen mit der Empfehlung, eine Hauptverhandlung unter Ausschluss der Öffentlichkeit durchzuführen, abgeschlossen. Diese findet am 23. September 1955 in Berlin-Mitte vor dem 1. Strafsenat des Obersten Gerichts (OG) der DDR unter Vorsitz des Richters Walter Ziegler statt. Weder Elli Barczatis noch Dr. Karl Laurenz bekommen einen Verteidiger gestellt. Im Gerichtssaal sitzen nur die Angeklagten, das Gericht, der Staatsanwalt und einige MfS-Offiziere. Dr. Laurenz verhält sich vor Gericht wie zu erwarten und versucht, seine Agententätigkeit herunterzuspielen und als möglichst harmlos hinzustellen. Ihm ist klar, dass bei einer Verurteilung auch die Todesstrafe in Frage kommt. Er habe letztlich belanglose Artikel geschrieben, die jedoch nicht publiziert wurden, sondern nach Pullach gingen. Angeblich sei während seiner langjährigen Spitzeltätigkeit keine einzige Meldung von ihm über die wichtigen Fällen vorbehaltene Richtfunksstrecke der »Org.« von Westberlin aus in die Zentrale durchgegeben worden. Zunächst wird eine Verurteilung der beiden Angeklagten zu lebenslanger Freiheitsstrafe erwogen. Letztlich werden beide Angeklagten am 23. September jedoch wegen »Boykotthetze« nach Artikel 6 der Verfassung der DDR zum Tode verurteilt. Die Gnadengesuche lehnt DDR-Präsident Wilhelm Pieck am 11. November 1955 ab. Beide Urteile werden am 23. November 1955 in der Untersuchungshaftanstalt Dresden I durch das Fallbeil vollstreckt und die Leichname eingeäschert. Bereits am 12. Oktober 1955 hatte das MfS den Fall »Sylvester« offiziell abgeschlossen.

Die Öffentlichkeit diesseits und jenseits der »Demarkationslinie« erfährt von Prozess, Urteil und Hinrichtung erst Monate später. Noch im Frühjahr 1956 wissen die Angehörigen nichts über den Verbleib von Barczatis und Laurenz. Ellis jüngere Schwester Herta sagt einem Reporter der *New York Times* am 7. März 1956, sie habe erfahren, dass ihre Schwester als »Spionin für die Vereinigten Staaten« zum Tode verurteilt worden sei, und sie »vermute«, dass sie hingerichtet worden sei. Die DDR-Presse berichtet nicht über den »Fall Barczatis«, da der Prozess der Geheimhaltung unterliegt, verkündet aber im Rahmen mehrerer Enttarnungsaktionen die erfolgreiche Verhaftung von mehr als tausend Westspionen, unter anderem im Rahmen der zweischneidigen Aktion »Pfeil« beziehungsweise der »Org.«-Prozesse (da es in der Regel deutlich sinnvoller ist, einmal erkannte Spione unter Beobachtung zu halten und damit ihre Tätigkeit aus der Nähe beobachten beziehungsweise indirekt steuern zu können, statt um des kurzfristigen Propagandaerfolgs willen alle mühsam aufgespürten Westspione zu enttarnen und damit der eigenen Kontrolle zu entziehen und den Einsatz neuer unbekannter Spione zu provozieren, die dann wieder mühsam enttarnt werden müssen).

Die Leichen der Hingerichteten werden unter größter Geheimhaltung zum Urnenhain Tolkewitz gebracht und anonym verbrannt. Die Asche wurde in der »Sammelstelle C, Feld III« vergraben, wo die Urnen der Hingerichteten auf einem unbepflanzten Teil der Sammelstelle liegen. Das Gerichtsgebäude samt Untersuchungsgefängnis und Richtstätte dient mittlerweile friedlicheren Zwecken. Es wird seit 1964 von der Technischen Universität (TU) Dresden genutzt und ist heute der Georg-Schumann-Bau der Lehranstalt, benannt nach dem Widerstandskämpfer Georg Schumann. Der kreuzförmige Zellenbau ist der Hülße-Bau, benannt nach Julius Ambrosius Hülße, dem zweiten Direktor des TU-Vorläufers »Technische Bildungsanstalt«. Die nordöstliche Ecke des Komplexes mit der ehemaligen Kapelle ist der Tillich-Bau, benannt nach dem Theologen und Antikommunisten Paul Tillich, der an der Technischen Hochschule Dresden von 1925 bis 1929 wirkte. Dieser Bau beherbergt das Hannah-Arendt-Institut für Totalitarismusforschung. Es liegt nahe, anzunehmen, dass die Benennung der Gebäude und Institute kein Zufall ist. Hannah Arendt beispielsweise war neben ihren wissenschaftstheoretischen Arbeiten vor allem für ihre bedenkliche Beziehung zu dem rechtskonservativen Philosophen Martin Heidegger bekannt, aus dessen Bannkreis sie sich obwohl verfolgte Jüdin zeitlebens nicht lösen konnte, auch wenn er im Dritten Reich zeitweise zu den Lautsprechern des Regimes gehört hatte und auch nach 1945 eher merkwürdig rechtsgeneigte Positionen vertrat.

Nach 1989 folgt die absehbare Reaktion der BRD-Siegerjustiz. Die 1955 im Verfahren gegen Barczatis und Laurenz als Beisitzende Richterin fungierende Helene Heymann wird vierzig Jahre später im Landgericht Berlin wegen Totschlags, Freiheitsberaubung und Rechtsbeugung vor Gericht gestellt. Das kurze Zeit später gefällte Urteil lautet: Freiheitsstrafe von fünf Jahren, deren Vollstreckung jedoch ausgesetzt wird. Dr. Karl Laurenz und Elli Barczatis erfahren postum am 28. November 2006 ebenfalls durch das Landgericht Berlin ihre Rehabilitierung. Sie werden zu unschuldigen Opfern der blutigen kommunistischen Unterdrückerjustiz erklärt. Die Agententätigkeit wird dabei nicht berücksichtigt.

Kosovo – Die Mafia bekommt einen Staat geschenkt

Freitag, der 19. Juli 2019. Der kosovarische Regierungschef Ramush Haradinaj tritt zurück. Der Name sagt Ihnen
nichts? Damit dürften Sie in guter Gesellschaft sein. Das
Thema Kosovo und die Namen der Protagonisten sind
wohl nur noch einer kleinen Gruppe von Spezialisten ge-
läufig. Ansonsten spielt das Kosovo seit seiner brutalen,
mit Bomben und Massakern von der NATO herbeigeführten Herauslösung aus dem jugoslawischen Staatsverband
vor genau zwanzig Jahren nur noch eine Randrolle in der
Tagesberichterstattung der Presse. Und das ist keineswegs
Zufall. Schon der völkerrechtswidrige NATO-Krieg gegen Jugoslawien ab 1990 unterlag einem massiven Täuschungsmanöver seitens der Westblockpresse, die anhand
fadenscheiniger »Beweise« und handfester Lügen behauptete, dieser Krieg werde völlig zu Recht geführt. Auf die
Spitze getrieben wurde das Täuschungsmanöver dann bei
dem vor zwanzig Jahren frech vor aller Augen betriebenen
Landraub gegenüber Restjugoslawien beziehungsweise
Serbien und der Gründung des eigenständigen »Staates«
Kosovo (völkerrechtlich bis heute kein Nationalstaat, sondern gemäß UNO-Resolution Nummer 1244 weiterhin
serbische Provinz). Doch eines nach dem anderen.

Interessant ist zunächst einmal, warum Herr Haradinaj
zurückgetreten ist. Der Grund für den Rücktritt führt
mitten zurück in das verbrecherische Geschehen, das vom
Westblock vor den Augen der Weltöffentlichkeit damals
betrieben wurde. Als Grund wird in der ganz weit hinten

unter den vermischten Nachrichten platzierten Presse-
mitteilung genannt, Haradinaj sei als Verdächtiger vom
UNO-Kriegsverbrechertribunal für das ehemalige Jugoslawien vorgeladen worden. Die Vorladung des bisherigen
Premiers hänge mit seiner Rolle während der Massaker
von vor zwanzig Jahren zusammen. Haradinaj war damals
Kommandeur der kosovo-albanischen »Freiheitskämp-
fer-Truppe« UÇK. Massaker vonseiten der UÇK? Vor
zwanzig Jahren las sich das in der Westblockpresse noch
ganz anders: Da waren die »Freiheitskämpfer« von der
UÇK die »Helden« beziehungsweise die »Opfer« der »verbrecherischen, mörderischen Serbenbanden« beziehungsweise der serbischen Armee und Polizei. Das ist also einigermaßen bemerkenswert, dass jetzt – mit zwanzig Jahren
Abstand – auf einmal die »Helden« zu Tätern mutieren,
und statt auf Empfängen bejubelt zu werden (wie damals),
sitzen sie nunmehr auf der Anklagebank. Das wirft natürlich Fragen auf. Und genau mit diesen Unstimmigkeiten
wollen wir uns jetzt beschäftigen und versuchen, der allzu
gebeutelten historischen Wahrheit näherzukommen.

Haradinaj werden, wie den anderen UÇK-Komman-
deuren, Verbrechen an der serbischen Zivilbevölkerung
während des Kosovokriegs (1998–1999) vorgeworfen.
In der Meldung wird – ganz im Stil der Westblockmedi-
en-Faktenmanipulation – aber sogleich beschwichtigend
darauf hingewiesen, das heute überwiegend von Albanern
bewohnte Kosovo habe früher zu Serbien gehört, aber im
Krieg 1999 seine Unabhängigkeit erkämpft. Offiziell sei
das Kosovo seit 2008 unabhängig und werde von mehr als
hundert Staaten anerkannt. Serbien habe die Abspaltung
seiner ehemaligen Provinz nie akzeptiert und betrachte
das Kosovo immer noch als sein Staatsgebiet. Derzeit
würden noch etwas mehr als hunderttausend Serben im
Kosovo leben. Das Interessante: An dieser Zusammen-

fassung stimmt kein Wort. Sie ist erstunken und erlogen. Der Wahrheit näher kommt man, wenn man jeden Satz ins Gegenteil verkehrt. Aber eines nach dem anderen.

Generell ist hier vorwegzuschicken, dass nur selten in der abendländischen Geschichte ein Vorgang so sehr von Lügen, Mauscheleien und Manipulationen der öffentlichen Meinung geprägt war wie die vom Westblock und insbesondere von der BRD aktiv betriebene Zerschlagung des Staates Jugoslawien nach 1990 und neun Jahre später die Schaffung des »Staates« Kosovo als UN- beziehungsweise EU-Protektorat von Gnaden des Westblocks beziehungsweise der NATO. Auch in diesem Fall ist der Vorgeschichte beziehungsweise den Geschichtsverläufen der vergangenen tausend Jahre manch erhellender Zusammenhang für die heutige Situation zu entnehmen. Werfen wir also einen Blick zurück ins späte Mittelalter. Damals war das Kosovo serbisch, mit einer kleinen albanischen Minderheit von Wanderhirten. Das änderte sich erst mit dem Überfall der Türken 1389. Seitdem waren die serbischen Fürsten des Kosovos osmanische Vasallen. Ab der Einnahme von Konstantinopel 1453 regierten die Osmanen das Kosovo uneingeschränkt. Die Minderheit der Albaner wurde aufgrund ihrer muslimischen Religionszugehörigkeit nun im serbischen Kosovo zu Bürgern erster Klasse, die christlich-orthodoxen Mehrheitsserben zu Bürgern zweiter Klasse in ihrem eigenen Land. Die folgenden Jahrhunderte sahen eine Bevorzugung der albanischen Minderheit auf Kosten der zunehmend drangsalierten serbischen Bevölkerungsmehrheit im Kosovo. Im 19. Jahrhundert hintertrieb Österreich-Ungarn die Bemühungen des mittlerweile wieder vom Osmanischen Reich unabhängigen Serbiens, Zugang zum Mittelmeer beziehungsweise der Adria zu erlangen – die k.u.k. Monarchie wollte Serbien als Konkurrenz auf dem von Wien beanspruchten Balkan möglichst klein und wirtschaftlich (also militärisch) schwach halten. Daher unterstützte man auch im nominell noch türkischen Teil des Balkans, zu dem das Kosovo damals noch zählte, die Entstehung eines unabhängigen albanischen Staates als feindseliger muslimischer Konkurrenz zu Serbien. Im Ersten Weltkrieg – der bekanntlich 1914 mit dem k. u. k. Überfall auf Serbien begann, woraufhin sich die Bündnismaschinerie in Gang setzte und den Regionalkonflikt binnen weniger Tage zum Weltkrieg ausweitete – besetzte Österreich-Ungarn auch Teile des Kosovos. Erste Amtshandlung war, die lokale Verwaltung in die Hände der albanischen Minderheit zu übergeben, die das natürlich weidlich zum Nachteil der serbischen Bevölkerung ausnutzte. Nach 1918 wurde das Kosovo wieder serbisch, allerdings in den nächsten Jahren von Unruhen heimgesucht, die von Terroristen gesät wurden, welche von Albanien in das Gebiet einsickerten, um serbische Verwaltungsträger und Armeeposten zu ermorden – eine Strategie, welche das Vorgehen 1999 vorwegnimmt. Jene später die UÇK bildenden Banditen und künftigen Terroristen standen in der Tradition dieser Kaçak (»Banditen«) genannten Kriminellen, den in der gebirgigen Gegend agierenden Banden, die bereits im nun wieder serbischen Kosovo begannen, serbische Posten anzugreifen und das Vieh serbischer Bauern zu rauben. Hier bestanden und bestehen jahrhundertealte Traditionen, und ein Teil dieser Kultur ist die Blutrache, was die besondere Grausamkeit der »Kriegsführung« der UÇK erklärt.

Im Zweiten Weltkrieg wurden nach dem deutschen Überfall auf Jugoslawien 1941 das Kosovo und Teile Mazedoniens mit dem damaligen italienischen Vasallenstaat Albanien zu »Großalbanien« vereinigt. Das ist genau die Konstellation, von der viele albanische Politiker heute noch beziehungsweise heute wieder träumen. Die im

Kosovo etablierte albanische Miliz drangsalierte beziehungsweise vertrieb in dieser Zeit zahlreiche Serben von dort, betrieb also eine handfeste ethnische »Säuberung«. Der serbische Bevölkerungsanteil im Kosovo nahm daher »mit freundlichem Nachdruck« nun sukzessive ab. Nach der deutschen Besetzung der zuvor italienisch verwalteten Gebiete in Albanien und im Kosovo 1943 wurde angesichts des immer katastrophaler werdenden deutschen Soldatenmangels im Mai 1944 sogar noch eine albanische Waffen-SS-Division hauptsächlich aus Freiwilligen des Kosovos aufgestellt, da das deutsche Besatzungsregime in Albanien bereits an Rückhalt verloren hatte. Die Division kam vor allem gegen jugoslawische Partisanen und gegen die serbische Bevölkerung zum Einsatz. Die Angehörigen der Division vertrieben weitere zehntausend serbische Familien, ermordeten zahlreiche Serben und beteiligten sich auch am Holocaust. Die ethnische Säuberung zulasten der serbischen Bevölkerung des Kosovos setzte sich also fort. Im Juni 1944 fiel die Division nach Montenegro ein und setzte dort ihr blutiges Treiben fort, bis sie am 1. November 1944 wegen zunehmender Desertionen und Erfolglosigkeit (trotz unmenschlicher Brutalität) aufgelöst wurde. Die Serben gehörten bekanntlich ohnehin zu den im Zweiten Weltkrieg besonders drangsalierten Völkern, wurden Hunderttausende von ihnen doch in den von kroatischen Rechtsextremisten mit deutscher Förderung betriebenen kroatischen Konzentrationslagern gefoltert und ermordet. Die kroatischen und albanischen Rechtsextremisten beziehungsweise ihre Nachfahren flohen 1945 vor der Roten Armee respektive den serbischen Siegern, weil sie befürchten mussten, juristisch zur Verantwortung gezogen zu werden. Einige von ihnen beziehungsweise ihre Nachfahren, welche die Zeit des Kalten Krieges gefördert vom BND in der Nähe von München überdauerten (als

Reservoir für antijugoslawische Aktionen und Spionage-
netzwerke), gehörten dann nach 1989 zu den »Gründern«
des Staates Kroatien respektive den »Geburtshelfern« des
postsozialistischen Albaniens.

1945 war der, wie gesehen, 1941 von Deutschland (!)
zerschlagene Staat Jugoslawien neu erstanden. Diesmal
unter der Führung des charismatischen Staatschefs und
ehemaligen Partisanengenerals Marschall Josip Broz
Tito, einem kommunistischen Dissidenten, der sich bald
mit Moskau und Peking überwarf und künftig seinen
eigenen, dritten Weg eines Staatssozialismus im Bündnis
der Blockfreien Staaten suchte. Zum Dank dafür erhielt
er ökonomische und finanzielle Unterstützung aus dem
Westen, die zum wirtschaftlichen Aufschwung des Landes
beitrug. Das Kosovo war in dieser Periode Teil Serbiens
innerhalb des jugoslawischen Staatsverbands. Aber auch
vom Westen ließ sich Tito nicht vereinnahmen, er setzte
das sozialistische Experiment fort, bei dem die Arbeiter
tatsächlich jeweils Eigentümer der Fabriken waren, in
denen sie arbeiteten (Arbeiterselbstverwaltung/*Radničko
Samoupravljanje*). Das wurde während der Zerschlagung
Jugoslawiens ab 1990 (das wäre ein eigenes Kapitel wert)
unter der Führung von den USA und der BRD schnell li-
quidiert, zumindest in den Staaten, die nun, wie erwähnt,
von seit Jahrzehnten in Pullach (am Sitz des BND) ausgebildeten und verpflegten Exilanten aus Kroatien, Slowenien und Bosnien übernommen und in den Westblock
eingegliedert wurden. Gerade die illegitime Loslösung
Sloweniens und Kroatiens 1990 wurde mit entscheidender
(geheimer) Schützenhilfe aus Bonn betrieben, die BRD
war einmal mehr – wie schon »Großdeutschland« 1941 –
dabei, sich den Balkan in mundgerechte Happen für die
Wirtschaftsmaschinerie des eigenen Landes zu zerhacken.
Die umgehende deutsche Anerkennung der nun selbstän-

digen »Staaten« Slowenien und Kroatien am Tag nach ihrer »Unabhängigkeitserklärung« führte, wie geplant, zur Verschärfung der ethnonationalistischen Spannungen (ein ähnliches Vorgehen legte die BRD gegenüber Venezuela an den Tag, als sie im Februar 2019 umgehend den von den USA inthronisierten »Parlamentspräsidenten« Juan Guaidó als Präsidenten des Landes anerkannte, obwohl es eine reguläre im Amt befindliche Regierung unter Nicolás Maduro gibt – in diesem Fall bislang ohne Erfolg, Guaidó ist wieder in der Versenkung verschwunden, der Mohr hat seine Schuldigkeit getan, er hat das ihm vom Westen vorgegebene Ziel, Maduro aus dem Amt zu putschen, nicht erreicht, daher wird er fallengelassen). Serbien wehrte sich gegen diese Vereinnahmung – und geriet so ins Fadenkreuz des Westblocks, der hier ein Exempel statuieren und das letzte staatssozialistische und eng mit der russischen »Brudernation« verbündete Land auf europäischem Boden zerschlagen wollte.

Für das besondere Interesse des Westblocks am Kosovo gab und gibt es noch einen weiteren Grund. Denn seit dem Mittelalter sind die unermesslichen Bodenschätze dieser Region bekannt und berühmt. Sie sind es, welche die Region seit 1990 für westliche Konzerne respektive für den Westblock geostrategisch äußerst interessant machen; sie sollten nun, 1999, unter allen Umständen unter westlichen Einfluss gebracht und der drohenden russischen Einwirkung entzogen werden. Es sind im Einzelnen Braunkohle, Blei, Zink, Nickel, Uran, Silber, Gold, Kupfer und Magnesit, hinzu kommen Lignit, Kohle und Chrom. Dazu gibt es reiche, lukrative Vorkommen an Asbest, Marmor, Kalksandstein und Quarz. Jetzt könnte man einwenden, dass die meisten dieser Minen seit 1990 beziehungsweise seit 1999 stillgelegt vor sich hinrotten. Doch das ist aus westlicher Sicht unerheblich – man ist derzeit nicht auf den Inhalt dieser Minen angewiesen, noch gibt es ausreichend preisgünstige Zufuhr dieser Bodenschätze aus anderen Regionen; das Kosovo zählt aber zur strategischen Reserve des Westens, auf die im Zweifelsfall, beispielsweise bei einer Verschärfung der Konfrontation mit der Volksrepublik China, welche sich zu einem Großteil der »Seltenen Erden« den Zugang gesichert hat, zurückgegriffen werden könnte.

Doch wie wurde nun die Besetzung des nominell serbischen Staatsgebiets im Kosovo durch den Westblock 1999 bewerkstelligt? Die Antwort ist einfach: mit den üblichen Mitteln. Als Ausgangspunkt für die Geschehnisse im Kosovo wird in der Westblockpresse gern die sogenannte Amselfeld-Rede des damaligen serbischen Kommunistenführers und ehemaligen Bankdirektors Slobodan Milošević von 1989 genannt. Darin habe er den künftigen von Serbien zulasten der albanischen Kosovaren betriebenen »Ethnozid [Völkermord] im Kosovo« (als solcher wird das serbische Vorgehen gegen kosovo-albanische Terroristen und Räuberbanden von der Westblockpresse gern beschrieben) schon rundheraus angekündigt. Werfen wir also erst einmal einen Blick darauf, was Milošević damals tatsächlich gesagt hat und was in der Westblockpresse dann daraus gemacht wurde.

Schauplatz der Rede, die am Vidovdan (St. Veitstag), dem 28. Juni 1989, anlässlich der Gedächtnisfeier zum 600. Jahrestag der Schlacht auf dem Amselfeld stattfand, war das serbische Denkmal für die Schlacht in Gazimestan. Dort hatte sich ein Millionenpublikum eingefunden, um der Rede zu lauschen. Milošević war zu diesem Zeitpunkt Präsident des Bundes der Kommunisten Serbiens (der KP Serbiens). Der 28. Juni ist traditionell einer der höchsten religiösen und nationalen Volksfeiertage Serbiens. Es war kein Zufall, dass auch das Attentat auf Thronfolger Franz Ferdinand, das zum Ersten Weltkrieg führte, am 28. Juni 1914 stattfand. Am 28. Juni 1948 kam es auch zum endgültigen Bruch zwischen Jugoslawien und der Sowjetunion (SU). Im Zusammenhang mit der Schlacht auf dem Amselfeld am 28. Juni 1389 ist übrigens auch das serbische Kosovo-Gedichtepos entstanden, nicht nur eines der bedeutendsten epischen Gedichte der Weltgeschichte, sondern auch einer der Höhepunkte der serbischen Kulturgeschichte. Ein adäquates, objektives Verständnis der Amselfeld-Rede von 1989 ist naturgemäß ohne eine zumindest oberflächliche Kenntnis des Kosovo-Mythos (Amselfeld-Mythos) kaum möglich. Werfen wir daher einen kurzen Blick auf diesen Mythos.

In der europäischen Geschichte gibt es kaum einen vergleichbaren Fall, der dem nahekäme, was das Kosovo nach der Schlacht auf dem Amselfeld für das Nationalempfinden der Serben bedeutet. Zwar gab es vom 15. bis zum 17. Jahrhundert in der Region eine ansatzweise kulturelle Blüte unter osmanischer Herrschaft. In der serbischen Überlieferung überwiegt jedoch die Erinnerung an eine katastrophale Niederlage gegen die »Gottlosen«, zumal im 18. und 19. Jahrhundert das osmanische Militärwesen sowie Wirtschaft und Verwaltung zunehmend überfordert waren und die Steuerbelastung der überwiegend serbischen Bevölkerung des Kosovos extrem anstieg. Aus dem in den kirchlichen Legenden beschworenen Märtyrertod der serbischen Soldaten auf dem Amselfeld entwickelte sich das mythische Bild, das es möglich machte, den als militärische Niederlage empfundenen Ausgang der Schlacht als Sieg im moralischen Sinne aufzufassen. In den Erzählungen und Liedern des 18. und 19. Jahrhunderts steht Miloš Obilić im Vordergrund als zu Unrecht Beschuldigter, der mit einer List bis vor den Sultan kommt, ihn tötet und so seine Ehre wiederherstellt.

Diesem »Helden« stellen die Sagen den »Verräter« Fürst Vuk Branković gegenüber, der egoistisch sein eigenes Leben rettete, statt wie die übrigen Soldaten den Opfertod gegen die »Ungläubigen« zu erleiden.

Im 19. Jahrhundert erweiterten sich die Überlieferungen zum Thema Kosovo zu einem nationalen Mythos. Dabei wurde der Befreiungskampf gegen die Osmanen zu einem Kampf der Kräfte des »Guten« gegen die des »Bösen«. Treibende Kraft des Kampfes war nun das Volk. Die Menschen wuchsen mit dem Mythos auf. Der »Kosovo-Schwur« wurde in der zweiten Hälfte des 19. Jahrhunderts institutionalisiert. Heldentod, »himmlisches Reich« und »irdisches Reich« im Sinne von einem serbischen Nationalstaat gingen eine immer engere Verknüpfung ein. Das Epos einte die entstehende serbische Nation und beflügelte den Aufbau des montenegrinischen Staates. Montenegro entwickelte sich zu einem Zentrum der Einigung des Serbentums, wie es später Serbien für die Einigung der Südslawen Jugoslawiens werden sollte. Serbien als Kleinstaat war um die Mitte des 19. Jahrhunderts in Gefahr, unter den dort Einfluss nehmenden Großmächten Habsburg und Russland aufgeteilt zu werden. Da die Habsburger eine Expansion Serbiens nach Norden und Westen verhinderten, richtete Belgrad sein Interesse auf den Süden, unter anderem auf den Kosovo, zu diesem Zeitpunkt als »Altserbien« bezeichnet.

Einen ersten Höhepunkt erreichte die Wirkungsmächtigkeit des Kosovo-Mythos 1889 zum 500-Jahr-Jubiläum der Schlacht. In Belgrad fand eine große Feier samt Requiem für die Gefallenen auf dem Amselfeld statt. Der serbische König nahm an den Feierlichkeiten zu Ehren der Helden der Schlacht auf dem Amselfeld und an der Einweihung des Denkmals in Kruševac teil. Innerhalb der Feiern wurde die Befreiung des zu diesem Zeitpunkt noch osmanischen

Kosovos gefordert und die Einheit aller Serben beschworen, unter welcher Herrschaft sie auch lebten. Der Kosovo-Mythos verband sich dabei mit dem parallel zu ihm entwickelten Kult des Heiligen Veit, an dessen Feiertag, dem 28. Juni, die orthodoxe Kirche auch den kurz nach der Schlacht auf dem Amselfeld heiliggesprochenen Fürsten Lazar ehrte. Seit den sechziger Jahren des 19. Jahrhunderts nahm die Popularität des Vidovdan, also des Veitstags, stark zu. Am Vidovdan 1876 erklärte Serbien dem Osmanischen Reich den Krieg. Am Vidovdan 1881 wurde ein Geheimvertrag mit der Habsburger Monarchie unterzeichnet; gegen Verzicht auf eine eigenständige serbische Außenpolitik erklärte sich Österreich bereit, die serbische Dynastie zu unterstützen und eine mögliche Gebieterweiterung nach Süden zu tolerieren. Ab 1890 wurde der Vidovdan offiziell zum Feiertag. Bis 1945 fiel der Vidovdan auch mit dem Ende des Schuljahrs in Serbien zusammen.

Zu den alten Volkstraditionen um den Veitstag gehörte auch der Brauch, dass der Hausherr am Abend vor dem Fest jedem Mitbewohner einen Strauß Pfingstrosen schenkte, worauf die Beschenkten antworteten: »Ich werde sein wie jene, die ihr Blut auf dem Amselfeld vergossen.« Der Legende nach entstanden die Pfingstrosen des Amselfelds aus dem vergossenen Blut der gefallenen Soldaten, die roten aus serbischem und die blauen aus »türkischem« Blut. In diesem Zusammenhang der Stärkung des Mythos entstand auch der Entwurf eines Vidovdantempels von der Hand des in Slawonien geborenen Bildhauers Ivan Meštrović. Meštrović hatte dieses Projekt seit etwa 1905 verfolgt, erstmals 1910 auf der Ausstellung der Wiener Secession mit großem Erfolg präsentiert und schließlich bei der Internationalen Ausstellung für Kunst und Architektur in Rom 1911 den ersten Platz für Bildhauerei gewonnen, als er sein Vidovdantempel-Projekt im serbischen Pavillon ausstellte, nachdem ihm dies zuvor für die südslawische Abteilung des Pavillons von Österreich-Ungarn verweigert worden war. Eine Kombination westlich-katholischer und byzantinischer Elemente sollte an den Kosovo-Mythos sowie an die historischen Niederlagen der südslawischen Völker erinnern und so ein zentraler Gedenkort Jugoslawiens geschaffen werden. Der Entwurf blieb wegen der folgenden historischen Ereignisse unausgeführt.

Im Ersten Balkankrieg von 1912 bis 1913 gelang Serbien die Rückeroberung »Altserbiens« inklusive Kosovo von der osmanischen Herrschaft. Auch das in der ersten Hälfte des 14. Jahrhunderts erbaute Kloster Gračanica stand somit wieder auf serbischem Staatsgebiet. Das Kloster nimmt seit damals eine besondere Rolle für die Feierlichkeiten zum Vidovdan ein. 2012 bezeichnete der serbisch-orthodoxe Patriarch Irinej zur Vidovdanfeier in Priština anlässlich der hundert Jahre zurückliegenden Befreiung von der osmanischen Herrschaft das Kloster als »serbisches Jerusalem«. Mittlerweile steht das als eines der bekanntesten Bauwerke der byzantinischen Kunst geltende Kloster zusammen mit anderen christlichen Kulturobjekten im Kosovo wegen der permanenten Übergriffe der albanischen Kosovaren auf der UNESCO-Liste des gefährdeten Welterbes. Der in Serbien begeistert gefeierte Sieg über das Osmanische Reich wurde als Revanche für die Schlacht auf dem Amselfeld gewertet. Am 23. Oktober 1912 fand erstmals seit dem Ende der osmanischen Herrschaft eine serbische Gedenkveranstaltung am Ort der Schlacht in Gazimestan (Kosovo) statt. Es ist rückblickend verständlich, dass bei den Feierlichkeiten natürlich auch der Gegensatz zu den jahrhundertelang als Drangsalierer der Serben im Kosovo agierenden Albanern hervorgehoben wurde und diese negativ konnotiert wurden.

Dass zwei Jahre später der Besuch des Habsburger Thronfolgerpaares in der bosnischen Provinzhauptstadt Sarajevo ausgerechnet am Veitstag erfolgte, wurde von der nationalistischen serbischen Jugend als Provokation angesehen. Das bereits erwähnte Attentat von Sarajevo war demnach aus Sicht der Attentäter nur folgerichtig als Bestrafung für diese Frechheit, nachdem Österreich-Ungarn in den Jahren zuvor durch eine scharfe Feindseligkeit gegenüber dem als Konkurrenten auf dem Balkan aufgefassten Serbien aufgefallen war. Nach Ausbruch des Ersten Weltkriegs fährt die deutsch-österreichische Propaganda eine große Kampagne gegen Serbien, gipfelnd in dem Schlachtruf »Serbien muss sterbien«. Im Gegensatz dazu gelangen jedoch Serbien erste militärische Erfolge gegen Österreich-Ungarn, das bittere, verlustreiche Niederlagen gegen den »Erzfeind« auf dem Balkan einstecken musste. Doch ab Sommer 1915 geriet die serbische Armee durch eine gemeinsame österreichisch-deutsche Offensive und den Kriegseintritt Bulgariens in Bedrängnis. Den Mittelmächten gelang es, ganz Serbien zu besetzen, die serbische Königsfamilie floh nach Korfu.

In Serbien etablierte Österreich anschließend ein Besatzungsregime. Es ist weithin unbekannt, dass die deutsche und die k. u. k. Armee schon im Ersten Weltkrieg zahlreiche Kriegsverbrechen begingen. Auf deutscher Seite vor allem in Belgien und Polen beziehungsweise Ostpreußen, die Gewaltaktionen der k. u. k. Armee betrafen dagegen die jüdische, polnische und ruthenische Bevölkerung in der Bukowina, in Galizien und in den besetzten russischen Gebieten sowie die serbische, montenegrinische und bosnische Bevölkerung in den eroberten Gebieten auf dem Balkan. Die Ausschreitungen waren keineswegs spontane Einzeltaten, sondern wurden von höchster Stelle angeordnet. Dazu gehörten Geiselnahmen und

Geiselerschießungen, Zwangsdeportationen, Internierungen, Zwangsarbeit und Massenhinrichtungen. Auch Vergewaltigungen, Plünderungen, willkürliche Tötungen und Zerstörungen von Häusern gab es. Die österreichischen Soldaten, die das besonders furchtbare Massaker in Šabac anrichteten, erhielten den Befehl, alles zu töten und niederzubrennen, was ihnen über den Weg läuft, und alles, was serbisch ist, zu zerstören. Mehrere Tage lang wurde geplündert und gebrandschatzt, die Bevölkerung interniert, gedemütigt, misshandelt, vergewaltigt und willkürlich ermordet. Im Zuge dieser Gräueltaten kam es auch zu einer Massenerschießung: Dorfbewohner wurden am Kirchenplatz zusammengetrieben, etwa achtzig von ihnen auf Befehl erschossen und anschließend in einem Massengrab verscharrt. Die habsburgischen Standgerichte erließen ihrerseits massenhaft Todesurteile. Bereits in den ersten Kriegsmonaten wurden rund sechsunddreißigtausend Zivilisten verurteilt und hingerichtet. Um die vielen Todesurteile vollstrecken zu können, mussten die Behörden zusätzliche Henker ausbilden. Eine unbedachte Äußerung, ein vager Verdacht oder anonyme Hinweise von Denunzianten reichten, um am Galgen zu enden. Darüber hinaus gab es neben den Standgerichtsurteilen auch noch »spontane« Hinrichtungen. Die Opfer wurden auf den zentralen Plätzen der Dörfer und Städte getötet. Man zwang die Bevölkerung, den Hinrichtungen beizuwohnen. Die Toten ließ man anschließend mehrere Tage dort hängen, zur »Abschreckung«.

Mit Hilfe des Kosovo-Mythos versuchten serbische Politiker während des Ersten Weltkriegs, die britische und französische Öffentlichkeit für Serbien zu gewinnen. Britische und französische Autoren bedienten sich des Mythos, um die Serben in ihrer Rolle als Alliierte der Entente aufzuwerten. Gerade vor dem Hintergrund des NATO-Kriegs gegen Jugoslawien beziehungsweise Serbien 1999 und der seit 1990 betriebenen dauerhaften »Gräuelpropaganda« des Westblocks gegen Serbien wirkt es geradezu grotesk, dass Großbritannien und Frankreich im Ersten Weltkrieg die Schlacht auf dem Amselfeld als »Wendepunkt nicht nur in der serbischen, sondern auch europäischen Geschichte« und als »Leuchtturm, der die Strahlen der westlichen Zivilisation über das Schwarze Meer wirft« bezeichneten. Der Krieg, in dem die Verbündeten Großbritannien, Frankreich und Serbien einem Bündnis von Deutschem Reich und Österreich-Ungarn ausgerechnet mit dem Osmanischen Reich gegenüberstanden, wurde als Fortsetzung dieser Mission dargestellt. 1916 wurde der 28. Juni in Großbritannien zum Volksfeiertag der Serben, Kroaten und Slowenen erklärt und eine fünfwöchige Feier des Vidovdan in Schulen, Kirchen, Kinos und Broschüren organisiert, was eine enorme Publizität in der britischen Öffentlichkeit schuf.

Doch das alles half nicht, zu verhindern, dass der Erste Weltkrieg und insbesondere die deutsch-österreichische Kriegsführung gegen Serbien verheerende Folgen zeitigte. Zählte das Königreich Serbien Anfang 1914 noch rund 4,5 Millionen Einwohner, so waren es vier Kriegsjahre später nur noch etwas über drei Millionen. Nach serbischen Angaben sind über eine Million Menschen oder knapp ein Viertel der Gesamtbevölkerung des Königreichs dem Krieg und seinen Folgen zum Opfer gefallen. Viele emigrierten, um dem Elend zu entkommen. Schätzungsweise sechzigtausend Zivilisten wurden von der österreichischen Armee exekutiert, bis zu vierhunderttausend weitere starben aufgrund von Epidemien, Kälte, Hungersnöten und Krankheiten, viele davon auf dem verlustreichen Rückzug zur Adria. Auch die serbische Armee erlitt neben Montenegro die anteilsmäßig größten Verluste: Von siebenhunderttausend Soldaten starben etwa hundertdreißigtausend. Das Land selbst war in den Kriegsjahren von den Mittelmächten Deutschland und Österreich-Ungarn nach allen Regeln der Kunst ausgeplündert worden, die Wirtschaft zerstört. Schätzungsweise rund die Hälfte des serbischen Volksvermögens war zerstört beziehungsweise geraubt worden. Der Wiederaufbau und die »Erholungsphase« der Wirtschaft waren noch gar nicht abgeschlossen, als Serbien dann ab 1941 von Naziwehrmacht und SS erneut ausgeplündert und zerstört wurde.

Auch in der Folge behielt der Vidovdan über die jeweiligen Jubiläumsfeiern der Schlacht hinaus eine Bedeutung. Es war wohl eher Zufall, dass der Friedensvertrag von Versailles, mit dem das Königreich Serbien wieder entstand, am Vidovdan 1919 unterzeichnet wurde, war aber in Serbien wohlwollend aufgenommen worden. Die sogenannte Vidovdan-Verfassung des Königreichs Jugoslawien wurde am Vidovdan 1921 proklamiert. Der Kosovo-Mythos blieb ein Symbol für das Streben nach der Einheit der »serbischen« Regionen. Für viele Serben blieb auch das Thema des »Verrats« virulent, aber auch der Undank für ihren aufopfernden Kampf für die Freiheit aller Völker auf dem Balkan. Den übrigen Südslawen, also den Slowenen, Kroaten, Montenegrinern, Mazedoniern und Bosniern, warfen sie vor, mit den Österreichern, damals in diesen Regionen Landesherren, allzu willig kollaboriert zu haben. Auch in der Folge blieb der Kosovo-Mythos lebendig. Dafür sorgte beispielsweise die 550-Jahr-Feier am 28. Juni 1939. Damals versammelten sich hunderttausend Menschen auf dem historischen Schlachtfeld bei Gazimestan.

Doch Serbien stand erneut vor schicksalhaften, dunklen Jahren. Im Vorfeld des Überfalls auf die Sowjetunion erklärte die jugoslawische Regierung am 25. März 1941 auf deutschen Druck hin ihren Beitritt zum deutsch-italienisch-japanischen »Antikomintern«-Dreimächtepakt. Deutschland wollte damit die Südflanke des geplanten Vormarsches nach Osten absichern. Wieder war es hauptsächlich die serbische Bevölkerung, die heftig dagegen protestierte. Serbische Offiziere stürzten mit britischer Unterstützung die Regierung. Am 27. März skandierte eine riesige Menschenmenge in der Belgrader Innenstadt in Bekräftigung des Kosovo-Schwurs »Lieber Krieg als Pakt!« und »Lieber Tod als Sklaverei!« Obwohl die neue Regierung ihre Unterschrift unter den Vertrag offiziell nicht zurückzog, entschied Hitler, die »Wehrmacht« von der Leine zu lassen, um den unliebsamen Störenfried aus dem Weg zu räumen. Am 6. April 1941 begann die »Wehrmacht« ohne vorherige Kriegserklärung den Überfall auf Serbien. Die »Luftwaffe« griff beim »Unternehmen Strafgericht« (Strafe wofür?) mit sechshundert Kampf- und Jagdflugzeugen die ungeschützte Hauptstadt Belgrad an, Brand- und Splitterbomben zerstörten weite Teile der historischen Innenstadt. Dabei wurden mehr Menschen getötet als bei den vorangegangenen Bombardierungen Warschaus, Coventrys und Rotterdams zusammen. Am 17. April 1941 kapitulierte Jugoslawien, Nazideutschland teilte nun nach eigenem Gutdünken Jugoslawien auf. Auch hier ist es wichtig, diesen Umstand im Hinblick auf die Beurteilung der späteren EU- und NATO-Machenschaften gegen Jugoslawien beziehungsweise Serbien ab 1989 im Hinterkopf zu behalten.

Deutschland und das mit ihm im »Stahlpakt« verbündete Italien (das an der Beute partizipieren wollte und durfte) nutzten die traditionellen Spannungen zwischen den Balkanvölkern, um ihr Besatzerregime abzusichern. Die nationalen Gegensätze zwischen Serben, Kroaten und

Muslimen wurden künstlich verschärft. In Kroatien wurde das faschistische Ustascha-Regime unter »Poglavnik« (Führer) Ante Pavelić etabliert, das sich gern und intensiv der von Deutschland erwarteten Drangsalierung der Serben widmete und sogar Konzentrationslager einrichtete. Hunderttausende Serben kamen hier zu Tode. Die radikal serbenfeindlich, antijugoslawisch, antisemitisch und antikommunistisch eingestellten Ustascha gingen mit äußerster, rücksichtsloser Brutalität gegen die serbische Bevölkerung, die orthodoxe Kirche und Minderheiten wie Juden, aber auch Sinti und Roma vor. In Albanien errichtete die italienische Besatzungsmacht ebenfalls ein faschistisches Regime. Die albanische Bevölkerung im Kosovo und in Mazedonien profitierte von der Besatzung und kollaborierte daher willig mit den Besatzern. Sie nutzte ihre neue Machtstellung zur Misshandlung der ihnen nun erneut ausgelieferten serbischen und montenegrinischen Bevölkerung. Im Kosovo beraubten die Albaner systematisch ihre serbischen und montenegrinischen Nachbarn und betrieben diesen Raubzug mit Mord, Vergewaltigung und Vertreibung.

Nach der Befreiung durch die Rote Armee und dem hauptsächlich von der serbischen Bevölkerung errungenen Sieg der Partisanen spielte im neuen sozialistischen Jugoslawien der Kosovo-Mythos eine untergeordnete Rolle. Das Kosovo war von 1948 bis 1966 Teil des Bundeslands Serbien und unterstand serbischer Verwaltung. 1966 erhielt die Provinz Kosovo (wie auch die Provinz Vojvodina) einen Autonomiestatus. Wieder nutzten die albanischen Kosovaren die ihnen neu zugestandenen Machtbefugnisse in Verwaltung und Polizei zur Diskriminierung des serbischen Bevölkerungsteils. Der Kroate (!) Tito hatte mit der Stärkung der beiden serbischen Teilprovinzen Kosovo und Vojvodina die Serbische Republik zu schwächen beabsichtigt (was auch funktionierte), um eine mögliche Vorherrschaft der größten Teilrepublik Jugoslawiens im Staatsverband zu verhindern. Nach Titos Tod 1980 eskalierte die latente Wirtschaftskrise, die das Land schon einige Jahre geplagt hatte. Wie kam es zu dieser Wirtschaftskrise? Aus Sicht der Westblockpropaganda ist das alles ganz einfach zu erklären: Das unfähige, unpraktikable, wirtschafts- und wohlstandsfeindliche kommunistische System führte zu einer dauerhaften Schuldenfinanzierung, die irgendwann die Finanzkraft des Landes überstieg.

Aber so einfach ist die Sache nicht. Erst einmal ist zu beachten, dass Serbien im 20. Jahrhundert zweimal, sowohl im Ersten als auch im Zweiten Weltkrieg von Deutschland (und Österreich) dauerhaft und gründlich ausgeplündert und zerstört wurde. Deutschland und Österreich profitierten also von den dort geraubten Wertgegenständen (Rohstoffe, Edelmetalle, Geld sowie Maschinen und Anlagegüter), beide Staaten dachten aber gar nicht daran, das »kommunistische« Jugoslawien nach 1949 zu entschädigen. Entschädigungen erhielten nur Westblock-Partnerländer wie Frankreich, Belgien, die Niederlande und Italien sowie die skandinavischen Staaten (außer dem neutralen und daher verschonten Schweden), die ebenfalls besetzt und ausgeplündert worden waren. Nicht jedoch die nach 1945 hinter dem »Eisernen Vorhang« liegenden Länder, die am schlimmsten verheert und ausgeplündert worden waren. Kein Pfennig beziehungsweise kein Cent floss in diese Richtung. Auch die Millionen Zwangsarbeiter*innen aus dem Osten erhielten im Gegensatz zu ihren westeuropäischen Schicksalskolleg*innen keinen Cent. Warum? Weil man damit aus Sicht des Westblocks unabhängig von der humanistischen Verpflichtung die kommunistischen Regimes finanziell (teil-)saniert hätte.

Ein weiteres Moment kommt hinzu. Für die osteuropäische, kommunistische »Niedergangsgeschichte« von 1945 bis 1989 wird gern als leuchtendes Gegenbeispiel das angebliche »Wirtschaftswunder« der BRD angeführt. In Westdeutschland hätten fleißige Arbeiter zusammen mit fähigen Wirtschaftsführern dafür gesorgt, dass alle, die gesamte Bevölkerung, nach den »schweren Jahren« des Zweiten Weltkriegs und der unmittelbaren Nachkriegszeit, zu Arbeit und Wohlstand kamen, und das über Jahrzehnte.

Was ist von diesem schönen Mythos zu halten, vom angeblichen »Erfolgsmodell BRD«? Dazu werde ich im nächsten Band dieser Reihe ausführlicher Stellung beziehen. Für den Moment sollen die folgenden kurzen Stichpunkte reichen, um ein etwas anderes Bild des »Wirtschaftswunderlands BRD« zu entwerfen: Wie kam es also dazu, dass sich die BRD im Gegensatz zur direkten ideologiegeschichtlichen Konkurrenz, der DDR, so ganz anders, so »erfolgreich« entwickelte, während der Osten »im Elend versank«? Die Erklärung ist relativ einfach, auch wenn sie im Westen weitgehend unbekannt ist beziehungsweise ignoriert und in den Schulbüchern ausgeblendet wird.

Da ist zunächst einmal die unterschiedliche Ausgangslage. Die BRD hatte inklusive Flüchtlingen (zu denen die wirtschaftlich stärksten Personen ihrer jeweiligen Herkunftsländer gehörten) sechzig Millionen Einwohner*innen, die DDR nie mehr als siebzehn Millionen, also weniger als ein Drittel. Die meisten Bodenschätze im verbliebenen deutschen Staatsgebiet West und Ost lagen in der BRD, ebenso wie die alten Wirtschaftszentren (Ruhrgebiet, Hamburg, Frankfurt am Main, Stuttgart et cetera). Es war für die DDR also schlicht unmöglich, kurzfristig mit der BRD gleichzuziehen. Auch waren 1944/45 gezielt und mit Hilfe der SS florierende beziehungsweise geraubte Betriebe aus dem Osten in die künftigen Westzonen verlagert worden, um dort weiter wirtschaftlich prosperieren und die geraubten Früchte genießen zu können. Hinzu kamen noch weitere, schwerwiegende Faktoren. Die Westzonen weigerten sich mit freundlicher Hilfe und auf Betreiben der USA, die vereinbarten Reparationen an die von Deutschland gnadenlos ausgeplünderte und zerstörte Sowjetunion zu bezahlen. Also hielt sich die Sowjetunion, die ein Drittel ihres Staatsgebiets und fast alle (zerstörten) Wirtschaftszentren wiederaufzubauen hatte, an den in ihrem Machtbereich verbliebenen Teil Deutschlands, die DDR. Diese musste weiter Reparationen bezahlen, sei es durch »Demontage«, also den Abbau ganzer Fabrikanlagen (die in der SU wiederaufgebaut wurden), oder umfangreiche Entnahmen aus der Produktion, sei es in Form finanzieller und menschlicher Aufbauleistungen.

Dazu wurden in der DDR Tausende von Kilometer Eisenbahnschienen abgebaut, um die von deutschen Truppen beim Rückzug aus der SU großflächig zerstörten Bahnanlagen wiederaufzubauen. Ebenso musste die DDR Tausende von Lokomotiven, Waggons und Güterwaggons abgeben. Die DDR wurde also in ihrer ohnehin benachteiligten Entwicklung zusätzlich geschwächt, während die BRD sich einzig auf den »Wiederaufbau« des Landes, das aus Sicht der USA zu einem starken und blendenden »Bollwerk gegen den Kommunismus« werden sollte, konzentrieren konnte. Um es deutlich zu sagen: Die DDR bezahlte stellvertretend auch für die BRD die historisch völlig gerechtfertigten Reparationen, das hätte bei der »Wiedervereinigung« aus Gründen historischer Gerechtigkeit (die jedoch in der Geschichte nur allzu selten zu ihrem Recht kommt) berücksichtigt werden müssen. Stattdessen erhielt die BRD noch zusätzlich Dollarmilliarden aus den »Marshallplan«-Mitteln der USA, einem Instrument, um der US-Finanzwelt dauerhaften Einfluss in der westeuropäischen Wirtschaft zu verschaffen, und daher von der Sowjetunion für die Länder ihres Machtbereichs logischerweise abgelehnte Finanzmittel.

Doch es kommt noch ein weiterer, schwerwiegenderer Tatbestand hinzu. Kurz gesagt: Es gab kein »Wirtschaftswunder« West. Das war und ist eine Chimäre der Westblockpropaganda. Wer oder was sorgte aber dann für den unübersehbaren Wohlstand in der BRD (selbst wenn nicht alle Arbeiter Mercedes fuhren und eine Villa im Tessin besaßen)? Auch hier ist die Erklärung relativ einfach. Zwei Faktoren sorgten dafür, dass sich im Staatsgebiet der BRD Wohlstand derartig auffällig kumulieren konnte. Da war zum einen die von Hitler und seinem Adlatus Speer auf Staatskosten (beziehungsweise Volkes Kosten) betriebene umfassende Modernisierung der deutschen Wirtschaft, die zudem, trotz intensiver US-Bombardements, zum Erstaunen der US-Luftkriegsplaner weitgehend, sprich: zu über achtzig Prozent, unzerstört geblieben war. Der Rest ließ sich in den nächsten Monaten schnell wiederaufbauen, so dass auf dem Gebiet der BRD schon vor 1948 die Vorkriegswirtschaftsleistung wieder erreicht werden konnte. Der Erfolg des US-Luftkriegs gegen Nazideutschland lag darin, die Transportketten zu unterbrechen und gezielt die Treibstoffversorgung zu zerstören. Alle anderen Industriebetriebe waren – trotz der dramatischen, in der Westblockpropaganda gern reproduzierten Zerstörungsbilder – gar nicht oder nur so marginal geschädigt worden, dass man ab Sommer 1945 innerhalb weniger Monate alles wieder in Gang zu bringen vermochte.

Diese weitgehend intakte Westzonen-Industrie hatte 1945 europaweit den modernsten Maschinenpark aufzuweisen mit der höchsten Produktivität. Achtzig Prozent aller Produktionsanlagen waren maximal fünf Jahre alt. In allen anderen umliegenden westeuropäischen Ländern war der Maschinenpark deutlich älter, die Produktivität also deutlich geringer, die Produktionskosten für vergleichbare Güter (Autos et cetera) deutlich höher. In Osteuropa dagegen waren die meisten Industrieanlagen komplett zerstört, abgebaut, beim Rückzug gesprengt worden, und mussten erst einmal mühsam aus eigener Kraft wiederaufgebaut werden. Im Osten wurde tatsächlich der bescheidene Wohlstand aus eigener Hände Arbeit geschaffen, im Gegensatz zum Westen. Finanziert hatte diese gigantische Modernisierungskampagne nicht die BRD-Wirtschaft aus eigener Kraft (also aus den Gewinnen), wie es die kapitalistische Theorie gern hätte, sondern der NS-Staat, durch grenzenlose Kreditvergabe und die Ermächtigung der Industrie, Phantasiepreise für ihre Produkte (hauptsächlich Rüstungsgüter) zu verlangen und somit aberwitzige Gewinne einzufahren, während die Sanierung des Maschinenparks gesondert vom Staat finanziert wurde.

Die BRD beanspruchte nach 1945, als einziger Nachfolgestaat des Deutschen Reiches anerkannt zu werden und so zahlreiche Vorteile wirtschaftlicher und sonstiger Natur einzufahren (sogar das Deutsche Kunsthistorische Institut in Rom, die jüdischer Stiftung entstammende *Bibliotheca Hertziana*, wurde von der US- und BRD-freundlichen italienischen Regierung per Federstrich der BRD zugeschlagen, trotz Protesten der DDR). Die internationale Verschuldung des ehemaligen Deutschen Reiches im Westblock war gering, die im Londoner Schuldenabkommen von 1953 vereinbarte Übernahme und Teilbezahlung dieser Schulden (der größte Teil wurde erlassen) besorgte die BRD aus der mittlerweile wieder gut gefüllten Portokasse. Weitaus höher war jedoch die innere Verschuldung des Deutschen Reiches. Die Reichsschulden betrugen bei Kriegsende aufgrund der reinweg per Kredit finanzierten Aufrüstung und Kriegsführung aberwitzige vierhundert Milliarden Reichsmark. Doch diese Verschuldung verschwand drei Jahre später wie von Zauberhand über Nacht. Was war geschehen? Die USA hatten die BRD dazu gebracht, eine »Währungsreform« durchzuführen. Diese war jedoch weniger eine »Währungsreform« als vielmehr eine der gigantischsten Enteignungs- und Umverteilungsaktionen aller Zeiten.

Der Westblockpropaganda zufolge wurde einfach die »schlechte« alte Währung »Reichsmark« durch die »gute« stabile, neue Währung »D-Mark« ersetzt, und schon lief der Laden wieder. Doch was hieß das? Der offizielle Umtauschfaktor betrug zehn zu eins, also gab es für hundert Reichsmark zehn D-Mark. Diese Aktion folgte einem Plan, den Ludwig Erhard bereits 1944 im Auftrag des Reichsverbands der Deutschen Industrie (also noch zu Nazizeiten) unter Mitwirkung des SS-Gruppenführers Otto Ohlendorf als Perspektivplan für die Wirtschaftsfinanzierung der Nachkriegszeit entworfen hatte. Damit verschwanden über Nacht neunzig Prozent der Staatsschulden. Aber wurden alle gleichbehandelt, wie es in der Westblockpropaganda immer behauptet wurde? Keineswegs. Während die Sparbücher des kleinen Mannes (und der kleinen Frau) neunzig Prozent ihres Wertes verloren, behielten Immobilien ihren Wert und wurden ebenso wie die Mieten (die sich also plötzlich vervielfachten) eins zu eins umgestellt, der ehemalige Reichsmarkwert einer Immobilie entsprach nun plötzlich dem D-Mark-Wert. Aktien wurden sogar teilweise eins zu drei umgestellt. Sprich: Für eine Reichsmark-Aktie erhielten die Reichen und Schönen drei D-Mark-Aktien. Während also das gemeine Volk neunzig Prozent seines Vermögens verlor, wurden die Vermögen der Besitzenden eins zu eins umgestellt, der Aktienbesitz der Elite sogar im Wert verdreifacht. Und das hinters Licht geführte BRD-Volk fühlte sich – propagandistisch eingelullt – sogar noch gut behandelt und wählte die Währungsreform- beziehungsweise Umverteilungsbetreiber Konrad Adenauer und Ludwig Erhard zum Dank dafür zu BRD-Bundeskanzlern.

Aber damit nicht genug. Für die Erklärung des »Wirtschaftswunders«, also des explodierenden Wohlstands in der BRD ab 1948 (moderiert durch die zweite Erfindung Erhards, die angeblich so »soziale Marktwirtschaft«, die angesichts der ohnehin maßlosen Umverteilung nun möglichen öffentlichkeitswirksamen beziehungsweise kritischen Exzessen bei den Einkommen der Wirtschaftsführer vorbeugen wollte und diese auf das Achtfache des durchschnittlichen Angestellteneinkommens beschränkte), benötigt es noch einen zweiten, wie die Umverteilung im Rahmen der »Währungsreform« ähnlich entscheidenden Faktor. Und dieser Faktor ist der ausschlaggebende. Er hängt mit der Wirtschaftspolitik der Nazis zusammen. Wie erwähnt, durfte die Rüstungsindustrie ihre Preise frei und willkürlich festsetzen. Der Hakenkreuzstaat bezahlte jeden Preis, auch wenn er noch so aberwitzig überzogen war. Warum? Weil man verzweifelt war und das Kriegsmaterial schneller verschoss beziehungsweise verlor, als man es produzieren lassen konnte. Also sollten die Rüstungsfirmen durch die Freigabe der Preise (der Staat enthielt sich jeglicher Kontrolle!) in die Lage versetzt werden, märchenhafte Profite zu machen und dadurch zu Produktionshöchstleistungen animiert werden. Das hat einigermaßen funktioniert. Trotz der immensen Verluste und Verbräuche – ab Herbst 1941 blieb die deutsche Kriegsmaschinerie (leider) bis Mitte 1944 in der Lage, einigermaßen die Verluste auszugleichen. Dass Hitlers

Idiotie, auf immer schwerere Waffen, die immer schwieriger in der Herstellung waren und zu immer geringeren Stückzahlen führten, zu setzen, dem entgegenstand, war für die Alliierten ebenso hilfreich wie die Fehlentscheidung, keine großen, viermotorigen Fernbomber zu bauen, sondern nur kleine Sturzkampfbomber, und dann – als es zu spät war – auf Raketen zu setzen, die jedoch zu keinem Zeitpunkt in ausreichender Stückzahl gebaut und von den Alliierten entweder abgeschossen (V1) oder bei der Zielberechnung so manipuliert werden konnten, dass neunzig Prozent ihr Ziel verfehlten (V2).

Zu den märchenhaften Profiten kamen noch weitere, unerwartete Einnahmen, beispielsweise durch geraubte und den Firmen kostenlos zur Verfügung gestellte Rohstoffe, aber auch durch die Wiedereinführung der Sklaverei in Form von »Zwangsarbeit«, da das Hakenkreuzreich den Industriekolossen Millionen kostenloser Arbeitssklaven aus den besetzten Gebieten (hauptsächlich im Osten, vor allem Sowjetunion) kostenfrei zur Verfügung stellte, so dass die Firmen auch noch einen Großteil der Lohnkosten einsparen konnten. Diese auf dem Rücken der malträtierten und durch Massentötungen dezimierten Völker erwirtschafteten »blutigen« Profite landeten zunächst auf deutschen Bankkonten der Firmenchefs und Aktionäre. Ab Mitte 1944 begann man, sich jedoch um die Sicherung der Profite Sorgen zu machen, da die bevorstehende Niederlage des Hakenkreuzreichs immer offensichtlicher wurde und damit die Gefahr entstand, dass die schönen Profite von der Siegerjustiz einkassiert und die hochprofitablen Industriekonzerne zerschlagen werden könnten.

Dem wollte man vorbeugen. Also begannen die deutschen Industrie- und Finanzunternehmen, Milliarden in sichere Drittländer zu transferieren. Dazu gehörten die

Schweiz, Liechtenstein, Schweden, Spanien und Portugal, aber zunehmend auch Südamerika, vor allem Argentinien. Wo hatte Daimler-Benz nach 1945 seine größte Auslandsniederlassung? In Argentinien. Und das war kein Zufall. Denn die großen deutschen Firmen hatten hier einen Teil ihrer Milliarden geparkt. Versteckt in unauffälligen Tochterfirmen oder gleich in scheinbar völlig unabhängigen Firmen, die aber über Schachtelkonstruktionen mit Schweizer Briefkastenfirmen dem Zugriff der deutschen Konzerne unterlagen. Übrigens war auch der 1960 in Israel vor Gericht gestellte und hingerichtete Holocaust-Haupttäter Adolf Eichmann zuvor bei der argentinischen Daimler-Benz-Niederlassung angestellt – *honi soit qui mal y pense*. Diese Blutmilliarden, triefend vom Blut der Millionen Opfer des Hakenkreuzes und der Millionen misshandelter Zwangsarbeiter, wurden nach 1948 in kleinen, unauffälligen Tranchen heimlich wieder in die Westzonen repatriiert und fungierten dort als eigentliches Schmier- und Antriebsmittel für den außerordentlichen, unerklärlichen Boom, der die BRD nach 1948 erfasste und der mehr oder weniger – von kleineren Krisen abgesehen – bis zur großen Ölkrise 1973 anhielt. Dies und anderes wird natürlich in der Westblockpropaganda mit keinem Wort erwähnt. Dass die DDR auf vergleichbare, unrechtmäßige Finanzierungsmittel nicht zurückgreifen konnte, sei an dieser Stelle der historischen Vollständigkeit wegen noch einmal explizit erwähnt.

Doch zurück zu Jugoslawien beziehungsweise Serbien. Auch für diese Länder galt, dass die Kriegszerstörungen einerseits, der Wiederaufbau aus eigener Kraft andererseits, ohne jegliche Entschädigung seitens der BRD (als offiziellem Nachfolgestaat des Nazireichs), die wirtschaftlichen Fähigkeiten des Landes strapazierten. Der Wirtschaftskrieg des Westens gegen den Osten tat ein Übriges, ebenso wie die Sabotageunternehmen der Westgeheimdienste. 1973 brachte die Ölkrise neues Ungemach, die ebenfalls schon klamme Sowjetunion konnte nicht so viel Öl liefern, wie die Ostblockländer gebraucht hätten, die sich zuvor teilweise auf dem billigen internationalen Ölmarkt eingedeckt hatten. Die USA entdeckten zu diesem Zeitpunkt die Ölwaffe für ihren strategischen Vernichtungsfeldzug gegen die Sowjetunion – sie brachten nach einigen Jahren des Hin und Her später ihren arabischen Hauptverbündeten Saudi-Arabien dazu, den Ölhahn immer weiter aufzudrehen und den Weltmarkt mit dem scheinbar grenzenlos vorhandenen saudi-arabischen Erdöl zu überschwemmen und den Preis dauerhaft in den Keller zu treiben. Gleichzeitig wurde ein billionenteures Aufrüstungsprogramm (»Star Wars«) aufgelegt, das die Sowjetunion dazu zwang, immer mehr Geld in die Rüstung zu stecken, währenddessen ihr Hauptexportschlager, das sowjetische Erdöl aus den Quellen im Kaukasus, in Sibirien und in Aserbaidschan, immer mehr an Wert verlor und immer weniger einbrachte. 1989 war es dann so weit, die Sowjetunion war totgerüstet und zahlungsunfähig und löste sich mit Hilfe der Herren Jelzin und Krawtschuk einfach selbst auf. Ein Ergebnis, von dem die USA wenige Jahre zuvor noch nicht einmal zu träumen gewagt hätten …

Jugoslawien war ebenfalls vom Ölpreisschock betroffen und vom zunehmenden Preisverfall für die Güter, die das Land herzustellen vermochte. Agrarprodukte wurden von der EU dominiert und durch milliardenschwere Exportsubventionen so sehr verbilligt, dass auch ein teilweise noch agrarisch dominiertes Land wie Jugoslawien nur noch einen Bruchteil der früheren Einnahmen erzielte. Die so »großzügig« und »großmütig« vom Westblock an das Land vergebenen Kredite entwickelten sich jetzt zu spanischen Würgeeisen, da die Zinsen nicht mehr bezahlt, der Schulddienst nicht mehr geleistet werden konnte. Die Zahlungsunfähigkeit wurde nur durch immer neue Umschuldungen vermieden, die das Land aber immer tiefer in die Schuldenfalle trieben. In Jugoslawien wurde das Geld knapp, da ein Großteil der Staatseinnahmen in den Zinsdienst gesteckt werden musste. Die Unzufriedenheit nahm zu, und die Westblock-Geheimdienste sahen jetzt ihre Chance gekommen, mit Hilfe der in Pullach und anderswo »durchgefütterten« jugoslawischen Emigrantentruppen aus Kroatien, Slowenien, Bosnien und Albanien die Gunst der Stunde zu nutzen. Die als Erstes protestierend auf die Straße gehenden albanischen Studenten im Kosovo wurden mit milden Dollar- und D-Mark-Gaben dazu gebracht, ihre Proteste zu verlängern, zu intensivieren und öffentlichkeits- beziehungsweise medienwirksam zu machen. Zusammenstöße mit der Polizei lieferten im Westblock willkommene Bilder des Niedergangs im Osten, die wieder mehr Unzufriedenheit produzierten, die man geschickt weiter anheizen konnte.

Konkret sah das so aus: Im Kosovo kam es 1981 zu schweren Unruhen, insbesondere durch vom Westen aufgehetzte albanische Studenten, die den Republikstatus für das Kosovo forderten. Die Serben im Kosovo revanchierten sich 1983 mit Massenveranstaltungen, auf denen sie die Rücknahme des 1974 verliehenen Autonomiestatus forderten, der einseitig die albanische Bevölkerung im Kosovo bevorzugte. Das Kosovo war von Anbeginn die ärmste Gegend Jugoslawiens. Industrie – Fehlanzeige! Die Landwirtschaft – von den ethnischen Auseinandersetzungen gebeutelt! Als eine Gruppe serbischer und montenegrinischer Aktivisten aus dem Kosovo 1987 nach Belgrad fuhr, um Staatspräsident Ivan Stambolić wegen der sich zuspitzenden Probleme einzuladen, sich mit eigenen Augen ein Bild von der Lage im Kosovo zu machen, sandte dieser statt seiner Slobodan Milošević. Der als westlich orientierter Reformer geschätzte ehemalige Direktor der Belgrader Bank verfügte über gute Beziehungen in die USA (!) und ökonomische Kompetenz. Miloševićs Parteinahme für die serbischen Demonstranten im Kosovo wurde als Bruch mit der bis dahin eingehaltenen kommunistischen Linie der Unterdrückung nationalistischer Bewegungen angesehen. Seine proserbische Haltung förderte aber zugleich seinen Machtaufstieg. Milošević gelangte rasch an die Spitze der KP Serbiens, also des Bundes der Kommunisten Serbiens, und verfolgte als Reaktion auf die immer massiver auftretenden und vom Westen wohlwollend geförderten nationalistischen Strömungen in Slowenien, Kroatien und Bosnien ebenfalls einen zunehmend nationalistischen Kurs für Serbien. Im Herbst 1988 kam es zu ersten Einschränkungen des bisherigen, einseitig proalbanischen Autonomiestatus im Kosovo. Anfang März 1989 wurde die Autonomie dann faktisch beseitigt, worauf vom Westen (*Radio Free Europe* et cetera) geschürte gewalttätige Proteste der Kosovo-Albaner ausbrachen, denen sich die serbische Polizei im Kosovo entgegenstellte.

1988 wurden die sterblichen Überreste des Fürsten Lazar aus dem von Lazar gestifteten Kloster Ravanica, wohin sie nach der Schlacht auf dem Amselfeld von 1389 gebracht worden waren, von der serbisch-orthodoxen Kirchenführung mit staatlicher Unterstützung ins Kosovo-Kloster Gračanica gebracht. Der Transfer der Reliquien des Fürsten wurde von vielen Menschen mit religiös-nationaler Verehrung begleitet. Höhepunkt der Feierlichkeiten war der Vidovdan, der 28. Juni 1989, als mit großem Pomp und unter zahlreicher Beteiligung der Bevölkerung die 600-Jahr-Feier der Schlacht auf dem Amselfeld stattfand.

An der Feier nahmen nach unbestrittenen serbischen Angaben über eine Million Menschen teil. Zwei Tage vor der Veranstaltung veröffentlichte die Westblockpropaganda in ihren Sprachrohren ein Interview mit dem selbsternannten Führer der albanischen Kosovaren, Ibrahim Rugova, in dem dieser behauptete, die chauvinistische Feier der Serben sei eine Provokation, die zu blutigen Auseinandersetzungen führen könne. Das war natürlich eine mit den Westblock-Geheimdiensten abgesprochene Aktion, um die Wogen entsprechend aufzutürmen. Ibrahim Rugova, Sohn von Nazikollaborateuren, wurde nach der Machtergreifung der UÇK 1999 schnell auf den unwichtigen Repräsentativposten des »Präsidenten« entsorgt und somit der Weg freigemacht für Mörder, Kriegsverbrecher und Mafiabosse, ihren Anteil am »Staat« Kosovo zu übernehmen.

An diesem 28. Juni 1989 hielt Milošević nun am Denkmal bei Gazimestan, wie erwähnt, seine nachmals berühmt-berüchtigte Amselfeld-Rede. Beschäftigen wir uns also einen Moment mit dieser Rede. Die meisten Menschen, die ich auf diese Rede angesprochen habe, schätzten, dass es sich vermutlich um einen stundenlangen Sermon gehandelt habe. Doch weit gefehlt. Die Ansprache dauerte gerade einmal schlanke fünfzehn Minuten! Leider gibt es weder in serbischen noch in ausländischen Archiven eine vollständige Aufzeichnung der Rede. Vollständige Textfassungen druckte aber beispielsweise die serbische Tageszeitung *Politika* am 29. Juni 1989 ab. In der BRD wurde unmittelbar nach dem verbrecherischen, völkerrechtswidrigen Krieg der NATO gegen Serbien ausgerechnet am Vidovdan 1999, also am 28. Juni 1999, zum zehnten Jahrestag der Rede eine deutsche Übersetzung veröffentlicht, die jedoch in perfider Weise sinnentstellend gekürzt und verändert worden war. Die in Deutschland veröffentlichte und immer wieder als »von Chauvinismus durchwirkte Rede« bezeichnete Fassung wirkt durch ungekennzeichnete Auslassungen und inhaltliche Fälschungen überaus aggressiv, im Gegensatz zu dem, was Milošević eigentlich in seiner kurzen Ansprache sagte.

Hier einige Beispiele für die perfiden Zuspitzungen und Fälschungen. Hieß es im Original »An diesem Ort im Herzen Serbiens, auf dem Feld der Amseln, hat sich vor sechs Jahrhunderten, vor genau 600 Jahren, eine der größten Schlachten jener Zeit ereignet«, so wurde daraus auf wundersame Weise in der Propagandapresse die größte Schlacht »aller Zeiten«. Besonders schön auch folgende winzige, nur einen Buchstaben hinzufügende, aber umso folgenträchtigere Fälschung. Im Original sagte Milošević: »Die Zugeständnisse, die viele serbische Führer auf Kosten ihres Volkes machten, hätte kein Volk der Welt, weder historisch noch ethisch, akzeptiert«, also im Hinblick auf Moral und Verhaltensnormen. Daraus machte die Westblockpropaganda die weitaus bedenklichere und in eine völlig andere, aggressivere Richtung weisende Aussage »ethnisch akzeptiert«, was in dem Zusammenhang eigentlich gar keinen Sinn macht, aber, wie beabsichtigt, Milošević eine im Original gar nicht vorhandene »ethnisch« feindselige Grundhaltung zuweist. Und so geht es an vielen Stellen weiter, deren einzelne Auflistung sich an dieser Stelle erübrigt. Und die Westblockpresse sorgte denn auch für die richtige Interpretation der Rede.

So hieß es dort (ohne jegliche faktische Grundlage beziehungsweise nur, wenn man die verfälschte Fassung zugrunde legt), Miloševićs Rede sei ein »Schlachtruf für Nationalismus« gewesen, voll von »primitivem Nationalismus, angestachelt durch den selbsttäuschenden Mythos der Serben als ewige Opfer [...], eine Nationalistenrede« und so weiter. Dagegen wandte sich der ehemalige Botschafter der DDR in Jugoslawien, Ralph Hartmann, und kritisierte: »Wer das Eintreten Miloševićs für die Überwindung der dramatischen nationalen Teilungen in Jugoslawien als unumgängliche Bedingungen für den wirtschaftlichen und sozialen Wohlstand des Landes, für die Eintracht in Serbien als Voraussetzung für das Wohlergehen aller seiner Bürger, ungeachtet ihrer nationalen und religiösen Zugehörigkeit, als Chauvinismus diffamiert, entstellt die Wahrheit und versucht, die Öffentlichkeit in die Irre zu führen.« Der damalige deutsche Bundesverteidigungsminister Rudolf Scharping (SPD) bezeichnete die Amselfeld-Rede propagandistisch verfälschend als »großserbisch« und für ethnische Homogenität eintretend, wofür sich, wie gesehen, in der vollständigen Version der Rede keinerlei Belege finden. Zu Kriegsminister Scharpings perfider Rolle während der Jugoslawien-Kriege gehörte die Präsentation eines angeblich serbischen, tatsächlich aber frei erfundenen und von Westblock-Geheimdiensten fabrizierten »Hufeisenplans« zur Vertreibung der Kosovo-Albaner (der als freie Erfindung die angeblichen Massenvernichtungswaffen in Erinnerung ruft, die ein Saddam Hussein vermeintlich in seinem Land hortete, als Vorwand für den US-Einmarsch und die US-Zerstörung des Iraks). Angebliche Massaker in Ragovo und Račak oder das angebliche serbische »Konzentrationslager« (!) in Priština – alles gefakte »Anlässe« für den gegen Jugoslawien im Rahmen der extrem missbrauchten Formel der »Verantwortung zum Schutz« oder englisch: *Responsibility to Protect* (*R2P*, als Mittel, um den fehlenden UNO-Freibrief für den Krieg zu umgehen und jederzeit Krieg nach eigenem NATO-Gutdünken führen zu können, wenn die NATO-Führer es für opportun halten) geführten NATO-Krieg.

Frei erfunden ist auch die Milošević in der Westblockpresse zugeschriebene Aussage, nie wieder solle der Islam die Serben unterjochen. Auch eine »Ankündigung« potentiell bevorstehender »Kämpfe« findet sich in der tatsächlichen Rede Miloševićs keineswegs. Die Westblockpresse schreckte nicht einmal davor zurück, Milošević mit Hitler zu vergleichen, wie jener in Leni Riefenstahls Film *Triumph des Willens* mit dem Flugzeug auf dem Parteitagsgelände landete, sei Milošević mit dem Hubschrauber bei seinen begeisterten Anhängern eingeflogen, um »vor Krieg und Opfern« zu warnen. Umgeben von serbisch-orthodoxen Priestern, habe Milošević betont, Serbien habe zu viel gelitten, um die anderen Teile Jugoslawiens durch Autonomie und Trennung ausscheiden zu lassen. Wo immer serbische Gebeine begraben seien, sei serbisches Gebiet, habe er geäußert. Wo immer serbisches Blut vergossen worden sei, sei das Land serbisches Erbe. Alles frei erfunden beziehungsweise perfide gefälscht.

Milošević habe auf dem Amselfeld seine nationalistische Politik begonnen, heißt es sogar in einem (angeblich der Neutralität verpflichteten) UNESCO-»Expertenbericht« von 2003. Die angebliche Versicherung Miloševićs, das Kosovo bleibe serbisch, gehört zu den weiteren Erfindungen der Westblockpropaganda. Die Rede ist in der Westblockpresse ohnehin zumeist als Ankündigung der späteren Kriege dargestellt worden, zu Unrecht. Milošević stellte dagegen die Gegenwart in eine Kontinuität mit der Vergangenheit, feierte jedoch weder die Auferstehung der mittelalterlichen Helden, noch brachte er die Gegenwart in den Zusammenhang eines antagonistischen Kampfes, sondern blieb bei vage sozialistischen Positionen. Konkrete Feinde nannte er nicht, stattdessen die reale Bedrohung, jenen Mix aus wirtschaftlichem, politischem, sozialem und ideologischem Verfall. Als Ausweg aus der Krise betonte er die Notwendigkeit der »Einheit« aller jugoslawischen Völker und Einwohner. Serbien sei immer eine multinationale Gesellschaft gewesen. Eine Aufteilung der Bevölkerung nach Nationalität und Religion dürfe gerade der Sozialismus nicht zulassen.

Alle (absichtlich geäußerten) »Befürchtungen« einer möglichen serbischen Dominanzpolitik unter Milošević waren daher absurd beziehungsweise Lügen. Im Hinblick auf die Spannungen mit der albanischen Bevölkerung im Kosovo betonte Milošević, Bürger nichtserbischer Nationalität seien nichts Negatives, es habe sie hier immer gegeben. Wichtig seien ihm die nationale territoriale Einheit sowie die innere Einheit der Serben. Milošević ist also gerade nicht als Propagandist des Mythos aufgetreten. Das heute erforderliche Heldentum sei ein anderes als das vor 600 Jahren, sagte er, heute gehe es um die Verwirklichung wirtschaftlicher, politischer und gesellschaftlicher Prosperität. Seine Rede ist eher eine flüchtige Skizze der damaligen Situation. Hier abschließend als Beispiel für die defensive Ausrichtung der Rede noch ein Originalzitat: »Sechs Jahrhunderte später, heute, befinden wir uns wieder in Kriegen und werden mit neuen Schlachten konfrontiert. Dies sind keine bewaffneten Schlachten, obwohl diese nicht ausgeschlossen werden können. Aber unabhängig von der Art der Schlacht, können Schlachten nicht gewonnen werden ohne Entscheidungskraft, Tapferkeit und Selbstaufopferung, ohne diese Qualitäten, die im Kosovo so lange vorher schon gegenwärtig waren. Niemals in der Geschichte haben Serben allein in Serbien gelebt. Heute mehr als jemals zuvor leben hier Bürger vieler ethnischen und nationalen Gruppen. Dies ist keine Belastung für Serbien. Ich bin aufrichtig davon überzeugt, dass dies ein Vorteil ist. Die nationale Struktur ändert sich derzeit in allen Ländern in diese Richtung, speziell in den Industriestaaten. Für alle gewinnbringend leben dort Bürger unterschiedlicher Nationalitäten, unterschiedlichen Glaubens und unterschiedlicher Rassen miteinander. Sozialismus, speziell in seiner Eigenschaft als progressive und demokratische Kraft, verhindert, dass Menschen getrennt nach Nationalität und Religion leben müssen. Lang lebe der Friede und die Brüderlichkeit unter den Nationen!« So Milošević wörtlich am Ende seiner Rede.

Wie man sieht, fällt damit die im Westblock so unermüdlich vorgebrachte These vom »Kriegstreiber« Milošević in sich zusammen. Das hielt den Westblock jedoch nicht davon ab, ihn auch Jahre später noch vor Gericht zu stellen, Milošević wählte dann 2006 im Gerichtsgefängnis von Den Haag (Niederlande) den Freitod (falls ihn nicht die Westblock-Geheimdienste dort erledigt haben). Zuvor hatte ihn sein im Jahr 2000 mit freundlicher Hilfe der USA (»Farbenrevolution«) ins Amt geputschter Nachfolger Zoran Đinđić im Gegenzug für eine milliardenschwere Westblock-»Wirtschaftshilfe« (sprich: neue Kredite zur Unterjochung des Landes) an den Westblock ausgeliefert, eine perfide, den Begriff »Korruption« auf die Spitze treibende Aktion. Doch wenden wir uns nun dem eigentlichen Geschehen zu, das zur Entstehung jenes merkwürdigen, lebensunfähigen Staatsgebildes, des EU- und NATO-Protektorats Kosovo, führte. Zunächst die äußeren Eckdaten: Der Kosovokrieg, also der militärische Konflikt um die Kontrolle des Kosovos, dauerte vom 28. Februar 1998 bis zum 10. Juni 1999, die mörderischen Waffen der NATO kamen dabei vom 24. März bis zum 9. Juni 1999 zum Einsatz. Ziel Jugoslawiens war der Schutz der serbischen Bevölkerung im Kosovo und die Abwehr der Einmischung in die inneren Angelegenheiten Jugoslawiens. Das Ziel der NATO war die weitere Zerschlagung Serbiens, seine Reduzierung auf »Kernserbien«, um es als russophile Kraft auf dem Balkan auszuschalten beziehungsweise es jeglicher Einflussmöglichkeiten in den anderen Balkanländern zu berauben.

Die Kosten des Krieges werden von einer Bundeswehr-Studie auf atemberaubende fünfundzwanzig Milliarden Euro geschätzt. Die NATO gab zur Freude der europäischen und der amerikanischen Rüstungsindustrie über sechs Milliarden Euro aus für die verbrauchten Kriegsgeräte, die humanitäre Hilfe kostete über eine Milliarde Euro, die von der NATO angerichteten Kriegszerstörungen in Jugoslawien betrugen rund fünfzehn Milliarden Euro, die Folgekosten werden auf bis zu dreihundert Milliarden Euro geschätzt. Der Kosovokrieg wurde kontrovers diskutiert, und dies geschah völlig zu Recht. Denn die NATO griff die Bundesrepublik Jugoslawien (Serbien und Montenegro, das wenig später ebenfalls mit westlicher Hilfe von Serbien losgelöst wurde) an, ohne dafür ein UN-Mandat zu haben und ohne dass ein Mitgliedsland angegriffen und so der Bündnisfall der NATO gemäß Artikel V der NATO-Charta ausgelöst worden wäre. Von den Befürwortern wurde der Kosovokrieg im Rahmen der propagandistischen Nebelkerzen, die damals massenhaft unters Volk geworfen wurden, dann in unglaublicher Verdrehung der Tatsachen als einer der ersten »humanitären Kriegseinsätze« bezeichnet und als Maßnahme zum Schutz vor weiteren Menschenrechtsverletzungen der jugoslawischen Sicherheitskräfte gerechtfertigt. Die serbische Regierung berief sich dagegen legitimerweise auf das Recht, auf dem Staatsgebiet Serbiens die seit 1997 mit Guerilla-Methoden agierenden Terroristen der UÇK mit polizeilichen und militärischen Mitteln zu bekämpfen.

Die eigentliche Vorgeschichte des bewaffneten Konflikts begann im Februar 1989. Damals hatte das serbische Parlament die Autonomie des Kosovos eingeschränkt. Dagegen richtete sich ein Streik von Bergarbeitern im

kosovarischen Trepča, gefolgt von Solidaritätskundge-
bungen. Als Folge der Proteste war am 1. März 1989 der
Ausnahmezustand über die Provinz Kosovo verhängt
worden, nach ersten terroristischen Aktionen der UÇK
wurden serbische Truppen zur Verstärkung der Polizei
dorthin verlegt. In diesem Umfeld stimmte das proser-
bisch dominierte Parlament des Kosovos der Auflösung
der Autonomie zu, worauf weitere Unruhen folgten, wobei
laut US-Organisation *Amnesty International* hundertvierzig Menschen getötet worden sein sollen. Die Universität
Priština als Hochburg der Unruhen und Hauptquartier der
kampfeslustigen albanischen Studenten im Kosovo wurde
geschlossen, ebenso wie eine Vielzahl von nationalistischen albanischen Vereinen. Die wirtschaftliche Situation
im »Armenhaus« Kosovo blieb angespannt. Die illegalen
Sezessionen von Slowenien und Kroatien verschärften die
Spannungen weiter. Im Juli 1990 erklärte Milošević Parlament und Regierung des Kosovos für aufgelöst.

Im März 1991 organisierten kosovo-albanische Aktivisten Demonstrationen in Priština. Im September 1991
proklamierten proalbanische Aktivisten die »Republik
Kosova«, die von dem mittlerweile in den Westblock inte-
grierten, ehemals kommunistischen Albanien umgehend
anerkannt wurde, was jedoch zunächst ohne Folgen blieb.
1992 erklärten kosovo-albanische Aktivisten den von
der Westblockpropaganda schon seit 1989 geförderten
»Schriftsteller« Ibrahim Rugova zum Präsidenten ihrer
Republik. Rugova rief die Kosovo-Albaner zum passiven
Widerstand auf und wurde umgehend von der Westblockpropaganda daher zum »Gandhi des Balkans« erklärt. Die
von Rugova ernannte »Regierung« nahm ihre »Amtsge-
schäfte« im BRD-Exil auf und spielte zunächst im Kosovo
selbst kaum eine Rolle. Finanziert wurde sie von Teilen
der albanischen Emigration in den USA und der BRD so-

wie von den Regierungen, sprich: Geheimdiensten dieser beiden Länder. Parallel zu der lange noch relativ stabil erscheinenden Lage im Kosovo fanden während des Zerfalls Jugoslawiens der kurze Slowenienkrieg sowie die mehrjährigen Kriege in Kroatien und in Bosnien-Herzegowina statt, die von umfangreichen ethnischen Säuberungen und Kriegsverbrechen wie dem bis heute umstrittenen Massaker von Srebrenica begleitet wurden.

Die internen Auseinandersetzungen in Jugoslawien, schon lange von den Westblock-Geheimdiensten mitgesteuert und angefacht, eskalierten deutlich, als die USA schließlich offen (natürlich wieder aus »humanitären Gründen«) in den Bosnienkrieg eingriffen und die NATO in Stellung brachten. Der »Brüsseler Pakt« war nach dem Ende des Kalten Krieges in eine Orientierungs- und Legitimationskrise geraten und suchte sich gerade verzweifelt ein neues sicherheitspolitisches Aufgabenfeld, um sich vor der drohenden Auflösung, die vielerorts gefordert wurde (nach dem Ende des Hauptfeinds, der Sowjetunion, und des Warschauer Vertragswerks), zu retten. Die USA etablierten dabei das neue, äußerst zweckdienliche Feindbild, alle Eskalationen einseitig der serbischen Seite zuzuschreiben. Mit der ebenso rücksichtslosen wie legitimationslosen Anwendung militärischer Gewalt gegen die bosnischen Serben räumten die USA die zögerliche Konkurrenz von der EU aus dem Weg und etablierten sich als »Hauptplayer« auf dem Balkan.

Schon nach dem umstrittenen Massaker von Srebrenica, das 1995 von der Westblockpropaganda als »furchtbares Beispiel für die verbrecherische Kriegsführung der serbischen Seite« angeprangert wurde, aber in seinen Details bis heute nicht geklärt ist, erfolgten – propagandistisch mit dem »Massaker« vorbereitete, mit der UNO abgestimmte, jedoch dem NATO-Statut als »Verteidigungsbündnis« Hohn sprechende, offensive – Luftangriffe der NATO gegen bosnisch-serbische Truppen im Rahmen der Operation mit dem sprechenden Titel *Deliberate Force*, zu Deutsch: »Bewusste Gewaltanwendung«, die, wenig erstaunlich, angesichts der von der NATO angerichteten Massaker unter den bosnisch-serbischen Truppen, zur Kapitulation von Dayton führten. Damit waren die weiteren Akte des Balkan-Dramas vorgezeichnet. Gewaltandrohung, Festlegung auf Serbien als Hauptschuldigem, militärische Gewalt und amerikanische Dominanz prägten die nächsten Etappen der vom Westblock initiierten und gesteuerten »Jugoslawienkrise«. Im Hinblick auf den Kosovo entpuppten sich Westblock, USA, EU und NATO einmal mehr in ihrer ganzen Doppelzüngigkeit und Unehrlichkeit. Während die anderen Weltmächte, China, Russland und Indien et cetera, ebenso permanent wie penetrant auf die Einhaltung von Recht und Ordnung hingewiesen und bei den kleinsten Verstößen propagandistisch massiv angeprangert werden, zeigte der Kosovokonflikt erstmals in aller Deutlichkeit, dass sich Westblock, USA, EU und NATO einen Dreck um Recht und Ordnung scheren und auf die Einhaltung des Völkerrechts pfeifen, wenn es ihnen nicht in den Kram passt.

Zum Ausgleich, um nicht mit völlig leeren Händen beziehungsweise als Bösewichte dazustehen, die sie in der Realität sind, wird dann immer die milliardenschwere Propagandamaschine angeworfen, um wenigstens eine notdürftige Legitimation für illegale Aktionen zu schaffen. Die Thinktanks in USA und Europa verfielen dafür auf den Begriff der *Responsibility to Protect*, also der »Schutzverantwortung«, beziehungsweise der »humanitären Intervention«, wobei der Begriff der Humanität dabei missbraucht wird, um verbrecherische Gewaltanwendung zu legitimieren. Wenn also irgendwo auf der Welt die

Menschenrechte angeblich mit Füßen getreten werden, darf die NATO so lange bomben und morden, bis die Interessen des Westblocks dauerhaft durchgesetzt sind, und das ohne jede Kriegserklärung, ohne Zustimmung der UNO, ohne jegliche Legitimation. Diese neue Westblock-Doktrin kommt aber nur in ausgewählten Fällen zum Tragen, wo ein strategisches Interesse des Westblocks vorliegt, und wird bei den restlichen, massenhaften Menschenrechtsverbrechen weltweit »erstaunlicherweise« nicht angewendet. Das haben die letzten beiden Jahrzehnte in aller Deutlichkeit gezeigt. Besonders schwer wog, dass die NATO im Kosovo erstmals ohne Mandat des UN-Sicherheitsrats als selbsternannte und eigenmächtige Interventionsmacht handelte, was nach UN-Satzung, welche alle NATO-Staaten unterschrieben haben, verboten ist. Damit war die »Büchse der Pandora« geöffnet. Seitdem bombt und mordet die NATO weltweit nach Gutdünken, immer aus »humanistischen« Gründen, selbstverständlich.

Doch zurück zum Kosovo und der unmittelbaren Vorgeschichte des NATO-Einsatzes. Der Drang des Westblocks, den Balkan seinem strategischen Zugriff zu unterwerfen, war nach den »Erfolgen« in Slowenien, Kroatien und Bosnien-Herzegowina noch nicht befriedigt. Noch gab es eine größere Widerstandsinsel in Form der reduzierten »Bundesrepublik Jugoslawien« (Serbien und Montenegro). Da mit Abschluss der Kampfhandlungen in Kroatien und Bosnien-Herzegowina Kapazitäten der Westblock-Geheimdienste freigeworden waren, ist es wenig erstaunlich, dass nun, in den Jahren 1996 und 1997, bewaffnete Angriffe auf Polizei- und Verwaltungseinrichtungen im Kosovo drastisch zunahmen. Hierfür hatte der Westblock eine neue Waffe, eine neue Hiwi-Truppe, aktiviert, die militanten Albaner. Buchstäblich aus dem Nichts trat plötzlich 1996 diese neue Truppe auf den Plan, die

UÇK, also die »Befreiungsarmee des Kosovos« (*Ushtria Çlirimtare e Kosovës*), mit Hauptquartier in der Schweiz, wo seit Jahrzehnten eine große kosovo-albanische Diaspora existiert. Über gute Kontakte in die Westblockmedien übernahmen sie mit stolzgeschwellter Brust die Verantwortung für Anschläge. Im Kosovo selbst waren diese Anschläge kurz zuvor noch von der kosovo-albanischen Bevölkerungsgruppe für Provokationen der serbischen Geheimdienste gehalten worden. Die UÇK unterhielt auffällig enge Verbindungen zu westlichen Regierungen und »Menschenrechtsorganisationen«. Führende UÇK-Vertreter trafen sich 1996 mit britischen, US-amerikanischen und Schweizer Geheimdienstlern in Albanien und engagierten sich gleichzeitig – ein Hohn! – in einem neugegründeten *Council for the Defense of Human Rights and Freedom*. Im Kosovo rekrutierte die UÇK ihre Fußtruppen unter den Kleinkriminellen und Banditen der dafür berüchtigten Regionen Drenica und Đakovica.

Attentate auf ein serbisches Flüchtlingsheim im Norden des Kosovos (wohin sich schon viele Serben aus Furcht vor weiterem kosovo-albanischen Terror von ihren angestammten Gebieten im Süden des Kosovos zurückgezogen hatten) im Februar 1996 und auf serbische Cafés folgten. Dabei gerieten nicht nur Serben ins Fadenkreuz der UÇK, sondern auch Kosovo-Albaner, die zu einer Zusammenarbeit mit Serbien bereit waren und sich für ein friedliches Zusammenleben beider Volksgruppen im Kosovo engagierten. Zusätzlich ließ die serbische Verwaltung im Frühjahr 1996 rund sechzehntausend aus Kroatien vertriebene Serben in Flüchtlingslager im Kosovo bringen, die ebenfalls Ziel von Bombenanschlägen der UÇK wurden. Im deutschen Verfassungsschutzbericht 1998 wird die UÇK daher als in »ihrer Heimat terroristisch operierend« beschrieben. Dass der BND gleichzeitig

»ausgezeichnete Beziehungen« zur UÇK unterhielt, wird darin nicht erwähnt. Die USA sorgten dann dafür, dass die UÇK wenig später nicht mehr als eine Organisation von Terroristen und Verbrechern behandelt, sondern als gleichberechtigter Verhandlungspartner für das Kosovo akzeptiert und gefördert wurde.

Ab Januar 1998 intensivierten sich die Auseinandersetzungen. Vorausgegangen waren zahlreiche weitere Überfälle der UÇK auf serbische Polizeistationen und Einrichtungen des Staates, bei denen serbische Sicherheitskräfte ums Leben kamen. Am 28. Februar und 1. März 1998 drangen für den Einsatz gegen Terroristen ausgebildete Sondereinheiten der serbischen Polizei (vergleichbar mit der GSG9 der deutschen Polizei) in zwei Dörfer der Banditenregion Drenica ein, die als Hochburg der UÇK galten und bis zu diesem Zeitpunkt praktisch unter Kontrolle der UÇK standen. Bei heftigen Feuergefechten wurden fünfundzwanzig Kosovo-Albaner und vier serbische Polizisten getötet. Anfang März gingen serbische Polizeikräfte gegen den lokalen UÇK-Führer und ehemaligen Banditen Adem Jashari in Donji Prekaz vor. Bei den Kämpfen wurden achtundfünfzig Mitglieder des Clans getötet. Unterdessen beschlossen die Vereinten Nationen am 31. März 1998 in der Resolution 1160 des UN-Sicherheitsrats ein Embargo gegen Jugoslawien, um die jugoslawische Staatsführung von ihrem »verbrecherischen Treiben« abzubringen. Jelzin-Russland hatte es verschlafen, dagegen ein Veto einzulegen, beziehungsweise war von den USA mit »freundlichem« Nachdruck davon abgehalten worden. Die russische Selbständigkeit unter Putin lag damals noch in weiter Ferne. In der Resolution wurde von Jugoslawien auch verlangt, die Sondereinheiten der Polizei abzuziehen und das »Vorgehen gegenüber der Zivilbevölkerung« einzustellen. Die Europäische Union verhängte umgehend entsprechende Sanktionen, da man sich in der antiser-bischen Stoßrichtung mit den USA einig war.

Ab Mitte Juni eskalierte die Situation, wie von den Westblock-Geheimdiensten geplant, im Zentralkosovo. Bei einer ersten Großoffensive der UÇK auf die Stadt Orahovac wurden Mitte Juli zweiundvierzig Menschen getötet, vierzig weitere wurden verschleppt. Gerüchteweise war von summarischen Exekutionen seitens der UÇK gegen Serben und »Kollaborateure« die Rede und von Massengräbern. Die UÇK rief nun zum offenen Kampf gegen die serbische Verwaltung und Polizei auf und weitete die Angriffe auf Mitrovica und Prizren aus. Ende Juli startete die serbische Armee, wie von der UÇK gewünscht und herbeigebombt, eine Gegenoffensive im Zentralkosovo. Am 24. August 1998 forderte der Weltsicherheitsrat sofortige Waffenruhe. Er zeigte sich besorgt, dass sich die Situation im Kosovo zu einer humanitären Katastrophe entwickeln könnte. Im Dorf Klečka richtete die UÇK am 27. August zweiundzwanzig Zivilisten hin, denen sie »Kollaboration« vorwarf. Am 9. September wurden vierunddreißig Leichen, sowohl Serben als auch Albaner, in einem See nahe Glodjane gefunden, die von UÇK-Terroristen getötet worden waren.

Unterdessen verurteilte der Weltsicherheitsrat in der Resolution 1199 am 23. September 1998 ebenso scharf wie einseitig den »exzessiven Gebrauch von Gewalt« durch serbische Kräfte. Serbien wurde als »Bedrohung des Friedens« bezeichnet. Die Kosovo-Albaner wurden gebeten, alle terroristischen Handlungen zu verurteilen; sie müssten ihre Ziele ausschließlich mit friedlichen Mitteln verfolgen. Eine weitere Forderung war, humanitären Organisationen sowie anderen Abgesandten den Zugang zum Kosovo zu gestatten. Noch wurde keine Gewalt gegen Jugoslawien zur Unterbindung von Menschenrechtsverletzungen angeordnet. Die NATO drohte unabhängig von der UNO Luftangriffe an und ermächtigte ihren Generalsekretär Javier Solana mit der Activation Order vom 12. Oktober 1998, Militäraktionen gegen Jugoslawien anzuordnen. Zugleich forderte eine neu entstandene Westblock-»Balkan-Kontaktgruppe«, bestehend aus USA, Russland, Großbritannien, Frankreich, Deutschland und Italien, direkte Verhandlungen zwischen der serbischen Staatsführung und Vertretern der UÇK-Terroristen.

Die serbische Führung unter Milošević beugte sich dem Druck, stimmte am 13. Oktober einem faktischen Waffenstillstand zu und signalisierte Bereitschaft, die schweren Waffen und einen Großteil der Polizei-Sondereinheiten abzuziehen. Flüchtlinge sollten heimkehren können, das Ganze von zweitausend Mann einer internationalen Beobachterkommission der Organisation für Sicherheit und Zusammenarbeit in Europa (OSZE) überwacht werden. Dies wurde vom serbischen Präsidenten Slobodan Milošević und dem US-amerikanischen Abgesandten Richard Holbrooke vereinbart. Die *Kosovo Verification Mission* (KVM) wurde am 25. Oktober 1998 vom Ständigen Rat der OSZE beschlossen. Einzelheiten der Mission wurden im Abkommen zwischen OSZE und Jugoslawien geregelt. Der Deutsche Bundestag stimmte am 16. Oktober 1998, drei Wochen nach der Bundestagswahl, unter der neuen rot-grünen Regierung von Kanzler Gerhard Schröder und Vizekanzler Joschka Fischer, mit großer Mehrheit der Drohkulisse der NATO gegen Jugoslawien und einer Beteiligung der Bundeswehr an möglichen Luftschlägen zu. Von den fünfhundertvierundachtzig anwesenden Abgeordneten stimmten fünfhundertdrei dafür. Die PDS stimmte als einzige Fraktion dagegen.

Der NATO-Rat bereitete gleichzeitig die Aufstellung einer Eingreiftruppe vor, die im Notfall die KVM-Mitglieder aus dem Kosovo evakuieren sollte. Die Eingreiftruppe wurde *Extraction Force* (EXFOR) genannt. Der Bundestag stimmte am 19. November der deutschen Beteiligung an der EXFOR zu. Das sollte die Bundeswehr-Kompanie übernehmen, die bereits in Tetovo (Mazedonien) stationiert war. Am 12. Dezember war EXFOR einsatzbereit. In der Holbrooke-Milošević-Vereinbarung hatte Jugoslawien auch zugestimmt, unbewaffnete ausländische Luftfahrzeuge, bemannt oder unbemannt, in seinem Luftraum zuzulassen. Daher ermächtigte der Bundestag im November 1998 die Bundeswehr, eine Drohnenbatterie samt Aufklärungsdrohne CL-289 in Marsch zu setzen (ebenfalls von Tetovo aus). Die Holbrooke-Milošević-Vereinbarung führte zunächst, wie von Jugoslawien erhofft, zu einer Verminderung der Gewalttätigkeit, die meisten Binnenflüchtlinge kehrten in ihre Heimatdörfer zurück. Allerdings hatte die UÇK beziehungsweise hatten ihre Führer in den Westblock-Geheimdiensten keineswegs vor, klein beizugeben. Entgegen den schriftlichen Vereinbarungen besetzten UÇK-Terroristen daher während der Kampfpause schlankweg viele Stellungen, die von serbischen Truppen vereinbarungsgemäß geräumt worden waren.

Die kosovo-albanische Seite agierte während der anschließenden Verhandlungen uneinheitlich, die UÇK-Terroristen forderten Machtpositionen, die »pazifistische« *Lidhja Demokratike e Kosovës* (LDK, »Demokratische Liga des Kosovos«, die entgegen diesem Label die UÇK mitgegründet hatte) war zu einer Zusammenarbeit mit Serbien bereit. Der SPÖ-Abgesandte Wolfgang Petritsch nominierte den UÇK-Terroristen Hashim Thaçi als Vertreter der UÇK in den weiteren Verhandlungen. Doch die weiteren NATO-Planungen für eine Loslösung des Kosovos von Jugoslawien wurden zunächst von einem neuen Kompromissvorschlag des Belgrader Instituts für Geopolitische Studien durchkreuzt, welches eine kantonale Gliederung der Provinz anstelle einer Teilung in serbische und albanische Gebiete vorschlug. Die serbische Bevölkerung sollte fünf Kantone erhalten, die albanische zwölf Kantone. Die UÇK lehnte auftragsgemäß den Vorschlag ab, lehnte auch den Verbleib der Provinz als Teil des Staatsgebiets Serbiens ab.

Im Januar 1999 flammten die Kämpfe, wie von den Westblock-Geheimdiensten geplant, wieder auf. Am 8. Januar überfiel ein UÇK-Kommando einen serbischen Kontrollposten, drei serbische Polizisten wurden getötet und einer verwundet. Am 10. Januar töteten UÇK-Terroristen einen weiteren Polizisten. Wenige Tage später kam es zum umstrittenen und in der Auslegung bis heute unklaren »Massaker von Račak«. Bei Kämpfen zwischen serbischen Polizeieinheiten und UÇK-Terroristen waren in der Umgebung des Dorfes vierzig UÇKler getötet worden. In der Westblockpresse wurde dieser Vorfall als verbrecherisches serbisches Massaker hingestellt. Dabei gaben selbst westliche Beobachter vor Ort zu, dass es sich um Leichen von UÇK-Terroristen handelte, welche die serbische Polizei nach Schusswechseln in der Umgebung des Dorfes eingesammelt und zum Abtransport niedergelegt habe. In der Westblockpresse hatte man gemutmaßt, die serbische Polizei habe die Albaner mitten im Dorf vor einem Graben stehend hingerichtet (so, wie es weiland die Wehrmacht im Zweiten Weltkrieg mit Juden und Partisanen machte). Dem widersprach jedoch das Verwundungsbild der Getöteten, die ganz offensichtlich bei Kampfhandlungen und nicht einheitlich im Stehen erschossen worden waren. Am 29. Januar kam es zu einem Vorfall in Rogovo, bei dem vierundzwanzig UÇK-Terroristen getötet wurden. Zudem wurde medienwirksam von eigens dafür ausgebildeten

»Flüchtlingen« vor Westblock-Kameras von unzähligen weiteren »Massakern« der »serbischen Verbrecher« berichtet, ohne dass diese in der Folge verifiziert werden konnten.

Die seit dem 6. Februar 1999 im französischen Schloss Rambouillet unter Vermittlung von NATO-Mitgliedsstaaten laufenden Verhandlungen wurden am 19. März 1999 unterbrochen. Die Delegation der Kosovo-Albaner unterzeichnete einen Vertragsentwurf am 18. März 1999, wonach das Kosovo innerhalb Serbiens eine umfassende Autonomie erhalten, aber unter serbischer Hoheit bleiben sollte, die UÇK entwaffnet und NATO-Truppen im Kosovo stationiert werden sollten. Die jugoslawische Delegation weigerte sich, zu unterschreiben. Und das völlig zu Recht. Die letzte Entwurfsfassung wurde ihr erst in der Abschlusssitzung vorgelegt, so dass keine fundierte inhaltliche Bewertung mehr vorgenommen werden konnte. Inhaltliche Veränderungen waren ihr ohnehin von westlicher Seite untersagt worden, es handelte sich also um den Entwurf für einen »Diktatfrieden«. Zudem sollten ohne UN-Mandat NATO-Truppen in einer Stärke von dreißigtausend Mann sowohl im Kosovo als auch in der gesamten Bundesrepublik Jugoslawien stationiert werden, Jugoslawien sollte sich also der NATO unterwerfen. Wie immer sollten NATO und NATO-Personal völlige strafrechtliche Immunität genießen sowie kostenlos und uneingeschränkt die gesamte jugoslawische Infrastruktur nutzen können. Dieses »Ultimatum« war natürlich vom Westblock genau so formuliert worden, um eine jugoslawische Zustimmung zu verhindern und somit anschließend freie Hand zur Gewaltausübung gegen Serbien zu bekommen. Und ähnelte damit auf perfide Weise im Vorgehen dem österreichischen Ultimatum gegen Serbien zu Beginn des Ersten Weltkriegs.

Doch zunächst schien der NATO-Plan nicht aufzuge-
hen, denn am 23. März stimmte die jugoslawische Seite
dem Hauptteil des Rambouillet-Vertragsentwurfs zu.
Gleichzeitig verweigerte sie jedoch, zur Erleichterung der
NATO-Beobachter, die Unterzeichnung des Anhangs B,
der die Stationierung einer NATO-Friedenstruppe ohne
UN-Mandat im Kosovo vorsah sowie die Versorgung
dieser Truppe über jugoslawisches Hoheitsgebiet, ohne
jegliche Kontrolle und ohne Mitsprache der jugoslawischen Regierung, inklusive Nachschublieferungen über
jugoslawisches Staatsgebiet. NATO und UÇK bestanden
auf der Stationierung von NATO-Truppen im Kosovo,
mit der Begründung, der jugoslawischen Regierung nicht
zu trauen. Die somit erfolgreich provozierte offizielle Ablehnung der Serben (die damit öffentlich die Schuld für
das Scheitern der Verhandlungen zugeschoben bekamen)
diente in der Folge als Legitimation für die Bombardierung Jugoslawiens durch die NATO.

Doch damit nicht genug. Die Westblockpropagandisten wollten die moralische Verdammung der Serben noch
weiter absichern und zogen ein weiteres Phantasieprodukt
aus dem Ärmel, den sogenannten Hufeisenplan. Dieser
erblickte im Frühjahr 1999 das Licht der Öffentlichkeit, als
die damaligen Co-Kriegsminister Fischer (»Grüne«) und
Scharping (»SPD«) diese Westblock-Geheimdiensterfin-
dung zur Begründung des Kosovokriegs gegen Rest-Ju-
goslawien anführten. Scharping log, dass sich die Balken
bogen, als er behauptete, der »Operationsplan Hufeisen«
(nach der Form der aufgestellten serbischen Truppen zur
Vertreibung der kosovo-albanischen Bevölkerung) beweise, dass eine ethnische Säuberung des Kosovos im Gang
sei, die bei Nichteingreifen der NATO umgesetzt worden
wäre. Scharping behauptete weiter, die Ausführung von
»Hufeisen« haben schon vor den Luftschlägen der NATO

begonnen, im März 1999 seien bereits eine halbe Million Menschen vertrieben worden – wie sich hinterher herausstellte, war alles komplett frei erfunden.

Dank dieser Westblockpropaganda-Brainwashing-Mega-Aktion war die öffentliche Opposition gegen den Krieg und die Beteiligung der Bundeswehr zu Beginn der Bombardierung Serbiens am 24. März 1999 wie beabsichtigt gering. Kriegskanzler Schröder hatte das BRD-Volk auf den Einsatz der Bundeswehr eingestimmt. Bundeskriegsminister Fischer verstieg sich in absurder Perfidie dazu, ebenso öffentlichkeitswirksam wie verbrecherisch verlogen, mit treudoof gen Himmel gerichteten Augen auszurufen, er habe immer gesagt: Nie wieder Krieg! Aber er habe auch immer gesagt: Nie wieder Auschwitz! Dass damit von einem BRD-Regierungsmitglied ausgerechnet das deutsche Jahrtausendverbrechen Auschwitz (beziehungsweise metaphorisch der Holocaust) mit den Vorgängen in Serbien in Verbindung gebracht wurde, schlägt an Verlogenheit und Gräuelpropaganda alles und greift – ausgerechnet – auf Mittel zurück, die – aus derselben Zitatepoche – ein Goebbels zur Begründung von Angriffskriegen ins Feld führte. Fischer und Scharping erwiesen sich als gelehrige Schüler des Hakenkreuz-Propaganda-Hinkebeins. Scharping ließ sich nicht lumpen und legte öffentlich ebenfalls weiter nach, als er sich nicht entblödete, in die tiefste Mottenkiste der schwarzen – beziehungsweise Gräuelpropaganda und der Tatsachenverdrehung zu greifen, als er tränenumflort angebliche Gräueltaten schilderte, die serbische Soldaten begangen hätten. Dabei legte er nachdrücklichen Wert auf die Feststellung, dass es auf dem Balkan nicht um Öl oder um Rohstoffe gehe – obwohl es um nichts anderes beziehungsweise den strategischen Zugriff auf die dortigen Rohstoffreserven und die Verhinderung eines russischen oder chinesischen

Zugriffs ging. Was jetzt getan werde (also der verbrecherische, illegale NATO-Bombenkrieg), geschehe wegen mit äußerster Brutalität vorgenommenen Verletzungen von Menschen- und Lebensrechten. Dann trieb er es mit dem legendären Satz auf die Spitze: Schwangeren Frauen würden nach ihrer Ermordung die Bäuche aufgeschlitzt und die Föten gegrillt. Goebbels hätte applaudiert. Angesichts von aus anderen deutschbesetzten Gebieten im Zweiten Weltkrieg bis heute unbestrittenen Berichten über Gräueltaten von Wehrmachtssoldaten und SS, die Ähnliches und noch weitaus Schlimmeres besagen, ist es fragwürdig, dass ausgerechnet Minister eines Landes, das sich auf die ewige Liste der Schande ganz weit oben eingetragen hat, anderen Ländern Derartiges unterstellen, was die eigenen Soldaten einst betrieben hatten. Das ist ein besonders trauriges Beispiel zynischer Meinungsmanipulation.

Die NATO hatte im Übrigen schon seit 1998 den Überfall auf Serbien vorbereitet. Im Juni 1998 fanden bereits militärische Luftübungen über Albanien und Mazedonien statt, Einheiten der US-Marines waren zu Übungen nach Albanien verlegt worden. Die Planungen für die Luftangriffe waren im September 1998 abgeschlossen. Im März 1999 schien nach – absichtlich – durchgesickerten Gerüchten der Luftschlag der NATO unmittelbar bevorzustehen. Die Luft- und Seestreitkräfte der NATO waren auf Angriffsposition, ein vom US-Flugzeugträger »Theodore Roosevelt« angeführter US-Flottenträgerverband war vom Persischen Golf in die Adria verlegt, die Beobachter der OSZE an der KVM am 20. März abgezogen worden. Russland, das sich bis zuletzt für eine friedliche Beilegung einsetzte und wichtigster Verbündeter Serbiens war, wurde erst am Angriffstag, dem 24. März, informiert. Und natürlich war das damals US-hörige Russland unter Jelzin nicht bereit, wegen Serbien einen Weltkrieg gegen die

NATO vom Zaun zu brechen. Am Abend des 24. März gaben NATO-Generalsekretär Solana und der NATO-Oberbefehlshaber, US-General Clark, den Beginn der Luftangriffe gegen Jugoslawien bekannt. Als Begründung führte Clark die UN-Resolution Nummer 1199 an, da Serbien die Unterschrift unter das »Vertragsangebot« (den Diktatfrieden) von Rambouillet verweigert habe. Dem ist jedoch entgegenzuhalten, dass die UN-Resolution 1199 zur Einstellung aller Feindseligkeiten aufrief (was auch die NATO einschließt) und keine Autorisierung einer Militäraktion seitens der NATO enthielt.

Die NATO-Luftstreitkräfte begannen zur Hauptnachrichtenzeit in Europa, abends um 20 Uhr, mit Angriffen auf die serbische Luftverteidigung in Pančevo, Belgrad, Priština, Novi Sad und Podgorica. Hierzu wurden zusätzlich von U-Booten in der Adria sowie von B-52-Fernbombern Marschflugkörper (Cruise-Missiles) abgefeuert. Es war, wie man sich unschwer vorstellen kann, ein ungleiches Ringen, das aber dennoch einen unerwarteten Ausgang zeitigte. Natürlich erreichte die NATO ihr strategisches und politisches Ziel: die serbische Kapitulation. Aber der geballte Militäreinsatz offenbarte eklatante Schwächen der NATO-Angriffsmaschinerie, die sich dabei nicht gerade mit Ruhm bekleckerte. Dazu unten mehr. Auch die Bundeswehr beteiligte sich am NATO-Bombenkrieg mit ihrem ersten, grundgesetzwidrigen Kampfeinsatz seit der Gründung 1955. Vierzehn Aufklärungs- und Kampfflugzeuge starteten von den italienischen NATO-Luftwaffenstützpunkten Piacenza und Aviano. Die ECR-Tornados flogen vierhundertachtundzwanzig Einsätze und feuerten dabei rund zweihundert Raketen auf serbische Radarstellungen ab – ohne eigene Verluste. Allerdings gingen einige zu Aufklärungszwecken eingesetzte Drohnen verloren. Russland kritisierte die NATO-Luftangriffe scharf und drohte – allerdings wenig überzeugend – bei einer Eskalation des Konflikts mit militärischen Gegenmaßnahmen. Eine auf dem Weg befindliche Waffenlieferung Russlands an Serbien mittels mehrerer Transportflugzeuge mit Kriegsgerät und Nachschub wurde durch Entzug der Überflugrechte für Rumänien und Bulgarien gestoppt.

UN-Generalsekretär Kofi Annan erklärte am 24. März, dass dem UN-Sicherheitsrat die erste Verantwortung für die Aufrechterhaltung von Frieden und Sicherheit zukomme. Das sei auch im Vertragswerk der NATO ausdrücklich anerkannt worden. Annan äußerte sein tiefes Bedauern, dass die jugoslawische Regierung nicht zu einer politischen Lösung bereit gewesen sei, und stellte sich damit auf die Seite der Westblock-Heuchler. Daher sei nun die Anwendung von Gewalt für die Bemühungen um den Frieden legitim. Nach (!) Beginn der NATO-Angriffe wurden die serbischen Streitkräfte am 24. März teilmobilisiert und der Ausnahmezustand erklärt. Insbesondere wurde die Luftverteidigung aktiviert und eine Jagdstaffel mit – auch von der NATO gefürchteten – zehn modernen Abfangjägern vom Typ MiG-29 in Kampfbereitschaft versetzt. Alle relevanten Einheiten der jugoslawischen Armee und der militärischen Ausrüstung (insbesondere die Kommando- und Kommunikationseinheiten) wurden in sichere Militärobjekte oder an andere Standorte innerhalb des Landes verlegt, und damit wurde die NATO verwirrt. Seit Titos Regierungszeit verfügte die jugoslawische beziehungsweise serbische Armee über viele Bunker und bombensichere unterirdische Kavernen. Die von der NATO hektisch attackierten bisherigen militärischen Basen der Einheiten waren längst evakuiert worden, was der hochgerüsteten und hochgerühmten NATO-Aufklärung entgangen war. Die mit einer Vielzahl von Sprengmitteln aller Art aus dem Reservoir der westlichen Kriegsindustrie angegriffenen und zerstörten Objekte beeinträchtigten also die Kampffähigkeit der serbischen Armee nicht im Geringsten. Daher zogen die NATO-Führer in ihrer Verzweiflung Ende April sogar eine Bodenoffensive gegen Serbien in Betracht.

Um trotz der Angriffe von NATO-Luftstreitkräften, NATO-Spezialeinheiten im Kosovo und deren Fußtruppen und Hiwis, den vermutlich von CIA und BND gesteuerten UÇK-Terroristen, einen strategischen Vorteil im Kosovo zu erreichen und mögliche Angriffe mit Bodentruppen abzuwehren, wurde am 28. März 1999 eine der stärksten Einheiten der serbischen Armee, die 252. motorisierte Brigade, getarnt – eine Meisterleistung der von der Sowjetarmee seinerzeit entwickelten *maskirovka* (»Maskierung«) – ins Kosovo verlegt und die dortigen Einheiten des Priština-Korps verstärkt. Ein Großkonvoi von sechzig Kilometern Länge machte sich auf den Weg, bestehend aus Artillerie, Panzern und Truppentransportern. Während in den verschiedenen Golfkriegen der USA die in der Wüste völlig deckungslosen (aber auch völlig ungetarnten) Marschkolonnen der irakischen Armee Saddam Husseins von den USA bequem aus der Luft zusammengeschossen werden konnten (die »Allee des Todes« kam zu zweifelhaftem Ruhm), gelang es, die serbische Brigade, von der gesammelten NATO-Luftaufklärung unbemerkt, per Eisenbahn innerhalb von vier Tagen nach Mitrovica und Lipljan zu verlegen. Der meisterlich getarnte Konvoi blieb tagsüber in den zahlreichen Tunneln der Eisenbahnlinie versteckt, schlechtes Wetter half, seine Entdeckung zu verhindern. Damit gelang es der serbischen Armee, eine strategisch vorteilhafte Ausgangslage am Boden herzustellen und der NATO eine unangenehme Überraschung zu bereiten, die sich nun auf einen so nicht geplanten, längeren Konflikt einstellen musste.

Wichtig ist, festzuhalten, dass es erst nach dem Beginn des NATO-Bombardements zu größeren Flüchtlingswellen aus dem Kosovo kam, im Umfang von einer halben Million Menschen. Sie wurden in den Nachbarländern Albanien und Mazedonien in Flüchtlingslagern untergebracht. Die als reguläre Soldaten nicht besonders tauglichen UÇK-Terroristen waren durch die serbische Armee in kurzer Zeit aus ihren Stellungen im Kosovo vertrieben worden. Die NATO begann nun, sie ab Mitte April von Albanien aus ins Kosovo zurückzuschleusen, um sie dort als NATO-Bodentruppe einzusetzen (die NATO-Soldaten wollten sich selbst nicht die Hände schmutzig machen beziehungsweise nicht das Risiko eines Bodenkampfs eingehen). Kämpfe zwischen UÇK und der serbischen Armee fanden an den Grenzposten Morina und Košare im Gebirgsgebiet statt. Die Offensive begann jedoch mit einem peinlichen Fehlschlag. Die NATO-Luftwaffe bombardierte eine offiziell der serbischen Armee zugeschriebene Stellung bei Košare, die von der serbischen Armee längst geräumt und anschließend kampflos von der UÇK besetzt worden war. Der serbischen Armee gelang es, die in albanischen Ausbildungslagern von der NATO trainierten und ausgerüsteten UÇK-Terroristen davon abzuhalten, über die Grenzlinie ins Kosovo einzudringen. Sie behauptete somit bis zur serbischen Kapitulation am 10. Juni die komplette militärische Kontrolle des Kosovos.

Der Luftkrieg der NATO sollte sich ursprünglich auf wenige Tage beschränken, denn es wurde schon nach den ersten Schlägen mit einer serbischen Kapitulation gerechnet. Doch wie Hitler in Bezug auf die Sowjetunion, so verrechnete sich auch die NATO im Hinblick auf Serbien. Eine serbische Kapitulation blieb nach Beginn des Überfalls aus. Daher entschied die NATO, nun auch die zivile Infrastruktur Serbiens, des Kosovos und Montenegros anzugreifen. Innerhalb der NATO-Befehlskette gab es von Anfang an Differenzen. Ganz offen zur Schau gestellte Abneigung herrschte zwischen US-Verteidigungsminister Cohen und dem NATO-Oberkommandierenden General Clark. Clark wiederum bekam innerhalb seiner eigenen Befehlskette von seinem Luftwaffenchef Short und dem britischen Kommandanten Jackson Gegenwind bezüglich Strategie und Taktik, was teilweise zu Befehlsverweigerungen führte und nur durch Intervention auf politischer Ebene gelöst werden konnte.

Angesichts der Probleme, die die hochgerüstete, topmoderne NATO-Luftwaffe bald bekam, muss man sich vor Augen führen, dass der Luftverteidigung der serbischen Armee ausschließlich völlig veraltete Waffensysteme zur Verfügung standen, diese aber in großer Stückzahl. Die Luftverteidigung der serbischen Armee hatte jedoch die taktischen Fehler Iraks und die schlagartige Eliminierung der Luftverteidigung im ersten Golfkrieg genau analysiert und ihre Folgen daraus gezogen. Um die Radaranlagen und Raketenbatterien nicht wie bei Desert Storm durch spezielle Antiradar-Raketen zu verlieren, wurden alle Luftverteidigungsbatterien aus den der NATO bekannten Garnisonen evakuiert. Zudem schaltete die serbische Armee die Radaranlagen immer nur kurz ein und verhinderte so deren zuverlässige Zielerfassung durch die NATO-Systeme. Es gelang der NATO auch nie (im Gegensatz zum Irak), die Kommando- und Kommunikationsstruktur der serbischen Armee zu zerschlagen. Dass dies nicht gelang, bestätigte auch ein ehemaliger Vizeadmiral der US-Flotte, der angab, es sei zu keinem Zeitpunkt möglich gewesen, die integrierte Luftverteidigung der serbischen Armee zu neutralisieren. Die NATO-Luftstreitkräfte seien am achtundsiebzigsten Tag des Überfalls nicht sicherer gewesen als am ersten. Zwar gelang es der

serbischen Armee nur, zwei NATO-Flugzeuge abzuschießen, aber auch das kommt angesichts der ungleichen Aus-
gangsposition schon einer Meisterleistung gleich.

Die in hohen Stückzahlen und dichten Salven abgefeuerten serbischen Luftabwehrraketen zwangen die
NATO-Flugzeuge zu gefährlichen Ausweichmanövern
und zur Meidung von bestimmten Flugrouten. Belgrad
wurde von mehreren Divisionen verteidigt, deren Mittel-
strecken-Abwehrraketen auch hochfliegende Flugzeuge
der NATO angreifen konnten. Doch der serbischen Armee gelang noch eine weitere, bis dahin für unmöglich
gehaltene Meisterleistung. Durch eine einfache Modifi-
kation des uralten sowjetischen P-12-Radars wurden nun
erstmals die Flugrouten der Tarnkappenbomber sichtbar,
was bisher im Westblock für unmöglich gehalten worden
war. Daher gelang es am 27. März über dem Dorf Buđa-
novci nordwestlich von Belgrad zum ersten Mal in der
Geschichte des Waffensystems, einen Tarnkappenbomber
mit einer sowjetischen Boden-Luft-Rakete abzuschießen.
Tarnkappenbomber konnten von nun an nur noch mit
Begleitschutz fliegen. Das Flugzeugwrack steht heute in
einem Belgrader Museum. Der Abschuss führte dazu,
dass die US-Luftwaffe beziehungsweise die NATO die
Tarnkappenbomber bald danach ausmusterte. Ein Mysterium umgibt den Tod des höchsten Offiziers der serbischen Armee, der während des NATO-Überfalls starb.
Ljubiša Veličković war Kommandant der Luftstreitkräfte
der serbischen Armee. Er wurde bei einem NATO-Angriff
auf eine Stellung der serbischen Armee kurz vor der Beendigung der NATO-Terrorbombardements am 30. Mai
1999 getötet. Gerüchten zufolge geschah dies im Zusammenhang der Aufstellung einer Luftabwehr-Batterie mit
hochmodernen russischen S-300-Raketen, die im Begriff
war, gefechtsklar gemacht zu werden. Die Stellung und die

Waffensysteme wurden bei dem NATO-Luftschlag völlig zerstört. Die neuen russischen Raketen wären in der Lage gewesen, die NATO-Flugzeuge vom Himmel zu holen.

Die NATO änderte angesichts der erfolglosen Bombenkampagne gegen die serbische Armee und angesichts des politischen Drucks, den Krieg schnell zu beenden, ihre Taktik und griff im Rahmen von Terrorbombardements nun auch zivile Ziele innerhalb von Stadtzentren an. Zudem hatte die NATO schon in der ersten Kriegsnacht gezielt mehrere serbische Chemie- und Petrochemie-Werke in Pančevo, einem Vorort Belgrads, bombardiert. Wie absehbar und geplant, traten dabei große Mengen giftiger und krebserregender Stoffe aus. Zu den äußerst giftigen, freigesetzten Chemikalien gehörten Chlorwasserstoff, Vinylchlorid, Schwefeldioxid und Phosgen, Lungenkampfstoff im Ersten Weltkrieg. Selbst Westblock-Politiker zeigten sich über diese Form der chemischen Kriegführung der NATO gegen Serbien entsetzt. Den Gipfel erreichten die NATO-Terrorbombardements in der Nacht vom 22. zum 23. April 1999 mit dem Angriff auf das Gebäude des Serbischen Rundfunks (RTS) in Belgrad. Dabei wurden zahlreiche Zivilisten getötet und der Sendebetrieb des Fernsehens für einige Stunden unterbrochen. In der Nacht vom 29. zum 30. April belegten NATO-Bomber das Gebäude des Generalstabs der serbischen Streitkräfte und das bereits beschädigte Gebäude der Bundespolizei erneut mit einem Bombenhagel. Bei diesem Angriff wurde auch der Belgrader Fernsehturm beschädigt. Dabei starben neunzehn Zivilisten, auch innerhalb der NATO wurde diese Art der »Kampfführung« immer kontroverser diskutiert. Im Mai und Juni schaltete die NATO die Stromversorgung in Serbien aus. Wegen des Stromausfalls brach in vielen Städten auch die Wasserversorgung zusammen. In der Nacht vom 7. zum 8. Mai wurden die Gebäude des Generalstabs der serbischen Streitkräfte und das Innenministerium erneut bombardiert. Dabei trafen einige Lenkwaffen die Botschaft der Volksrepublik China. Vier Botschaftsangehörige wurden getötet und vier schwer verletzt. Die USA entschuldigten sich für die »Fehlwürfe«, China beharrte auf seiner Meinung, die Botschaft sei gezielt bombardiert worden, um China von einem Eingreifen in den Konflikt abzuhalten, als »Warnschuss« sozusagen.

Als absehbar wurde, dass die NATO-Vorräte an Präzisionswaffen und Marschflugkörpern Ende Mai ausgehen würden und Ersatz beziehungsweise Nachschub nicht schnell genug geordert werden könnte, stellte die NATO die Terrorbombardements im Mai und Juni 1999 auf konventionelle Flächenbombardierungen im Kosovo um, die triumphierend vom damaligen NATO-Chefpropagandisten als angeblicher »Riesenerfolg« präsentiert wurden. Die anstehende Bodenoffensive der UÇK wurde von US- und britischen Spezialeinheiten im Kosovo vorbereitet. Die UÇK erhielt moderne Waffensysteme und zusätzliche Ausbildungen durch die Geheimdienste beider Länder sowie privater »Sicherheitsdienstleister«. Die NATO-hörige albanische Armee stellte dafür Garnisonsgebäude und Truppenübungsplätze in Grenznähe zur Verfügung und koordinierte die »Streitkräfte« der UÇK, allerdings mit zweifelhaftem Erfolg. Erstes Angriffsziel waren die serbischen Stellungen am Grenzberg Paštrik. Auf albanischer Seite wurden hier Depots und Basen für die Offensive vorbereitet, die norwegische Armee baute ein Feldlazarett auf. Die serbischen Streitkräfte waren dank ihrer ausgezeichneten Aufklärungskräfte über die Vorbereitungen jederzeit im Bilde. Daher stellten sie nun in Grenznähe M-87-Orkan-Mehrfachraktenwerfer auf, um größere Truppenkonzentrationen bekämpfen zu können.

In Grenznähe hatten die serbischen Streitkräfte zudem stark ausgebaute Stellungen eingerichtet, die das Hinterland mit der nahe gelegenen kosovarischen Stadt Prizren abschirmten. Eine Woche vor Start der Bodenoperation nahm die NATO die serbischen Grenzstellungen am Paštrik durch AC-130-Erdkampfflugzeuge unter Beschuss. Das von der NATO vorgegebene Angriffsziel der UÇK war Prizren, zweitgrößte Stadt des Kosovos. Die Offensive begann am 26. Mai 1999. Panzer und Feldartillerie der albanischen Armee unterstützten den Vorstoß durch einen fingierten Vorstoß, bei dem die serbischen Streitkräfte drei albanische Panzer abschossen, die restlichen Panzer drehten danach um. Die serbischen Streitkräfte waren jedoch über die eigentliche Hauptstoßrichtung der UÇK im Bilde und erwiderten die Artilleriesalven der albanischen Armee aus ihren Stellungen. Von der NATO geplant war eine Offensive von sechstausend UÇK-Terroristen rund um den Paštrik, mit nachdrücklicher Unterstützung der regulären albanischen Armee.

Insgesamt verfügten die serbischen Streitkräfte über vierzehntausend Soldaten im Grenzabschnitt zwischen Nord-Makedonien und Albanien, die trotz der NATO-Terrorbombardements kampffähig geblieben waren. Die UÇK griff an drei Stellen die Grenzlinie an. Die Grenze war jedoch hier vollständig vermint, was den UÇK-Vormarsch stark behinderte. Die Offensive der UÇK blieb schon in den Ausgangsstellungen stecken. Allerdings gelang es den UÇK-Terroristen, den strategisch wertlosen und daher von den serbischen Streitkräften nicht verteidigten Gipfel des Paštrik zu besetzen. Die Präsenz der UÇK auf dem Gipfel hatte für Serbien den Vorteil, die NATO von einer Bombardierung der nahe gelegenen serbischen Stellungen abzuhalten, um ein Massaker der UÇK-Terroristen durch ein »Friendly Fire« zu verhindern. Die serbische Armee beschränkte sich daher darauf, die Stellungen der UÇK auf dem Gipfel mit Artilleriefeuer zu belegen, was schon bald zahlreiche Tote aufseiten der UÇK nach sich zog.

Um die Offensive der UÇK vor dem kompletten Scheitern zu bewahren, begann die NATO schwere Bombardements am Paštrik. Über tausend Bomben wurden abgeworfen. Dazu wurden leider auch etwa zwanzigtausend mit abgereichertem Uran versehene Projektile von den US-Flugzeugen verschossen, was die Gegend bis heute atomar verseucht. NATO-Kriegsherr Clark wollte nun US-Bodentruppen in die Schlacht werfen, was vom Pentagon jedoch abgelehnt wurde. Nach erneuten US-Flächenbombardements am 30. Mai begann die UÇK einen neuen Vorstoß gegen die Grenzlinie. Die serbischen Streitkräfte stoppten diesen Vorstoß am 31. Mai. Die UÇK-Terroristen baten nun bei ihren Verbündeten von der NATO um weitere Luftunterstützung. Gesagt – getan. Die NATO setzte wieder ihre Bomber in Marsch, diese warfen Tausende Bomben ab, die NATO-Propagandisten feierten einen vermeintlichen Sieg der NATO mit großen Opferzahlen aufseiten der Serben. Wie sich nach Ende der Kampfhandlungen herausstellte, waren diese triumphierend verkündeten Zahlen jedoch drastisch übertrieben. Stattdessen hatten die strategischen Bombardements den serbischen Streitkräften keine nennenswerten Verluste bereitet. Statt Hunderten von Toten hatten die serbischen Streitkräfte tatsächlich nur zehn Soldaten verloren. Daher muss – im Gegensatz zum NATO-Triumphgetöse – die »Schlacht am Paštrik« als Sieg für die ihre Stellung behauptenden serbischen Streitkräfte gewertet werden.

Der UÇK wurden hier die größten Verluste im Verlauf des Krieges zugefügt, vierhundertdreiundfünfzig Tote wurden offiziell zugegeben sowie siebenhundert Verwundete. Die UÇK hatte damit ein Viertel ihrer bereitgestellten

Truppen verloren. Die Verluste der serbischen Streitkräfte an schwerem Gerät waren gering. Die NATO konnte während der gesamten Operation nicht einen einzigen Panzer oder Truppentransporter der Serben abschießen. Es hatte sich gezeigt, dass die UÇK-Terroristen als militärischer Faktor nicht zählten, da sie trotz NATO-Backup keine militärischen Siege gegen die serbischen Streitkräfte erzielen konnten. Die verlorene »Schlacht am Paštrik« hatte alle Pläne, die UÇK-Terroristen eine Bodenoffensive ausführen zu lassen, ad absurdum geführt. Am 3. Juni billigte das serbische Parlament den von den G8-Staaten am 6. Mai vorgelegten erpresserischen »Friedensplan«, und auch Präsident Milošević stimmte dieser Kapitulation zu, um weiteren Schaden vom serbischen Volk abzuwenden. Am 9. Juni einigten sich die NATO und Serbien auf einen Abzug der serbischen Truppen aus dem Kosovo und die Stationierung einer NATO-geführten Friedenstruppe (KFOR) unter UN-Mandat. Die NATO beendete daraufhin ihre Terrorbombardements. Ein Großteil der serbischen Bevölkerung verließ den Kosovo aus Angst vor Übergriffen der albanischen Seite. Am 10. Juni billigte der Sicherheitsrat der Vereinten Nationen in der UN-Resolution 1244 sowohl den Friedensplan als auch das militärische Abkommen.

Am 12. Juni marschierte die flugs aufgestellte NATO-Besatzungstruppe »KFOR« unter dem Titel *Operation Joint Guardian* (»Operation gemeinsamer Wächter«) in den Kosovo ein. Dabei stieß sie am Flughafen von Priština auf russische Fallschirmjäger, die ihn am 11. Juni von Bosnien aus besetzt hatten. Wie der NATO bekannt war, sollten die bereits vor Ort befindlichen russischen Soldaten durch zweitausend weitere Fallschirmjäger verstärkt werden, die bereits in Transportflugzeugen auf dem Weg waren. In letzter Minute entzog NATO-Mitglied Ungarn den Maschinen die Überflugrechte und verhinderte so die Landung der Verstärkung. NATO-Oberbefehlshaber Clark hatte dem britischen Kommandeur Jackson befohlen, die Russen vom Flughafen zu vertreiben. Dieser werde einzig und ausschließlich von der NATO besetzt. Jackson verweigerte den Befehl und sagte, er werde wegen Clark nicht den Dritten Weltkrieg auslösen. Bei einem Angriff der NATO auf die noch im Kosovo befindlichen Einheiten der serbischen Armee hatten die russischen Fallschirmjäger den Befehl, aufseiten der Serben militärisch einzugreifen. Clark wurde im Weiteren für seine Eigenmächtigkeiten bestraft. Wegen seiner eigenwilligen Kriegsführung in Bosnien und im Kosovo fiel er im Pentagon in Ungnade und wurde trotz des militärischen Erfolgs als NATO-Oberkommandierender Südost zwei Jahre früher als geplant abberufen.

In Verhandlungen billigte die NATO Russland die bisher verweigerte Teilnahme an der KFOR in vier von fünf Sektoren schließlich zu, weigerte sich jedoch, den russischen Truppen einen eigenen Sektor zuzuteilen. Als erste Bundeswehr-Einheit (achtundfünfzig Jahre nach dem Wehrmachtsüberfall auf Jugoslawien) rückte am 12. Juni eine Panzerkompanie im Gefolge britischer Truppen von Mazedonien aus in den Kosovo vor. Historischer Anstand hätte es geboten, auf diesen Bundeswehr-Auftritt zu verzichten. Am 21. Juni erklärte NATO-Generalsekretär Solana die NATO-Luftangriffe für beendet, am 24. Juni beschloss das serbische Parlament die Aufhebung des Kriegszustands. Angeblich hatte die NATO bei der gesamten Operation kein einziges Todesopfer zu beklagen. Informell wurde jedoch bekannt, dass bei verdeckten Operationen durch US- und britische Spezialeinheiten, die sich während des Krieges im Kosovo herumtrieben, auch Soldaten dieser Spezialeinheiten getötet wurden.

Das NATO-Kosovo-»Abenteuer« hatte zwei Jahre später noch ein unerwartetes Nachspiel. Am 13. Dezember 2001 verurteilte ein Militärgericht in Paris den französischen Offizier Pierre-Henri Bunel wegen Geheimnisverrats zu einer Haftstrafe von zwei Jahren. Bunel wurde vorgeworfen, 1998 streng geheime Zielkoordinaten und operative Daten der NATO an den serbischen Geheimdienstler Milanović weitergegeben zu haben. Bunel gab als Motiv an, er habe Serbien von der Realität der NATO-Drohungen überzeugen und damit eine humanitäre Katastrophe abwenden wollen. Andere NATO-Mitglieder beschuldigten Frankreich historisch bedingter Sympathien für Serbien, die im französischen Offizierskorps besonders stark anzutreffen gewesen seien. Der tatsächliche Wert der von Bunel weitergegebenen Informationen war gering, da es sich nur um vorläufige Studien gehandelt hatte.

Carla del Ponte, Chefanklägerin am Internationalen Strafgerichtshof für Jugoslawien in Den Haag, warf der UÇK im April 2008 vor, nach dem Ende des Krieges 1999 massenweise serbische Zivilisten und Gefangene getötet zu haben, um deren Organe an westeuropäische Krankenhäuser zu verkaufen. Allerdings sei sie bei ihren Ermittlungen auf eine Mauer des Schweigens gestoßen, so dass die Ermittlungen nicht erfolgreich abgeschlossen werden konnten. Es fanden keine weiteren Untersuchungen statt. Neuen Auftrieb erhielten diese Vorwürfe im Dezember 2010 durch einen Bericht des Schweizer Europaratsabgeordneten Marty, der der UÇK ebenfalls Verwicklungen in illegale Organhandelsgeschäfte vorwarf. In Krankenhäusern seien Gefangenen Organe entnommen und anschließend an westeuropäische Kliniken verkauft worden. Der Bericht stützt sich auf nachrichtendienstliche Erkenntnisse. Die Regierung des Kosovos, alles ehemalige UÇK-Terroristen, stritt die Vorwürfe als absurd ab. Unterlagen der

UN-Kosovo-Mission UNMIK von 2003 zufolge waren illegale Gefangenentransporte von 1999 und 2000 zwischen den Orten Prizren, Suva Reka und Orahovac unterwegs. Die Kontrolle dieser Orte und des Grenzübergangs nach Albanien oblag damals dem deutschen Bundeswehr-Kontingent. Bis heute wurden diese Vorwürfe nicht gerichtlich verfolgt. Mit der Klärung mutmaßlicher Verbrechen seitens der UÇK sollte sich ein Sondergericht im Kosovo befassen, das jedoch nie zusammentrat.

Was das NATO-Terrorbombardement so bedenklich macht, ist die großräumige Zerstörung ziviler Ziele. Das Bombardement der offenen, unverteidigten Städte Belgrad, Niš und Novi Sad zerstörte neben vierundfünfzig Verkehrsobjekten weitere hundertachtundvierzig Gebäude, dreihundert Schulen und Krankenhäuser (also genau das, was aktuell wieder einmal ebenso anklägerisch wie verlogen von der Westblockpropaganda dem syrischen Staatschef Assad und den verbündeten russischen Truppen beim Kampf gegen die IS-Terroristen auf syrischem Staatsgebiet vorgeworfen wird) sowie hundertsechsundsiebzig Kulturdenkmäler, darunter dreiundzwanzig mittelalterliche Klöster. Zu den damit herbeigeführten unersetzlichen Verlusten an Kulturgütern zählt die Vernichtung des Depots der zu den fünf größten Filmarchiven der Welt zählenden Sammlung der Jugoslawischen Kinemathek, wo achtzigtausend archivierte Filme verbrannten. Zu den Zerstörungen kommen die Vernichtung kunsthistorisch bedeutender Architekturdenkmäler in Belgrad, wie dem Gebäude der Regierung Serbiens und die denkmalgeschützten Gebäude des neuen und alten Generalstabs. Das aus dem 15. Jahrhundert stammende Kloster von Rakovica, das neben einem serbischen Militärdepot liegt, wurde während des Krieges sechsunddreißigmal von NATO-Flugzeugen bombardiert, die hier bis zu drei Tonnen schwere bunkerbrechende Waffen einsetzten. Auch das erste Hochhaus in Novi Beograd, das ehemalige Gebäude des Zentralkomitees, der *Palata Usče* und das Luxushotel *Jugoslavija* wurden bombardiert. Bei einem NATO-Luftangriff in zwei Angriffswellen auf die Morava-Brücke in Varvarin kamen zehn Zivilisten ums Leben, die meisten von ihnen beim zweiten Angriff, als sie den beim ersten Angriff Getöteten und Verletzten zu Hilfe eilten. Als Erinnerung an die NATO-Bombardements entstanden in vielen Gemeinden in Serbien Gedenkstätten.

Militärische Analysen der Luftschläge und die Zählung zerstörten militärischen Geräts der serbischen Streitkräfte durch NATO-Offiziere verstärkten die Kritik an der US Air Force und General Clark, der völlig übertriebene militärische Erfolgsmeldungen über die Zahl zerstörter serbischer Panzer in die Welt posaunt hatte. Die Luftkampagne des Kosovokriegs war auf den täglichen NATO-Briefings als erfolgreichste Militäraktion der Geschichte gepriesen worden. Clark hatte behauptet, die NATO habe im Kosovo hundertzwölf Panzer, hundertneunundsiebzig gepanzerte Fahrzeuge, dreihundertsechsundsiebzig sonstige Militärfahrzeuge und vierhundertfünfunddreißig Artilleriegeschütze der serbischen Streitkräfte zerstört. Dies war offenbar reine Militärpropaganda, auch die Analysen der Royal Air Force führten zu einem ernüchternden Bild der vermeintlichen Erfolge des NATO-Luftkriegs. Besonders hervorgehoben wurde die geringe Präzision der Präzisionsbomben und die starken »Begleitschäden« bei den Bombenabwürfen. Zum Imageschaden der NATO trug zudem der Angriff einer US-amerikanischen F-15 auf einen zivilen serbischen Personenzug bei Grdelica bei, der durch die Zielkamera erfasst und öffentlich bekannt wurde. Offizielle Erklärung war, der Pilot hätte den Zug nicht rechtzeitig erkennen können. Hier gab es Dutzende von Toten. UN-Chefanklägerin del Ponte hielt den Vorfall für nicht verfolgenswert.

Besonders bedenklich ist, dass während des Bombenkriegs von US-Kampfflugzeugen mindestens fünfunddreißigtausend Geschosse, Gesamtgewicht etwa zehn Tonnen, mit abgereichertem Uran abgefeuert wurden, die bis heute die Region atomar verseuchen. Auch Clusterbomben und Landminen wurden eingesetzt, die häufig nicht explodierten; zusätzlich liegen in und um das Kosovo nach wie vor lebensgefährliche Reste von Streubomben der NATO herum. Der Europarat hat die NATO-Bombardierung wegen der ökologischen Konsequenzen als Verletzung der Genfer Konvention gerügt. Es dauerte viele Jahre, bis die wichtigsten Infrastrukturen in Serbien wiederaufgebaut waren. Mitunter wurde nur das Notwendigste wiederaufgebaut, da die Schäden so substantiell waren, dass nur noch ein vollständiger Abriss und Neubau in Frage kam, wie etwa bei vielen zerstörten Brücken. Der Belgrader Fernsehturm ging erst 2010 wieder in Betrieb. Ruinen und bauliche Reste von Brücken, Bürogebäuden und Fabriken prägen bis heute noch das ganze Land.

Folgendes ist wichtig, festzuhalten: Die NATO-Angriffe auf zivile Ziele in Serbien widersprachen dem Völkerrecht, der Haager Landkriegsordnung, dem Genfer Rotkreuz-Abkommen, der Kulturgutkonvention von 1954 und der UN-Waffenverbotskonvention. Hinzu kommt, dass die NATO ihre militärische Intervention ohne das eigentlich obligatorische UN-Mandat ausführte. Zur Legitimation wurden angebliche Menschenrechtsverletzungen durch jugoslawische Sicherheitskräfte gegen die Zivilbevölkerung im Kosovo angeführt. Jugoslawien berief sich auf das Recht, die seit 1997 mit Guerilla-Methoden operierende UÇK mit polizeilichen und militärischen Mitteln zu bekämpfen. In dem NATO-Luftkrieg *Operation Allied*

Force (OAF, »Unternehmen Bündnisstreitmacht«) wurden zunächst vierhundertdreißig Flugzeuge eingesetzt. Wegen der unvorhergesehen langen Kriegsdauer mussten aber bis Kriegsende mehr als tausend Kampfflugzeuge von vierzehn NATO-Mitgliedsstaaten herangezogen werden. Der Streit zwischen dem NATO-Kriegsherr, General Wesley Clark, der den Einsatz und die Eskalation der Kriegsführung im Kosovo befürwortete, und dem Kommandeur der NATO-Luftwaffe, General Michael Short, beschädigte die Allianz. Nach dem Ende der Kampfhandlungen wurde gemäß Resolution 1244 des UN-Sicherheitsrats eine UN-Verwaltung in der Provinz eingerichtet, gleichzeitig aber auch die weitere Zugehörigkeit des Gebiets zur Bundesrepublik Jugoslawien bestätigt.

Der Charta der Vereinten Nationen zufolge ist ausschließlich der UN-Sicherheitsrat befugt, militärische Einsätze gegen einen Staat zu verhängen. Allerdings lag für den NATO-Einsatz kein Beschluss der Vereinten Nationen vor, da Russland eine militärische Intervention abgelehnt hatte. Die NATO hat also dem in Artikel 2 Absatz 4 der UN-Charta formulierten Gewaltverbot zuwidergehandelt; der Angriffskrieg gegen Jugoslawien war somit völkerrechtswidrig. Befürworter der NATO-Operation sehen trotzdem den Tatbestand der Vorbereitung eines Angriffskriegs als nicht erfüllt an, auch deswegen, weil bereits vor Beginn der Angriffe ein »friedliches Zusammenleben der Völker« im Kosovo nicht gegeben gewesen sei. Die NATO-Aktion sei sowohl völkerrechtlich als auch verfassungsrechtlich nicht nur zulässig, sondern geboten gewesen. Die Argumentation war dabei bemüht und an den Haaren herbeigezogen. Denn es wurde nun ins Feld geführt, das ergebe sich aus dem notstandsähnlichen Recht auf humanitäre Intervention. Dieses gestatte, zur Abwendung einer humanitären Katastrophe nach Aus-

schöpfung aller anderen Mittel militärische Gewalt anzuwenden. Damit ist ein neues Instrumentarium geschaffen,
das es dem Westblock – und nur diesem – erlaubt, Kriege
nach Gutdünken zu führen. Denn das Nothilferecht steht
in direktem Gegensatz zur ausschließlichen Zuständigkeit des UN-Sicherheitsrats über Krieg und Frieden. Der
unscharfe Begriff einer »humanitären Katastrophe« ist
jedoch explizit nicht geeignet, das Gewaltmonopol des
UN-Sicherheitsrats außer Kraft zu setzen.

Am 29. April 1999 reichte Jugoslawien beim Internationalen Gerichtshof in Den Haag Klage gegen zehn
NATO-Mitgliedsstaaten ein. Es wurden angeklagt Belgi-
en, Deutschland, Frankreich, Italien, Kanada, die Niederlande, Portugal, Spanien und die USA, also die Länder,
die aktiv an den Kampfhandlungen teilgenommen hatten.
Die Anklagepunkte der zehn Einzelverfahren sind Ver-
stöße gegen völkerrechtliche Grundsätze wie das Gewaltverbot, Völkermord, das Interventionsverbot sowie die
Missachtung des Souveränitätsprinzips. Das Verfahren
wurde jedoch nicht einmal eröffnet – dank eines perfiden
juristischen Winkelzugs: Jugoslawien sei offiziell während
des NATO-Kriegs kein Mitglied der UN gewesen, da es
wegen der Gewalttätigkeiten im Kosovo mit Sanktionen
belegt und zeitweise aus der UN ausgeschlossen worden
war, und könne sich daher nicht auf die UN-Charta berufen. Das Verfahren wurde somit ohne Entscheidung in
der Sache wegen Nichtzuständigkeit des Gerichts eingestellt. Der Deutsche Bundestag stimmte der Beteiligung
von Streitkräften der Bundeswehr am 16. Oktober 1998
zu. Der damals amtierende Bundesjustizminister Ed-
zard Schmidt-Jortzig (FDP) beteiligte sich nicht an der
Abstimmung. Er hatte seinen Protest gegen die seiner
Auffassung nach völkerrechtswidrige Kabinettsvorlage
schriftlich niedergelegt. Auch der Staatsminister im Aus-

wärtigen Amt, Ludger Volmer (Bündnis 90/Die Grünen, also ein Parteigenosse des Kriegsministers Fischer), lehnte den NATO-Einsatz ab und verwies auf die zu erwartenden weltpolitischen Konsequenzen. Die Argumentation, es handele sich um eine Ausnahme und nicht um einen Präzedenzfall, sei Augenwischerei. Jede beliebige Regionalmacht, die in Zukunft in ihrer Nachbarschaft Ordnung schaffen wolle und nur eine halbwegs zutreffende UNO-Resolution anführen könne, werde auf das NATO-Vorbild verweisen. Der Selbstmandatierung von Militärbündnissen sei Tür und Tor geöffnet; ein Sicherheitsrat, der immer dann umgangen werde, wenn ein Veto drohe, sei als Garant des UNO-Gewaltmonopols außer Kraft gesetzt.

Die Beteiligung der Bundesrepublik Deutschland wurde auch als Verstoß gegen das Grundgesetz und gegen den Zwei-plus-Vier-Vertrag gewertet. Die Bundesrepublik Deutschland und die Deutsche Demokratische Republik hatten damals vereinbart, dass Handlungen, die geeignet seien, das friedliche Zusammenleben der Völker zu stören, insbesondere die Führung eines Angriffskriegs vorzubereiten, verfassungswidrig und strafbar seien. Die Regierungen der BRD und der DDR erklärten, dass das vereinte Deutschland keine seiner Waffen jemals einsetzen werde, es sei denn in Übereinstimmung mit seiner Verfassung und der Charta der Vereinten Nationen. Und genau diese Bestimmung verletzte der ohne UN-Mandat geführte NATO-Angriffskrieg gegen Serbien. Trotz zahlreicher Strafanzeigen wurden jedoch keine Ermittlungen aufgenommen. Laut Generalbundesanwalt habe angesichts der bereits vorhandenen Störung des friedlichen Zusammenlebens im Kosovo und des friedenserzwingenden Motivs für ihr Handeln im Selbstverständnis der Bundesregierung eine Absicht im Sinne des Artikels 26

Absatz 1 GG und Paragraph 80 StGB gefehlt. *Spiegel*-Herausgeber Augstein, auf seine alten Tage noch vom Westblockpropagandadenken losgekommen, warf am 3. Mai den USA vor, sie hätten in Rambouillet militärische Bedingungen gestellt, die kein Serbe guten Gewissens hätte unterschreiben können.

Zahlreiche prominente deutsche Politiker waren gegen den NATO-Krieg, so der damalige SPD-Politiker Oskar Lafontaine, der PDS-Vorsitzende Gregor Gysi, die FDP-Politikerin Sabine Leutheusser-Schnarrenberger sowie der damalige OSZE-Vizepräsident und Bundestagsabgeordnete Willy Wimmer (CDU). Er bezeichnete das NATO-Vorhaben als »ordinären Angriffskrieg« und warf der damaligen Bundesregierung, insbesondere Außenminister Joschka Fischer und Verteidigungsminister Rudolf Scharping, »Manipulationen von Fakten« zur Begründung der Kriegshandlungen vor. Im Zusammenhang mit der völkerrechtswidrigen Besetzung der Krim durch Russland nannte selbst Altkanzler Schröder im März 2014 den Kosovokrieg völkerrechtswidrig. Der politisch einigermaßen naive »Philosoph« Jürgen Habermas verteidigte das Vorgehen der NATO, angriffslegitimierende Mängel im Völkerrecht dürften nicht zur Tatenlosigkeit gegenüber Völkermorden führen. Und entpuppte sich damit als Opfer der Westblockpropaganda, die er als »Philosoph« eigentlich hätte durchschauen müssen. Das während des Krieges von NATO-Chefpropagandist Jamie Shea euphemistisch gebrauchte Wort »Kollateralschaden« für die von der NATO verursachten zivilen Opfer und Sachschäden wählte die Gesellschaft für deutsche Sprache zum Unwort des Jahres 1999.

Eine der wichtigsten Stimmen, welche die drastische Manipulation der Öffentlichkeit im Westblock durch »Fake News« hinsichtlich des Kosovokonflikts missbilligt, gehört Heinz Loquai. Seinerzeit leitender General und militärischer Berater der deutschen OSZE-Vertretung in Wien, kritisierte er Kriegsminister Scharping in einer TV-Sendung im Jahr 2000 und bezeichnete die Darstellung des Kosovokonflikts in deutschen Medien als einseitig und eindimensional, da sie den Konflikt als allein von der Belgrader Führung verschuldet darstelle, was nicht zutreffe. Dieser Krieg sei nicht um Werte und um die moralische Verfassung von Europa geführt worden, sondern wegen Interessen, und es habe, um Kriegsminister Fischer zu widerlegen, nicht das sogenannte Abendland für die Menschenrechte eines moslemischen Volkes gekämpft, sondern der Westblock einzig und allein für seine eigenen Interessen. Die deutsche Regierung habe ihre knallharte Interessenpolitik mit der moralisierenden Anwendung des US-amerikanischen Konzepts des »Schurkenstaats« auf Serbien bemäntelt. Die jugoslawische Politik sei wider besseres Wissen als verbrecherisch dargestellt worden, der jugoslawische Präsident als Schurke, dessen Handlungsmotive niedrig und irrational gewesen seien. Auf diese Weise sei der öffentliche Druck gegen den Krieg eliminiert, der Krieg legitimiert und eine diplomatische Lösung verbaut worden. Das derart bemäntelte Hauptinteresse der neuen deutschen Regierung Schröder/Fischer habe darin bestanden, außenpolitische Zuverlässigkeit und Kontinuität zu demonstrieren. Auch für die USA sei das nationale Interesse Kern ihrer Kosovo-Politik gewesen. Neben wirtschaftlichen Interessen hätte dabei das Prestige der USA als Weltmacht und die Position der von den USA dominierten NATO in der Hierarchie internationaler Organisationen sowie regional auf dem Balkan im Vordergrund gestanden.

In den Medien kam es nach dem Ende der Kampfhandlungen nur zögerlich zu einer kritischen Rückschau auf das Geschehen. In der ARD wurde – als seltenes Beispiel – die Dokumentation *Es begann mit einer Lüge* am 8. Januar 2001 gezeigt. Darin wurde der Nachweis geführt, dass der NATO-Angriffskrieg keine humanitäre Katastrophe im Kosovo verhindert habe, wie Bundeskanzler Schröder 1999 behauptet hatte, sondern Lügen und Manipulationen zur bewussten Täuschung der Öffentlichkeit in die Welt gesetzt worden seien. Dieser Bericht wurde von der block-loyalen Westblockpresse in Grund und Boden rezensiert, wegen angeblich selektiver Wiedergabe von Zeugenaussagen und unsauberer Recherchemethoden. Die ARD äußerte hierfür Verständnis, da in dem Film umfangreiche Kritik daran geübt wurde, wie über diesen Krieg berichtet wurde. Fundierte sachliche Vorwürfe gegen den Film habe es nicht gegeben. Dass im Kosovokrieg Propaganda als Mittel der Politik eingesetzt worden sei, wurde erst Jahre später am Beispiel des Auschwitz-Vergleichs durch Kriegsminister Fischer kritisiert. Dass dieser sich entblödet habe, von einem neuen Auschwitz zu faseln, das Milošević plane und das nur durch Krieg zu verhindern sei, stelle einen Tiefpunkt politischen Lügenbeuteltums in der BRD-Nachkriegsgeschichte dar. Der NATO-Angriffskrieg sei damit als gerecht und alternativlos dargestellt und als »humanitäre Intervention« verkauft worden. Wer sich dagegen ausgesprochen habe, sei als »Alliierter serbischer Mörder« verunglimpft worden.

In universitären Publikationen seit 2010 wurde von wissenschaftlicher Seite nach vergleichender Analyse der Darstellungen zum NATO-Angriffskrieg in führenden Westblockmedien zusammenfassend festgestellt, dass der Kosovokrieg keine »humanitäre Intervention« gewesen sei, da hinter den offiziellen Absichten reine Interessenpolitik vorherrschend gewesen sei und der Luftkrieg mehr Leid erzeugt als verhindert habe. Es seien keine Fakten analysiert, sondern angeblich »alternativlose« Meinungen und Wertungen verbreitet worden, die nur noch zwischen Gut (Westblock) und Böse (Serbien) unterschieden und längst überwunden geglaubte antiserbische Ressentiments wiederbelebt hätten (»Serbien muss sterbien« hatte es bekanntlich im Ersten Weltkrieg von österreichischer Seite geheißen). Im Kosovokrieg seien vom Westblock zahlreiche Manipulationstechniken angewendet worden. Die Medien hätten insbesondere eine fatale Rolle bei der Verbreitung unbegründeter Gerüchte gespielt, um eine diplomatische Lösung des Konflikts zu verhindern, man sei geradezu auf einen Krieg aus gewesen, um Serbien für seine politische und wirtschaftliche Widerspenstigkeit abzustrafen. Besonders die Gerüchte über Völkermord und ethnische Säuberungen seien zu diesem Zweck gezielt eingesetzt worden, nach Aufdeckung ihrer mangelnden Begründung seien die Politiker schweigend zur Tagesordnung übergegangen, ohne jemals zu dieser verbrecherischen Manipulation der öffentlichen Meinung Stellung zu beziehen. Kriegsverbrechen der NATO seien ignoriert, Kriegsgegner als Unterstützer der serbischen Regierung diskreditiert worden.

Ein im Kosovo aufseiten der NATO damals eingesetzter Offizier französischer Spezialeinheiten widmete sich insbesondere der Vertuschung schwerer Menschenrechtsverstöße durch die UÇK nach Abzug der serbischen Streitkräfte, die er mit eigenen Augen miterlebte. CIA, MI6 und BND hätten die UÇK bedingungslos unterstützt und selbst Angriffe auf flüchtende serbische Zivilisten zugelassen. Der NATO-Angriffskrieg habe einzig und allein dazu gedient, den russischen Einfluss auf dem Balkan zu beenden, der zuvor insbesondere über Serbien wirksam geworden sei. Mit dem NATO-Überfall auf Serbien sei damit für lange Zeit Schluss gemacht worden, wie die weitere Geschichte gezeigt habe. In den USA hatte es im Vorlauf des NATO-Angriffs Meinungsverschiedenheiten über die Militäroperation gegeben. Die politischen Hardliner und lupenreinen Westblock-Interessenpolitiker wie Außenministerin Albright und General Clark hatten eine schnelle militärische Angriffsoperation betrieben, während der US-Generalstab und Sicherheitsberater Berger zur Vorsicht gemahnt hatten. Wegen der maßgeblichen Rolle von Außenministerin Madeleine Albright (einer osteuropäischen Emigrantin und lupenreinen Antikommunistin und Antirussistin) für die Auslösung des NATO-Angriffs wurde der Überfall in den USA als »Madeleines Krieg« bezeichnet. Sie habe mehr als jeder andere die außenpolitische Dominanz-Vision des Westblocks propagiert, die zum Krieg geführt habe. Sie sei somit die Verantwortliche für das ganze Schlamassel. Als geistige Mutter des unpopulären Krieges verlor sie in der Clinton-Administration nach dem Sieg über Milošević an Einfluss. Kritiker verweisen auf den dramatischen ökonomischen und gesellschaftlichen Verfall des Westbalkans seit der NATO-Intervention in Bosnien und Serbien und werfen Politikern und Medienvertretern vor, vor allem kurzsichtige, egoistische Interessen verfolgt zu haben.

Obwohl fast dreitausend Medienvertreter die NATO-Bodentruppen begleiteten, als diese nach dem Ende des Bombenkriegs das Kosovo betraten, seien der Öffentlichkeit kritische Informationen, die der westlichen Humanitätschimäre widersprochen hätten, vorenthalten und stattdessen eine Flut nichtssagender Bilder publiziert worden. Wer von der offiziellen NATO-Version abwich, wurde umgehend als »Strohmann der Serben« diskreditiert. Neben der umfassenden Verbreitung von Gräuelgeschichten über angebliche serbische Verbrechen an der kosovo-albanischen Bevölkerung sei die

»Nazifizierung« des serbischen Gegners ein Hauptmittel der Westblockpropaganda gewesen. Genozid- und Holocaust-Vergleiche seien immer wiedergekäut und serbische Politiker mit Nazigrößen gleichgesetzt worden. Die Politik des Westblocks sei keineswegs von humanitären, sondern ausschließlich von lupenreinen wirtschaftlichen Interessen geleitet worden. Die Bombardierung Serbiens sei einzig aufgrund dieser Interessen erfolgt. Denn in Jugoslawien befanden sich 1999 noch drei Viertel der Industrie im Staatsbesitz, Privatisierungen konnten nur bei umfassender finanzieller Entschädigung der Arbeiter und Angestellten für den Verlust ihres Anteils am Firmenkapital durchgeführt werden. Es sei daher wenig erstaunlich, dass die NATO-Bombenteppiche und Cruise-Missiles vor allem staatliche Firmen zerstört hätten, weit mehr als militärische Anlagen. Fast vierhundert staatliche Industriebetriebe seien getroffen worden, unter anderem auch die einzige verbliebene serbische Automobilfabrik in Zastava, jedoch keine einzige Firma, die sich in ausländischem oder privatem Besitz befand. Nach dem von der CIA betriebenen Farbenputsch gegen Milošević im Jahr 2000 sei das Privatisierungsgesetz umgehend aufgehoben und die finanzpolitische Unabhängigkeit Serbiens beendet worden, Serbien sei dem Westen regelrecht unterworfen worden.

Mit den NATO-Truppen rückte nun auch die UN-Verwaltungstruppe für das Gebiet ins Kosovo ein. Hier sollte nichts weniger als von Händen der NATO eine Art Modellstaat geschaffen werden, Modell nicht nur für den Balkan, sondern für die ganze Welt, der gezeigt werden sollte, dass die UN in der Lage sei, vorbildliche demokratische Staatsgebilde aus dem Nichts zu schaffen. Dass man dabei die konkreten Bedingungen vor Ort sträflich ignoriert hatte, zeigte sich erst Jahre später. Der offizielle Name des ebenso grotesk aufgeblähten wie ineffizienten Apparats ist *United Nations Interim Administration Mission in Kosovo*, kurz UNMIK. Sein offizieller Auftrag war und ist es, dem UN-Sicherheitsrat dabei zu helfen, ein Ziel zu erreichen, nämlich ein friedliches und normales Leben aller Einwohner*innen des Kosovos, und dabei gleichzeitig die regionale Stabilität im westlichen Balkan zu fördern. Heutzutage, 2019, ist die UNMIK immer noch im Kosovo zugange, wenn auch mit stark eingeschränkten Funktionen seit der umstrittenen Unabhängigkeitserklärung des Kosovos von 2008 und der Übernahme der eigentlichen Verwaltungsfunktionen durch die neu entstandene Kosovo-Selbstverwaltung von Händen der ehemaligen UÇK-Terroristen und dem Einmarsch der nächsten Besatzertruppe, in Form von EULEX, der European Union Rule of Law Mission in Kosovo, die sich ähnlichen Zielen, nur jetzt mit europäischer statt mit US-Dominanz widmet. Dazu später mehr. Seit September 2012 ist das Kosovo unter der Führung der ehemaligen UÇK-Terroristen selbst verantwortlich für seine Verwaltung.

Geleitet wird die UNMIK vom *Special Representative of the Secretary*-General (SRSG), der direkt vom UN-Generalsekretär berufen wird – in Abstimmung mit den Staaten des UN-Sicherheitsrats. Derzeit wird UNMIK vom afghanischen Diplomaten und US-Anhängsel Zahir Tanin geleitet, der seit August 2015 im Amt ist. Die UNMIK gliedert sich in vier Sektionen: einmal Polizei und Justiz (unter UN-Leitung), der zivilen Verwaltung (ebenfalls unter UN-Leitung), der Abteilung für Demokratisierung und Institutionenaufbau (unter Leitung der Organisation für Sicherheit und Zusammenarbeit in Europa, OSZE) sowie der Abteilung für Wiederaufbau und wirtschaftliche Entwicklung (unter Leitung der EU). Die Aufgaben der Abteilungen eins und zwei sind mittlerweile auf die kosovarische Selbstverwaltung übertragen worden. Die UN beschränkt sich seitdem darauf, die Entwicklung in diesen Bereichen zu begleiten beziehungsweise zu überwachen. Die Abteilung eins wurde daher aufgelöst, Abteilung zwei wurde zu einer Unterabteilung der Abteilung für Zivilverwaltung herabgestuft. UNMIK ist allerdings weiterhin für die UN-geführten internationalen Polizeieinheiten zuständig mit nach wie vor fast zweitausend Mann. Zusätzlich gibt es nach wie vor umfangreiche Truppenkontingente der NATO-Besatzungstruppe KFOR (*Kosovo Force*), welche die UNMIK unterstützt, die jedoch bezeichnenderweise nicht der UNO unterstellt ist. Der EU untersteht die Abteilung, die für die Privatisierung der ehemaligen Staatsbetriebe zuständig ist. Dafür wurde eine Art Kosovo-Treuhandanstalt eingerichtet (ein Namensvetter der unsäglichen Treuhand unseligen Angedenkens, welche die Industriebetriebe der ehemaligen DDR zerstörte). Zunächst KTA (*Kosovo Trust Agency*) genannt, wurde auch diese Aufgabe ab 2008 von der Privatisierungsagentur der Selbstverwaltung des Kosovos übernommen.

Die UNMIK sollte auch die Koordination aller im Kosovo tätigen Hilfsorganisationen übernehmen, den Wiederaufbau zentraler Infrastrukturelemente vorantreiben sowie Recht und Ordnung durchsetzen. Alle Flüchtlinge, auch die serbischen, sollten sicher und ungehindert ins Kosovo zurückkehren und ihre alten Besitztümer zurückerhalten (was nie passierte). Die Bilanz der UNMIK ist von bedrückender Erfolglosigkeit. Zentrale Infrastrukturelemente wie die Elektrizitätskraftwerke sind bis heute nicht funktionsfähig, Gewalt zwischen den Volksgruppen (vor allem vonseiten radikaler Kosovo-Albaner gegen die anderen Bevölkerungsgruppen) flammt nach wie vor regelmäßig auf, die Korruption ist allgegenwärtig, auch innerhalb der UNMIK-Verwaltung, in Serbien warten nach wie vor Hunderttausende von Flüchtlingen auf die zugesicherte sichere Heimkehr in ihre Dörfer im Kosovo. Zudem gestattet die UN-Resolution 1244 Serbien offiziell, eine gewisse Anzahl von serbischen Armee-Einheiten ins Kosovo zurückzuverlegen, was die UNMIK bis heute verhindert, die damit als UN-Einrichtung die Umsetzung einer UN-Resolution blockiert. Trotz (oder wegen) der Anwesenheit der UNMIK im Kosovo hat sich die Region seit 1999 zu einem Hauptumschlagplatz für Menschenhandel entwickelt, gerade auch was jugendliche beziehungsweise minderjährige Mädchen und Jungen betrifft, die zur Prostitution gezwungen werden. Die Jugendlichen stammen zumeist aus noch ärmeren Gegenden wie Moldawien, Rumänien, Bulgarien oder der Ukraine. Laut einem Bericht von *Amnesty International* führte die Anwesenheit von vielen Tausend hochbezahlten UN-Beamten, NATO-Soldaten und EU-Polizisten im Kosovo zu einem extremen Anstieg der Nachfrage nach Prostituierten, auch Minderjährigen, so dass die UN also gerade die Entwicklung, die sie zu bekämpfen versprochen hatte, noch anheizte. Im Februar 2007 feuerte die UNMIK-Polizei mit Gummigeschossen auf unbewaffnete Demonstranten, von denen zwei getötet und mehr als achtzig verletzt wurden. Daraufhin trat der UNMIK-Polizeichef zurück, die aus Rumänien stammenden UNMIK-Polizeieinheiten wurden nach Rumänien zurückverlegt, ohne dass gerichtliche Untersuchungen eingeleitet worden wären. Stattdessen wurden die Demonstrationsorganisatoren von der Selbstbestimmungsbewegung für Kosovo (albanisch) unter Hausarrest gestellt. Auch die Behandlung von Roma-Flüchtlingen durch UNMIK hat internationale Kritik hervorgerufen.

Um die Zukunft des Kosovos voranzubringen und die Region aus dem unbefriedigenden Status eines UN-Protektorats zu befreien, schlug Serbien 2005 vor, das Kosovo im Rahmen einer erweiterten Autonomie als Teil des serbischen Staatsverbands zu integrieren. Eine Unabhängigkeitserklärung des Kosovos, wie es von kosovo-albanischer Seite (beziehungsweise ihrer Westblockfreunde) schon seit längerer Zeit angekündigt worden war, sei eine Verletzung der nach wie vor geltenden UN-Resolution 1244 sowie eine Verletzung der Souveränität Serbiens. Die kosovo-albanischen Scharfmacher (alles ehemalige UÇK-Terroristen) argumentierten dagegen, die angeblichen serbischen Verbrechen der Ära Milošević, begangen an den unschuldigen Kosovo-Albanern, mache einen Verbleib des Kosovos im serbischen Staatsverband unmöglich. Der finnische UN-Sondergesandte Martti Ahtisaari, ein ehemaliger Präsident Finnlands, war zu diesem Zeitpunkt damit beauftragt, die Zukunft des Kosovos zu planen. Ahtisaari war samt seinem Büro, dem *UN Office of the Special Envoy for Kosovo* (UNOSEK), in Wien untergebracht.

Dabei ging es zunächst grundlegend um die Rechte und den Schutz der einzelnen Bevölkerungsgruppen im Kosovo. Die von Ahtisaari geleiteten Verhandlungen zwischen den Volksgruppen begannen 2006 mit dem Thema der Dezentralisierung der lokalen Verwaltung, ein wichtiger Schritt zum Schutz der serbischen Gemeinden im Kosovo, die bis zu diesem Zeitpunkt unter dem Terror der UÇK-Verwaltung und immer wieder aufflammenden Pogromen seitens der ehemaligen UÇK-Terroristen litten. Anschließend ging es um wirtschaftliche Fragen, Eigentumsrechte, Schutz der orthodoxen Kirchen und Klöster im Kosovo und institutionelle Garantien für die einzelnen Bevölkerungsgruppen neben den dank UN, EU und NATO nun uneingeschränkt dominierenden Kosovo-Albanern, die, wie schon unter der Verwaltung des faschistischen Italien und der Hakenkreuzwehrmacht, sich nun erneut als die Sieger der Geschichte fühlen durften. Die UN, die EU und die NATO reihten sich also in eine recht bedenkliche historische Kontinuität ein.

Der eigentliche völkerrechtliche Status des Kosovos wurde ab Sommer 2006 verhandelt. Dabei präsentierten die verschiedenen Bevölkerungsgruppen ihre Vorstellungen von der Zukunft des Kosovos, die naturgemäß weit auseinanderlagen. Serbien wurde von Präsident Tadic und Ministerpräsident Kostunica vertreten, Kosovo von seinem »Präsidenten« (von NATO-Gnaden) Sejdu und Ministerpräsident Çeku (ebenfalls ein ehemaliger UÇK-Terrorist). Die kosovarischen Serben mussten nun also mit ihren Folterern an einem Tisch sitzen. Die mit der Aufsicht des Ganzen beauftragte Kosovokontaktgruppe traf sich mit Ahtisaari im September in New York unter Vorsitz der US-Kriegsministerin Rice, in einem Pressestatement wurde die Erwartung geäußert, noch vor Ende 2006 zu einem verbindlichen Fahrplan für die Zukunft des Kosovos zu kommen. Was, wie zu erwarten war, nicht gelang. Im Februar 2007 stellte Ahtisaari daher einen eigenen Entwurf für die staatliche Zukunft des Kosovos in Belgrad und Priština vor. Die Schutzmaßnahmen für alle Nicht-Albaner im Kosovo sollten laut Plan mindestens drei Jahre in Kraft bleiben. Obwohl das Wort »Unabhängigkeit« im Entwurf nicht vorkam, wurde eine Vielzahl von Detailformulierungen genau so verstanden: als Empfehlung für die staatliche Unabhängigkeit des Kosovos von Serbien (also dem Bruch der UN-Resolution 1244). Das Kosovo sollte nämlich das Recht erhalten, sich als eigenständige Region für die Mitgliedschaft in zahlreichen internationalen Organisationen zu bewerben, eine eigene Sicherheitstruppe aufstellen und nationale Symbole (Fahne, Wappen) entwerfen. Auch diese Verhandlungen endeten in einer Sackgasse, Serben und Kosovo-Albaner waren zu keinen Kompromissen bereit. Daher kündigte Ahtisaari an, seinen Vorschlag dem UN-Sicherheitsrat zur Abstimmung vorzulegen.

Russlands Präsident Putin kündigte im September 2006 an, dass Russland gegen den Ahtisaari-Vorschlag für das Kosovo im Sicherheitsrat ein Veto einlegen werde, da hier andere Maßstäbe angelegt würden als im umgekehrten Fall, in den Verhandlungen zur Unabhängigkeit der ehemals georgischen Teilrepubliken Südossetien und Abchasien, die von der UN aufgefordert worden waren, in den georgischen Staatsverband zurückzukehren. Immerhin kam bei einer zeitgleichen Umfrage heraus, dass erstaunlicherweise nur zwei Prozent aller Kosovo-Albaner die Vereinigung mit Albanien wünschten. Entweder war das Staatschaos in Albanien zu abschreckend, oder man wollte weiterhin Geschäfte auf eigene Rechnung machen, statt mit albanischen Clans teilen zu müssen. Gleichzeitig bereitete sich die UN auf Hunderttausende von neuen serbischen Flüchtlingen für den Fall der einseitigen Unabhängigkeitserklärung des Kosovos vor. Im Mai 2007 präsentierten die BRD und die USA den Entwurf für eine neue UN-Resolution, welche die bisher geltende Resolution Nummer 1244 ersetzen sollte. Auf der Grundlage von Ahtisaaris Vorschlägen sollte die UN-Verwaltung des Kosovos nach einer überaus kurzen Übergangsperiode von einhundertzwanzig Tagen beendet werden. Insbesondere die kurze Übergangszeit stieß bei vielen Beobachtern auf Erstaunen und Ablehnung.

Die westlich dominierte Kontaktgruppe (USA und BRD) kündigte währenddessen an, unabhängig vom Ausgang der Verhandlungen eine neue Organisationsform, das *International Civilian Office* (ICO, Internationales Zivilbüro) im Kosovo zu etablieren, zur Übernahme der Zivilverwaltung gemäß Resolution 1244, zur Überwachung der Implementierung aller Statusänderungen und zur Absicherung der Rechte aller Bevölkerungsgruppen. Die NATO kündigte an, die Besatzungstruppen der KFOR unabhängig von allen Statusänderungen auf unbestimmte Zeit im Land zu belassen (und entpuppte sich daher als eigentlicher Herrscher im Protektorat, da eine solche Ankündigung eigentlich mit der UNO hätte abgesprochen beziehungsweise ausgehandelt werden müssen, statt als *par ordre du mufti* präsentiert zu werden). Die EU kündigte ihrerseits an, eine eigene Organisation im Kosovo-Protektorat zu etablieren, eine Organisation im Rahmen der Europäischen Sicherheits- und Verteidigungspolitik zur Sicherstellung der Beachtung geltender Gesetze und Bestimmungen, speziell im Bereich des Polizeiwesens und der Justiz im Kosovo. Man führte sich also ungeniert als der eigentliche Herr im Haus auf, in Konkurrenz beziehungsweise in Abstimmung mit der NATO.

Im Juli wurden die Verhandlungen mit Russland zwecks neuer Resolution weitergeführt und nacheinander nicht weniger als vier (allerdings inhaltlich an wesentlichen Punkten wenig unterschiedliche) Fassungen vorgelegt. Russland bekräftigte erneut, dass es nur einer Resolution zustimmen werde, die von beiden Seiten, der kosovo-albanischen und der serbischen, getragen werde. Vertreter einer künftigen staatlichen Unabhängigkeit des Kosovos (unter anderem USA und BRD) äußerten dennoch die Hoffnung, in Kürze zu einer einvernehmlichen Lösung im Sicherheitsrat zu gelangen. US-Vertreter verkündeten bereits, dass es 2008 zu einer Veränderung des Kosovo-Status kommen werde. Mitte Juli 2007 lehnte Russland auch die fünfte Fassung des Westblockvorschlags zur Zukunft des Kosovos im Sicherheitsrat ab. Kosovo-albanische Scharfmacher aus den Reihen der ehemaligen westblockgeführten UÇK-Terroristen witterten Morgenluft und kündigten für November 2007 die einseitige Unabhängigkeitserklärung des Kosovos an.

US-Regierungsvertreter teilten mit, eine solche Aktion zu unterstützen, während die EU sich zögerlicher zeigte und eine Spaltung der Union im Hinblick auf eine mögliche Anerkennung eines unabhängigen Kosovos befürchteten (was dann auch eintrat). Die US-Vertreter verwiesen darauf, dass im Falle einer längeren Hängepartie Unruhen im Kosovo und Ausschreitungen von kosovo-albanischer Seite nicht auszuschließen seien – im Klartext drohten sie damit, ihre UÇK-Kettenhunde von der Leine zu lassen, falls jetzt nicht endlich den US-Vorstellungen von einer schnellen staatlichen Selbständigkeit gemäß gehandelt werde. Gleichzeitig wurde auch die neue EU-Protektoratsverwaltungsstruktur ins Spiel gebracht, die ähnlich aufgebaut werden sollte wie die (erfolglose) UNMIK-Mission, mit einem Veto-Recht in Bezug auf alle Entscheidungen der UÇK-Regierung des Kosovos, die ihren Vorstellungen zuwiderliefen und dem Recht, Regierungsmitglieder zu entlassen, die sich nicht an die UN-Richtlinien hielten. Außerdem wurde der UNMIK-Beauftragte für die Bekämpfung der Korruption im Kosovo (die weite Teile der UNMIK-Verwaltung und die gesamte UÇK-Regierung einschloss), James Wasserstrom, entlassen, als er in einem Bericht die weitreichende Korruption in der Region und insbesondere das Fehlverhalten von UN-Personal anprangerte.

Nach dem Ende der Kampfhandlungen hatten die UÇK-Terroristen, nun als neue Herren (um nicht zu sagen: »Herrenmenschen«) im Land, protegiert von USA, NATO und EU, nichts Besseres zu tun gehabt, als alle serbischen Siedlungen anzugreifen und zu plündern, zu vergewaltigen und zu brandschatzen, was zu einer riesigen Fluchtwelle von mehreren Hunderttausend Serben und anderen Nicht-Albanern aus dem Kosovo führte. 2001 hatte die UNMIK-Verwaltung die PISG eingerichtet, also die *Provisional Institutions of Self-Government* (Provisorischen Selbstverwaltungseinrichtungen), einschließlich einer (von serbischer Seite boykottierten) parlamentarischen Versammlung, einem Präsidenten und einem Ministerpräsidenten.

Aus den von der UN-Verwaltung veranstalteten Wahlen 2001 ging eine kosovo-albanische »Regierung« hervor (die serbische Bevölkerung hatte die Wahlen boykottiert). 2004 kam es zu den bisher schlimmsten Übergriffen der ehemaligen UÇK-Terroristen auf die serbische Bevölkerung des Kosovos. Kosovo-albanische Mobs brannten Hunderte von serbischen Häusern nieder, zerstörten orthodoxe Kirchen und Klöster und griffen sogar UN-Einrichtungen an. Von den übergriffigen Kosovo-Albanern landeten allerdings nur die wenigsten vor Gericht. Am 17. Februar 2008 erklärte die UÇK-Kosovo-Regierung, wie mit den USA und der BRD abgesprochen, die Unabhängigkeit des Landes, ohne auf die serbischen oder russischen Einwände einzugehen. Im August 2008 reduzierte die UNMIK ihre Stäbe um siebzig Prozent und übergab die meisten ihrer Aufgaben an die kosovo-albanische Regierung und die neuen Herren im Lande von der EULEX. Die UNMIK blieb für die serbische Bevölkerungsgruppe zuständig, übergab aber die Zuständigkeit für den Rest der Region an EULEX. Die von den USA dominierten Institutionen Weltbank und Weltwährungsfonds akzeptierten das Kosovo als Mitglied und künftigen Schuldner beziehungsweise Zinszahler im Juli 2009. Serbien besteht im Einklang mit der UN-Resolution 1244 weiterhin darauf, dass das Kosovo Teil des serbischen Staatsgebiets ist. Das Kosovo wird bisher nur von hundertzwölf der rund zweihundert UN-Mitglieder anerkannt. Auch die

EU ist hier wie prognostiziert gespalten. Immerhin fünf EU-Länder haben sich der allgemeinen Empfehlung, das Kosovo als unabhängigen Staat anzuerkennen, widersetzt. Die Jugendarbeitslosigkeit lag 2015 bereits bei sechzig Prozent, das Durchschnittgehalt bei dreihundert Euro, das Gesundheitssystem verdient seinen Namen kaum. Die Kultur ist weiterhin von Clanstrukturen und der Blutrache bestimmt, Polizei und Justiz seien wirkungslos.

Die größte Mission der EU-Geschichte unter dem Namen EULEX brachte 2008 über zweitausend »Experten« aus verschiedenen europäischen Ländern in die kosovarische Hauptstadt Priština. Sie sollen sicherstellen, dass Europas jüngste Republik zum Rechtsstaat wird. Eine anspruchsvolle Aufgabe in einem neun Jahre nach Kriegsende von Korruption und organisierter Kriminalität geplagten Land, das, wie erwähnt, völkerrechtlich bis heute zum serbischen Staatsgebiet zählt. Seit der einseitigen Unabhängigkeitserklärung des Kosovos unter Führung ehemaliger UÇK-Terroristen tun Westblockmedien und Politiker so, als sei damit der Schlussstrich gezogen und die Resolution 1244 nicht mehr gültig. Das ist jedoch gelogen. Die Resolution gilt nach wie vor. In den serbischen Exklaven im Norden des Kosovos wird nach wie vor mit serbischem Dinar bezahlt, kommen Löhne, Lebensmittel und politische Weisungen aus Belgrad. Serbische Verwaltungsangestellte in den serbischen Exklaven im Norden des Kosovos erhalten bis heute ein Zusatzgehalt aus Belgrad.

Zwei Staaten beanspruchen also gleichzeitig ein Territorium, das insgesamt kaum größer und nur halb so dicht bevölkert ist wie der Regierungsbezirk Stuttgart. Seit 2008 ist die UNMIK nur noch als Hülle im Kosovo vorhanden. Sie ist deshalb noch hier, weil sich der Weltsicherheitsrat, gespalten in USA, Großbritannien und Frankreich auf der einen und Russland und China auf der anderen Seite, nicht über die Beendigung der Mission einigen kann, da man hierzu einen gemeinsamen Beschluss über den künftigen Status des Kosovos finden müsste, wobei die Meinungen hier nach wie vor denkbar weit auseinander liegen. Schon der UNMIK unterstanden Verwaltung, Polizei, Justiz, Zoll und Wirtschaft im Kosovo. Jugoslawiens ehemaliges Armenhaus sollte zu einem demokratischen und rechtsstaatlichen Staatswesen für gut zwei Millionen Menschen umgebaut werden. Bei dem üppig alimentierten Unternehmen mischen auch mehrere Hundert Nicht-Regierungsorganisationen mit, da es hier lukrative Aufträge abzugreifen gibt. Tageshonorare von mehreren Hundert oder Tausend Euro sind keine Seltenheit, sondern eher die Regel. Franzosen, Amerikaner und Deutsche rangeln um die Spitzenposten in der Verwaltung und damit um die zu vergebenden Milliardenaufträge beim Wiederaufbau des Landes sowie um Einfluss auf die kosovarischen Clanführer. Die damals herbeigeführte »Sturzgeburt« einer »Demokratie« droht nach wie vor zu scheitern. Aber damit hat man sich im Westblock längst abgefunden, ist doch das Hauptziel erreicht, Russland vom Balkan zu verdrängen, wenn auch um einen hohen Preis.

Bislang hat der Westblock seit 1999 für sein neues Protektorat, sein »Modellprojekt«, über fünfzig Milliarden Euro ausgegeben. Das entspricht pro Einwohner und Jahr einem Aufwand von zweitausendfünfhundert Euro. Also hätte man genauso gut jedem Einwohner dort diese Summe pro Jahr auszahlen können, dann hätte das gemeine Volk auf beiden Seiten, der kosovo-albanischen und der serbischen, mehr davon gehabt. Im Kosovo geht auch unter Albanern der Spruch um, das neue Kosovo sei ein Bastardland. Der Westen habe es gezeugt, jetzt müsse er sich auch darum kümmern. Und gegebenenfalls noch jahrzehntelang Almosenzahlungen leisten. Kosovos Bruttosozialprodukt pro Einwohner ist niedriger als das von Nordkorea. Angesichts der höchsten Fruchtbarkeitsrate in ganz Europa liegt die Jugendarbeitslosigkeit wenig überraschend bei fünfundsiebzig Prozent. Was auch die hohe Auswanderungsrate nach Kerneuropa erklärt.

Das Kosovo ist heute stärker denn je eine Clan-Gesellschaft, in der ein Haufen krimineller Anführer das Land nach eigenem Gutdünken ausplündert – mit uneingeschränkter Duldung der das Land nach wie vor am Gängelband führenden Bürokraten aus Europa und anderswo. Die USA, die EU und die UN tragen die Verantwortung für die heutige Dominanz mafiöser Strukturen im Kosovo. Durch die Protektion politisch-krimineller Akteure haben sie die Glaubwürdigkeit internationaler Institutionen für immer zerstört. Von den einstigen UÇK-Terroristen, den Hauptverbündeten, dem Fußvolk des Westblocks im Kosovo, die in Politik wie Wirtschaft des Kosovos das Sagen haben, ist bisher keiner gerichtlich verurteilt worden. Mord, Folter, Vergewaltigung und Vertreibung von Serben, Albanern und Roma in den Jahren ab 1999, so lautet die Anklage des Internationalen Gerichtshofs gegen Ramush Haradinaj, dem ehemaligen UÇK-Terroristen und Premierminister, doch das Verfahren dürfte – wie alle Verfahren gegen UÇK-Terroristen zuvor – mit einem Freispruch enden oder eingestellt werden, da alle Belastungszeugen überraschenderweise vor Verhandlungsbeginn ums Leben kommen.

In der Kosovo-Verwaltung hatte sich auch der ehemalige US-General Schook hervorgetan, Stellvertreter des Missionsleiters der UNMIK in Priština. Aber nicht besonders positiv. Seine Schwäche für das schöne Geschlecht war nicht ausschlaggebend noch seine Angewohnheit, einmal pro Woche ein Trinkgelage mit Haradinaj abzuhalten. Sein Vertrag wurde nicht verlängert, als die UNO-Untersuchungskommission OIOS ihm auf die Spur kam. Bei einem abendlichen Gelage mit UÇK-Leuten hatte Schook Namen und Aufenthaltsort des im Rahmen des Verfahrens gegen Haradinaj mittels Zeugenschutzprogramm nach Norwegen evakuierten Hauptbelastungszeugen verraten. Nachdem dieser selbst im fernen Oslo von UÇK-Abgesandten bedroht worden war, hatte er seine Betreuer vom Zeugenschutzprogramm alarmiert. Die verständigten ihrerseits das UN-Hauptquartier in New York, das unverzüglich ein Ermittlerteam nach Priština schickte, das Schooks UN-Karriere beendete. Zum großen Bedauern der kosovo-albanischen Mafiosi, die sich während seiner Amtszeit auf die Unterstützung Schooks verlassen konnten. Die Familienclans um Haradinaj gehen wie eh und je ihren kriminellen, politischen und militärischen Aktivitäten nach. Sie zählen rund hundert Mitglieder und betätigen sich im Drogen- und Waffenschmuggel sowie im illegalen Handel mit zollpflichtigen Waren. »Mafiaboss« ist heute wenig überraschend der meistgenannte Berufswunsch von Kindern im Kosovo.

Zum ersten Mal in der Geschichte übernahmen die Vereinten Nationen im Kosovo eine Regierung, schufen eine neue Verwaltung und trieben Steuern ein. Das Experiment ging schief – die Wirtschaft liegt brach, die Korruption blüht. Die UNO-Mission weckt auf beiden Seiten vor allem Begehrlichkeit. Neunzig Prozent der Ausländer seien wegen des Geldes im Kosovo, heißt es sogar von UN-Seite. Zumal Dienstjahre im Kosovo keineswegs positiv angerechnet werden, sondern einen Karriereknick nach sich ziehen. Das internationale Personal sei entweder aus Abenteurertum oder zwecks Bereicherung im Kosovo. Die zur Entscheidung anstehenden Beträge sind imposant. Allein beim Bieterverfahren um das Braunkohle-Heizkraftwerk Kosovo C geht es um vier Milliarden Euro. Trotz einer Milliarde Euro, die bisher von der UNO-Verwaltung in das Stromnetz des winzigen Landes investiert wurden, kommt es täglich zu stundenlangen Stromausfällen. Der Vorstandsvorsitzende des Strommonopolisten ist ein Cousin von Ex-Premier Agim Çeku und ein Vertrauter des UNMIK-Chefs. Zu den Mitbewerbern zählen die deutschen Unternehmen EnBW und RWE. Çekus Clan bilde zusammen mit den UNMIK-Verantwortlichen eine Art Cosa Nostra des Kosovos, sagen Vertreter einer NGO. Die UNMIK habe bisher vor allem mit Kriminellen gearbeitet, nur wegen der Stabilität im Land. Wegen Unregelmäßigkeiten bei der milliardenschweren Kosovo-Treuhandanstalt kam auch eine der düstersten Gestalten im Kosovo ins Gerede, der ehemalige UÇK-Terrorist Hashim Thaçi, zwischenzeitlich Premierminister und seit 2016 Präsident des Kosovos.

In einer Analyse des BND aus dem Jahr 2005 heißt es, bereits 1999 habe UÇK-Terrorist Thaçi ein im gesamten Kosovo aktives kriminelles Netzwerk kontrolliert. Gleichzeitig ist er Vorsitzender der aus der UÇK hervorgegangenen Partei PDK. Als ausländischen Patron hatte er sich in der frühen Nachkriegsphase ausgerechnet die SPD-eigene Friedrich-Ebert-Stiftung (FES) ausgesucht, die für die weiteren Schritte der Machtergreifung im Kosovo helfen sollte. Und – erstaunlich genug – die FES ebenso wie die SPD ließen sich auf eine enge Zusammenarbeit ein, akzeptierten die PDK als Mitglied der Sozialistischen Internationale. Auf den ersten Blick erstaunlich, diese Zusammenarbeit mit Mördern und Verbrechern, bei einem Rückblick auf die Geschichte der SPD allerdings weniger überraschend, hält man sich die Zustimmung zu den Kriegskrediten 1914, die durch die SPD verhinderte Revolution 1918 und die Währungsreform 1948 vor Augen, eine antisoziale

Umverteilungsaktion von unten nach oben vom Feinsten. Schließlich war es ja auch ausgerechnet SPD-Kanzler Schröder, der ab 1998 die Axt an die Sozialversicherungssysteme legte, die Deutschland seit Bismarcks Zeiten erfolgreich durch die Zeitenstürme gebracht hatten (zusammen mit dem immer gut behandelten und alimentierten Großkapital), der Hartz IV einführte, der die Arbeitslosenversicherung einschränkte et cetera. Mit ihrem »Ostbüro« war die SPD ab 1945 auch an vorderster Front am Sabotagekampf gegen die SBZ beziehungsweise die DDR beteiligt. Wenn es gegen Kommunisten oder wahlweise gegen die Sowjetunion beziehungsweise Russland ging, war die SPD immer schon ganz vorn mit dabei. So auch 1975 in Portugal, als man in enger Zusammenarbeit mit der Hanns-Seidel-Stiftung der CSU (ausgerechnet!) eine kommunistische Revolution im NATO-Land Portugal verhinderte, mit millionenschweren Schmiergeldzahlungen an rechtsliberale portugiesische Parteien, nur um den prognostizierten Durchmarsch der KP Portugals nach der »Nelkenrevolution« zu verhindern. Dass Schröder jetzt ausgerechnet bei Putin beziehungsweise Gazprom Kasse macht, zeigt einmal mehr die Rückgratlosigkeit der sozialdemokratischen beziehungsweise der BRD-Politikerelite. Denn wenn eines sicher ist, und so auch in verschiedenen UNO-Analysen dargestellt wird, dann die Tatsache, dass hinter jeder politischen Partei der Kosovo-Albaner ein Clan des organisierten Verbrechens steht. Bezeichnend auch, dass seit 2005, als die ersten Kosovo-Albaner in die Kosovo-Polizei aufgenommen wurden, kein Gramm Heroin mehr beschlagnahmt werden konnte. Denn nun hat die Mafia ihre V-Leute in den höchsten Rängen der Kosovo-Polizei. Und das macht sich bemerkbar. Denn das Kosovo ist heute der wichtigste Umschlagplatz für Opium und Heroin aus Afghanistan. Monatlich gehen den Erkenntnissen der Ermittler*innen zufolge bis zu fünf Tonnen Heroin über die Grenze Richtung Kerneuropa. Dort übernehmen albanische Distributions- und Verteilerringe den weiteren Verkauf. Durch das Land verläuft also seit 1999 die zentrale Balkan-Route für Rauschgiftschmuggel. Achtzig Prozent des europäischen Heroinschmuggels werden inzwischen von albanischstämmigen Clans kontrolliert. Seit der Unabhängigkeit der Zwergrepublik haben die herrschenden Clans noch leichteren Zugriff auf die Regierungsgeschäfte und die Strafverfolgungsbehörden, die sich wenig überraschend als nunmehr völlig erfolglos präsentieren. Und der Westblock schaut wohlwollend zu, Maßnahmen werden keine ergriffen, immerhin sind es ja die engen Verbündeten, die ehemaligen UÇK-Terroristen, die hier das große Geld machen.

In Priština gibt es über hundertvierzig Bordelle, teilweise direkt neben den KFOR-Kasernen gelegen. Die Betreiber sind zumeist UÇK-Veteranen mit Knasterfahrung. In den Kaschemmen versehen Türkinnen, Albanerinnen und Moldauerinnen den Dienst als Sexworkerinnen, in den seltensten Fällen freiwillig. Die Studenten der Universität im serbisch dominierten Mitrovica-Nord tragen dagegen T-Shirts mit der Aufschrift »Kosovo ist Serbien«, die Verwaltung wird von Belgrad finanziert. Hier gibt es keine Bordelle. Die hier im öffentlichen Dienst Beschäftigten bekommen das Doppelte bis Dreifache der üblichen Gehälter, dafür dass sie den Anspruch Belgrads aufs Kosovo trotz häufiger Übergriffe der ehemaligen UÇK-Terroristen täglich repräsentieren. Die von der Westblockpropaganda in die Welt gesetzten Phantasien von einem multiethnischen, friedlichen Kosovo werden hier vor Ort im Kosovo als Propagandachimären entlarvt. Dabei trägt die jüngere Geschichte des Kosovos seit 1999 eindeutig die Handschrift Washingtons. Alle wesentlichen

Entscheidungen wurden dort beziehungsweise in Bonn/ Berlin getroffen. Mit der fast vierhundert Hektar großen und siebentausend Soldaten beherbergenden US-Militärbasis *Camp Bondsteel* im Ostkosovo (ehemals Uroševac, heute Ferizaj genannt), einer der größten US-Militärbasen außerhalb der USA, haben sich die USA einen wertvollen Vorposten geschaffen, von dem aus sie zentralen Zugriff auf die künftigen Geschicke des Kosovos haben. Das Camp gehört nach Erkenntnissen des Europarats im Übrigen auch zu den Black Sites genannten geheimen Haftorten für US-Häftlinge, die im »Kampf gegen den Terror« anfallen und dort verhört beziehungsweise gefoltert werden. Das serbische Gebiet im Norden des Kosovos, an der Grenze zum Sandschak, hat sich nach Berichten von Augenzeugen vor Ort seit den Kriegszerstörungen wieder zur blühenden bäuerlichen Kulturlandschaft entwickelt, mit bestellten Äckern, Weiden und Bienenstöcken, im Gegensatz zu den um nackte Rohbauten wuchernden, müllübersäten Siedlungen der Kosovo-Albaner. Tausende von Klagen auf Rückerstattung von Eigentum, Äckern und Wiesen sind im Kosovo anhängig. Auch die Verbrechensaufklärung verläuft nur schleppend bis gar nicht. Von vierzigtausend offenen Strafverfahren werden Hunderte als hochrangig bewertet, denn die Ermittlungen führen direkt hinein ins Clansystem. Von ihm und nicht vom Volk geht die Macht in Europas jüngster Republik aus. Doch Urteile oder gar Haftstrafen, geschweige denn die Beschlagnahmung von Drogenprofiten oder damit erworbenen Immobilien, darf man hier nicht erwarten.

Wie erwähnt, begann 2008 in doppelter Hinsicht ein neuer Abschnitt in der Geschichte des Kosovos. Die ehemaligen UÇK-Terroristen erklärten auf Weisung beziehungsweise in Absprache mit Washington die Unabhängigkeit ihres Staatsgebildes von Serbien (unter Bruch der bis heute gültigen UNO-Resolution 1244, was trotzdem vom Westblock Applaus erhielt, da es eine weitere Verdrängung Russlands vom Balkan beziehungsweise die weitere Schwächung des letzten russischen Verbündeten auf dem Balkan, Serbien, bedeutete), und gleichzeitig übernahm die EU von der UNO den Hauptteil der Verwaltung des nach wie vor von der NATO militärisch besetzten Protektorats. Dafür wurde eine milliardenschwere Sonderkommission gegründet, die Rechtsstaatlichkeitsmission der Europäischen Union im Kosovo (EULEX Kosovo). Bis zu zweitausend Polizisten, Richter, Gefängnisaufseher und Zollbeamte wurden aus verschiedenen EU-Mitgliedsländern ins Kosovo entsandt, nachdem ihre Zusammenstellung sich über Monate hingezogen hatte, da es in allen Ländern zu wenig Freiwillige für diese Mission gab. Sie sollten dem Land beim weiteren Aufbau von Polizei, Justiz und Verwaltung helfen. Dazu erhielten die EU-Abgesandten (analog den UN-Verwaltern des Kosovos) weitreichende Befugnisse und – selbstverständlich – eine umfassende Immunität, die sie vor jeglicher Strafverfolgung durch kosovarische (oder sonstige, etwa serbische) Behörden schützt. Sie können also tun und lassen, was sie wollen.

Die Leitung der Mission übernahm im Februar 2008 zunächst der französische General Yves de Kermabon. Derzeitige Leiterin der Mission ist Alexandra Papadopoulou. Völkerrechtlich ist die EU-Mission umstritten, da sich die UN-Resolution 1244 auf eine internationale zivile Präsenz unter der Leitung der UNO bezieht. Ein EU-Einsatz ist dort nicht vorgesehen. Serbien und Russland bestreiten daher die Rechtmäßigkeit der Mission. Zeitgleich mit EULEX Kosovo hat die EU einen Sonderbeauftragten der Europäischen Union ins Kosovo entsandt, in Person des Niederländers Pieter Feith, den eigentlichen Herrn im

Protektorat. Politisches Ziel der EU im Kosovo ist offiziell die Schaffung eines stabilen, lebensfähigen, friedlichen, demokratischen und multi-ethnischen Kosovo, das auf der Grundlage gutnachbarschaftlicher Beziehungen zu Zusammenarbeit und Stabilität in der Region beiträgt und das sich der Rechtsstaatlichkeit sowie dem Schutz von Minderheiten und des kulturellen wie religiösen Erbes verpflichtet. Die Kosten der Mission wurden zunächst mit zweihundertfünf Millionen Euro veranschlagt. Sie war ursprünglich bis zum 14. Juni 2010 befristet. Nach mehrfacher Verlängerung soll sie nach derzeitigem Stand Mitte Juni 2020 enden. Das Hauptquartier befindet sich in Priština. Deutschland ist mit achtzig Polizisten und fünfunddreißig zivilen »Experten« beteiligt. Im August 2016 gab die EU bekannt, das Personal bis Jahresende auf achthundert Mitarbeiter*innen zu halbieren. Gleichzeitig sollten die Justiz- und Polizeibehörden Kosovos größere Verantwortungsbereiche übernehmen.

Die EULEX ist generell die größte zivile Mission, die bisher im Rahmen der Gemeinsamen Sicherheits- und Verteidigungspolitik der EU entsandt wurde. Aus Sicht der UNO ist EULEX allerdings nur eine Assistenzmission zu UNMIK und nicht deren Ablösung. EULEX wird von allen achtundzwanzig EU-Mitgliedsländern unterstützt sowie von fünf Beitragsstaaten (Kanada, Norwegen, Schweiz, Türkei und USA). Spanien nimmt nicht an EULEX teil, da es legale Fragen im Hinblick auf das Verhältnis zu UNMIK als nicht geklärt ansieht. Zudem gibt es im Land in Katalonien starke Unabhängigkeitstendenzen, und die spanische Regierung fürchtete, diese bei einer Unterstützung der Unabhängigkeit des Kosovos noch anzuheizen. Spanien erkennt daher die Unabhängigkeit des Kosovos von Serbien nicht an. Auch weitere EU-Staaten wie Griechenland, Zypern, Rumänien und die

Slowakei haben die Unabhängigkeit des Kosovos bisher nicht anerkannt und auch keine Botschafter ausgetauscht. EULEX wurde zudem von der UNO beziehungsweise dem UNO-Sicherheitsrat nicht offiziell anerkannt, da Russland seine Zustimmung verweigerte.

Bis Dezember 2018 hatte EULEX zwei operative Ziele: einmal zu überwachen, zu helfen und zu beraten, gerade im Hinblick auf das Justizwesen des Kosovos, speziell im Bereich der Polizei- und Zollbehörden, und zweitens bei der Implementierung von Verfassungs- und Ziviljustiz zu helfen sowie bei ausgewählten Strafrechtsfällen zu beraten. Das erstere Ziel wurde von der Bestärkungsabteilung (*Strengthening Division*, SD) übernommen, in Zusammenarbeit mit anderen EU-Institutionen. Dabei sollte politischer Einfluss auf die Justiz zurückgedrängt werden, gerade im Hinblick auf Korruptionsfälle sowie auf Fälle aus dem Bereich der organisierten Kriminalität, von Verbrechen gegen einzelne Volksgruppen im Kosovo sowie Kriegsverbrechen. Auch die Grenzpolizei und das Zollwesen des Kosovos wurde EULEX unterstellt. Die Verwaltungsabteilung (*Executive Division*, ED) konzentrierte sich dagegen offiziell auf eine Förderung der lokalen Verwaltungstätigkeiten sowie auf die Förderung der Privatisierung bisheriger Staatsbetriebe im Kosovo (die eigentlich laut UNO bis heute Eigentum Serbiens sind).

Ab September 2011 setzte die EU eine Sonderermittlungsgruppe ein, die sich mit den vom Schweizer Europaratsabgeordneten Dick Marty publizierten Vorwürfen beschäftigen sollte, dem zufolge die UÇK während und nach dem Kosovokrieg in den internationalen illegalen Organhandel involviert war. 2014 gab die Ermittlergruppe bekannt, die ermittelten Beweise seien ausreichend, um Anklage einzureichen. Seitdem hat man allerdings von diesem Vorhaben nichts mehr gehört, das offenbar stillschweigend beerdigt wurde. 2012 gab die Europäische Prüfkommission bekannt, dass die EULEX-Mission an Effizienz zu wünschen übriglasse. Gerade die Hilfen beim Aufbau der Polizei und der Justiz seien von mäßigem Erfolg gewesen. Nach wie vor gebe es zahlreiche Fälle aus dem Bereich des organisierten Verbrechens im Kosovo (kein Wunder, wenn die Westblock-Geheimdienste die Drahtzieher dahinter aus den Reihen der ehemaligen UÇK-Terroristen bis heute decken und im Zweifelsfall in Sicherheit bringen), aber auch die Korruption sei nach wie vor weitverbreitet im Kosovo.

Besonders bezeichnend: Im Oktober 2014 verlangte die britische EULEX-Staatsanwältin, Maria Bamieh, ein Antikorruptionsverfahren gegen einige ihrer EULEX-Kollegen einzuleiten. Neben anderem hatte sie auch mitbekommen, dass ein hoher Angestellter des Kosovo-Gesundheitsministeriums, der wegen Korruptionsvorwürfen im Gefängnis saß, das Strafmaß direkt mit ihren Vorgesetzten aushandelte, an Recht und Justiz vorbei. In der Folge wurde keineswegs Anklage gegen die korrupten EULEX-Juristen erhoben, sondern die »Whistleblowerin« Bamieh fristlos entlassen. Zwar versprach die EU Außen- und Sicherheitspolitikbeauftragte Mogherini, die sich zeit ihrer Laufbahn wie schon ihr Vorgänger durch Ineffizienz auszeichnete, die Einleitung einer Untersuchung zu den Vorgängen. Doch es blieb bei der Ankündigung. Die Situation in der kosovarischen Justiz hat sich seither eher noch verschlimmert, da die Menschen dort mitbekommen, dass es im Westblock kein Interesse an einer Strafverfolgung solcher Missstände gibt.

Kommen wir abschließend noch einmal auf den eingangs erwähnten Herrn Haradinaj zurück. Im Westkosovo, wo die Hauptkampfzone des Kosovokriegs zwischen UÇK-Terroristen und serbischer Armee lag, gilt Haradinaj

als Held. Belgrad bezeichnet ihn dagegen als Kriegsverbrecher. Vor dem Krieg, während seiner Zeit als Gastarbeiter
in der Schweiz, trug er den bezeichnenden Spitznamen
»Rambo«. Im Westkosovo schmuggelte er illegal Waffen
über die Grenze, im Schweizer Skiort Leysin arbeitete er
als Türsteher in einem Nachtklub. Der BND bezeichnet
Haradinaj in einer Analyse von 2005 als Chef eines großen Clans, der Drogen- und Waffenschmuggel betreibe.
Die NATO-Besatzertruppe KFOR, mit der Haradinaj eng
zusammenarbeitet, bezeichnete den Haradinaj-Clan in
einer Analyse als mächtigste kriminelle Organisation der
Region. Haradinaj bestritt diese Vorwürfe und setzte seine
politische Karriere fort, als wäre nichts geschehen. Bis vor
kurzem schüttelte er als Premierminister noch ausländischen Staatsgästen die Hand.

Zwanzig Jahre nach dem Kosovokrieg sind viele Kosovo-Albaner angesichts der Lage in ihrem Land enttäuscht.
Obwohl die EU Milliarden in den jungen Staat steckte, ist
das Kosovo nach wie vor eines der ärmsten Länder Europas. Die politische und wirtschaftliche Elite des Landes ist
einzig darauf aus, die vorhandenen Ressourcen zur Ge-
winnmaximierung auszubeuten. Die generelle Armut der
Bevölkerung ist ihr egal. Der ehemalige UÇK-Terrorist
Haradinaj macht da keinen Unterschied, bestand seine
erste Amtshandlung als Premierminister doch darin, das
eigene Gehalt auf mehrere Tausend Euro zu erhöhen (bei
einem Durchschnittsverdienst von dreihundert Euro).
Kurz darauf machte er Urlaub im Schweizer Nobelskiort
St. Moritz, was achtzigtausend Franken gekostet haben
soll. Der Bauernjunge Haradinaj hat seinen Geburtsort,
ein Provinznest im Westkosovo, zur Hochburg der UÇK
gemacht. Wer nicht für sie war, wurde als Feind behandelt.
Im Dorf gibt es sogar einen UÇK-»Heldenfriedhof«, unter
anderem liegen dort zwei von Haradinajs Brüdern. Für

seine Eltern hat er eine neue Villa bauen lassen, die einer Festung gleicht, auf der die albanische (!) Flagge weht. Als der Internationale Strafgerichtshof in Den Haag 2005 erstmals Anklage gegen Haradinaj wegen Verbrechen gegen die Menschlichkeit erhob (wegen Mordes, Entführung und Folter) trat er als Premierminister zurück und stellte sich, Optimismus ausstrahlend, dem Prozess. Dieser endete 2008 mit einem Freispruch, nachdem alle Belastungszeugen unter mysteriösen Umständen ums Leben gekommen waren. 2012 wurde das Verfahren nochmals aufgerollt, Haradinaj aber erneut aus Mangel an Beweisen freigesprochen. Man darf gespannt sein, wie das neuerliche Verfahren ausgeht – alles andere als ein Freispruch wäre eine Überraschung.

Fußballstadien, Flughäfen und Straßen tragen im Südkosovo die Namen ehemaliger UÇK-Terroristen. Ihre Veteranenverbände haben vielerorts Büros eingerichtet. Als sein politisches Programm hatte Haradinaj im Wahlkampf verkündet, er werde sich um Bildung, Umwelt, Energie und die Landwirtschaft kümmern. Die Flüsse des Kosovos seien voller Müll. Das müsse geändert werden. Den geflohenen Serben versprach der ehemalige UÇK-Terrorist eine neue Heimat im Kosovo. Haradinajs Kritiker vermuten, dass der Westblock deswegen mit ihm zusammenarbeitet, weil ihn seine Verstrickung in kriminelle Machenschaften erpressbar mache. Er sei eine Puppe, die alles umsetze, was man von ihr verlange. Haradinaj, der ehemalige Warlord, sollte nach dem Krieg für Stabilität sorgen. Der EU wird vorgeworfen, statt Demokratie die reinste Autokratie im Kosovo installiert zu haben.

Auf dem internationalen Korruptionsindex liegt der Kosovo mittlerweile gleichauf mit Kambodscha und Kamerun, und zwar an der Spitze. Die Mafia wäscht dort ihr schmutziges Geld unter den Augen von UNO, EU und NATO. Das Experiment, dass UN, NATO und EU einen Staat nach ihren Vorstellungen aufbauen wollten, kann heute als gescheitert gelten. Aus dem Kosovo wurde zunächst »Unmikstan« und seitdem »Eulexistan«. Doch was für einen Staat hat die Weltgemeinschaft nach knapp zwanzig Jahren geschaffen? Stromausfälle gehören zum Alltag, die Hälfte der Kosovaren ist arbeitslos. Der lokale Energiekonzern KEK, ehemals in Staatsbesitz, ist in den vergangenen Jahren von lokalen Machthabern wie internationalen »Beratern« vulgo Betrügern gleichermaßen geplündert worden. Einziger Exportartikel des Kosovos ist Metallschrott. Haradinaj wird ebenfalls vorgeworfen, ab September 1998 systematisch Serben, Roma und Albaner, die sich seinem Herrschaftsanspruch nicht unterwerfen wollten, aus seinem Clangebiet vertrieben und vielfach ermordet zu haben. Menschen wurden angeblich mit Stacheldraht gefesselt hinter Autos hergeschleift oder bei lebendigem Leib verstümmelt. Dutzende Leichen fanden sich später an der bevorzugten Hinrichtungsstätte des Clans. Insgesamt siebenunddreißig Verbrechen gegen die Menschlichkeit wirft die Haager Anklage Haradinaj vor. Ein Drittel der insgesamt neunzig Zeugen darf vor dem Internationalen Gerichtshof mit verdeckter Identität aussagen – eine bezeichnende Rekordzahl aller bisherigen Prozesse vor dem Jugoslawientribunal.

Bezeichnend auch folgende Episode aus dem Leben Haradinajs. Im Juli 2000 stürmte er mit einer Gruppe Bewaffneter das Anwesen eines konkurrierenden Drogenhändlers und erlitt dabei Verletzungen. Anschließend suchte er keineswegs ein kosovarisches Krankenhaus auf, sondern – man höre und staune – wurde vom US-Militär in deren deutsche Basis Ramstein ausgeflogen und dort gesundgepflegt. Die UNMIK erhielt die Anweisung, keine Maßnahmen gegen Haradinaj zu ergreifen. Daher ist es wenig erstaunlich, dass sogar in einem EULEX-Gutachten festgestellt wird, dass Haradinaj & Co. von der Bevölkerung als unantastbar betrachtet werden, da der Westblock vor seinen Aktivitäten die Augen verschließe. Haradinaj hatte nach 2000 natürlich auch seine eigene Partei gegründet, die AAK, Zukunftsallianz Kosovos genannt, die bei den Wahlen 2004 acht Prozent der Stimmen erhielt, wofür Haradinaj vom damaligen UNMIK-Chef als Ministerpräsident eingesetzt wurde.

Dieser bedauerte seinen Rücktritt nach der Anklageerhebung und sorgte dafür, dass Haradinaj bis zum Beginn des eigentlichen Prozesses in Freiheit blieb und sein politisches und geschäftliches Machtsystem weiter ausbauen konnte. Diese Zusammenarbeit des Westblocks mit ehemaligen Terroristen und heutigen Drogen-, Waffen- und Menschenhändlern ist wahrlich ein faustischer Pakt, noch dazu überaus praktisch für beide Seiten. Für die alle zwei Jahre wechselnden UNMIK-Chefs zählt nur, ihre Amtszeit »erfolgreich« hinter sich zu bringen. Die Ausnahme war jener unglückliche Finne, in dessen Mandatsperiode die Märzunruhen 2004 fielen, als kosovo-albanische Mobs reihenweise serbische Kirchen und Klöster im Kosovo niederbrannten. Probleme zu ignorieren und gefälschte Erfolgsmeldungen nach New York zu schicken, war das probate Mittel, um die eigene Karriere ungefährdet fortzusetzen. Hat man dabei einen erpressbaren Politiker wie Haradinaj an der Hand, der alle Wünsche erfüllte und die Lage ruhig hielt, umso besser.

Haradinaj ist der prominenteste, aber nicht der einzige Fall. Die ins Kosovo entsandten internationalen Polizei-Experten mussten die Erfahrung machen, dass Gesetze im Kosovo nicht für alle gelten. Die selten genug eingeleiteten Ermittlungen werden regelmäßig von UNMIK-Chefs und den US-KFOR-Kommandeuren behindert, sobald ehemalige UÇK-Kommandeure und Clanführer ins Fadenkreuz der Ermittlungen geraten. Einige der früheren UÇK-Führer genießen regelrechte Immunität. So entging auch der frühere UÇK-Boss Lushtaqi mindestens zweimal einer Festnahme. Ihm wurde vorgeworfen, Drahtzieher des Bombenanschlags auf einen Bus serbischer Friedhofsbesucher im Februar 2001 gewesen zu sein. Während und kurz nach dem Krieg soll er in UÇK-Folterlagern albanische und serbische Zivilisten ermordet haben. Lushtaqi machte ungestört weiter Karriere und ließ sich in seinem Heimatort sogar zum Bürgermeister wählen. Selbst der UN-Missionschef war voll des Lobes für Lushtaqi, der sich an UNMIK-Vorgaben halte und sogar albanisch-serbische Gemeinde-Komitees einrichten wolle. Dass es bei der Absichtserklärung blieb und den Worten keine Taten folgen, versteht sich fast schon von selbst.

Kosovo-albanische Clans kontrollieren seit 1999 das Rotlichtgewerbe in vielen Städten Europas. Und nirgends lässt sich das schwarz verdiente Geld besser waschen als im Kosovo. So gibt es in dem Kleinstaat erstaunlicherweise über tausend Tankstellen, an denen selten oder nie jemand tankt. Oft wurden direkt daneben mehrstöckige »Motels« hochgezogen, ohne Fenster oder Kundschaft. Die dort vorgetäuschte Geschäftstätigkeit ermöglicht es den Clanchefs, das illegal verdiente Geld zu waschen und als legales Geld wieder aus dem Kosovo nach Europa zu exportieren, um massenweise wertvolle Immobilien, Edelmetall und Luxusautos in Kerneuropa zu erwerben. Zudem gibt es im Kosovo über dreißig »Privatuniversitäten«, die für viel Geld bunte Zertifikate bieten und große Studentenzahlen melden – dabei aber nur selten Unterricht anbieten. Keiner ihrer Abschlüsse ist in der EU anerkannt. Die Lizenzen zum Betrieb dieser Privatuniversitäten vergab einer der bis heute unbelangten Kosovo-Erziehungsminister gegen eine »Aufwandsentschädigung« von fünfzigtausend Euro. Als die UNMIK begann, alle »Privatuniversitäten« offiziell auf Lehrtätigkeit und Qualifikationen des Personals zu untersuchen, antworteten viele nicht einmal auf das Anschreiben.

Der Chef der ersten Anti-Korruptionsbehörde im Kosovo verweist darauf, dass Korruption keineswegs ein kultureller Bestandteil im Kosovo sei. Die normale Bevölkerung sei wütend. Er bekomme ständig detaillierte Hinweise auf neue Fälle. So sollen zwei Ärzte im Krankenhaus von Priština gespendete Geräte im Wert von zweihunderttausend Euro privat verkauft haben. Aber die Ärzte wurden nach ihrer Verhaftung umgehend wieder freigelassen – weil sie ihre Gefängniswärter bestachen. Er habe Hunderte von Fällen an die Staatsanwaltschaft weitergegeben. Die müssen nun weiterermitteln. Aber nichts geschehe. Und die Menschen bekommen immer mehr den Eindruck, dass die Mafiabosse und korrupten Behördenleiter von der UN beziehungsweise der EU oder der NATO beschützt werden. Als Ministerpräsident hatte der Ex-Terrorist Thaçi versprochen, der Korruption den Kampf anzusagen. Dabei blieb es aber auch. Bei der Ansage. Maßnahmen erfolgten nicht. Thaçi, UÇK-Kampfname »Die Schlange«, gilt bei Polizei und Nachrichtendiensten als Teil der Clanstrukturen im Kosovo, also der Drogenhändler und Schmuggler. Sein Clan sei ein Konkurrent des Haradinaj-Clans.

Thaçi soll laut einem Bericht des Europarats ebenfalls Ende der 1990er Jahre in illegalen Organhandel und Auftragsmorde verwickelt gewesen sein. Zwei Tage nach seiner Wiederwahl veröffentlichte der Europarat einen Bericht des Abgeordneten Marty, der Thaçi und weitere ehemalige UÇK-Terroristen beschuldigt, mit den Organen serbischer Gefangener nach dem Kosovokrieg schwunghaften Handel getrieben zu haben. Die UÇK habe im Norden Albaniens Serben, aber auch Kosovo-Albaner in ihren Lagern unmenschlicher Behandlung, sprich: Folter, ausgesetzt, bevor sie sie ermordeten und die entnommenen Organe auf dem internationalen Schwarzmarkt an westeuropäische Kliniken verkauften. Eine EULEX-Ermittlungskommission habe in der Medicus Klinik in Priština mehrere Ärzte und einen Beamten des Gesundheitsministeriums verhaften lassen, denen Organhandel und illegale medizinische Tätigkeiten vorgeworfen werden. Der frühere Schweizer Staatsanwalt Marty bezeichnete Thaçi als Boss der Drenica-Gruppe (benannt nach ihrer kosovarischen Herkunftsregion), einer kleinen, aber unvorstellbar mächtigen Gruppe von UÇK-Mitgliedern, die seit 1998 die organisierte Kriminalität unter ihre Kontrolle gebracht habe. Die wohlwollende Unterstützung der USA und anderer Westblockländer habe Thaçi nach dem Kosovokrieg den Status strafrechtlicher Immunität verschafft.

Das Handeln der EU im Hinblick auf den Kosovo ist einigermaßen schizophren. Auf der einen Seite werden Milliarden in den Aufbau des winzigen Staatsgebildes gesteckt. Und auf der anderen Seite wird das Kosovo mit extrem subventionierten Waren der EU oder aus anderen »Globalisierungsregionen« regelrecht überschwemmt, so dass sich eine eigene wirtschaftliche Betätigung in der Landwirtschaft oder der Lebensmittelherstellung überhaupt nicht mehr lohnt. Seife kommt aus Bulgarien, Hemden aus Taiwan, Mehl aus Tschechien, Mineralwasser aus Ungarn. Das Bruttosozialprodukt pro Einwohner liegt niedriger als in Ruanda. Tomaten werden aus der Türkei bezogen, Salat aus Italien und so weiter; diese extrem subventionierten Importe blockieren die Märkte in einer ehemals landwirtschaftlich geprägten Region, wo heutzutage fast alle Äcker brachliegen oder als Müllhalde benutzt werden. Für die Menschen im Kosovo ist es einträglicher, sich im Zwischenhandel mit den hochbezahlten UN- und EU-Mitarbeiter*innen zu betätigen, ihnen beispielsweise überteuerten Kaugummi zu verkaufen, als auf den Feldern zu schuften. Solange EU-produzierte Lebensmittel hier zu Dumpingpreisen verkauft und damit die Preise auf dem Markt verdorben werden, wird sich an dieser Situation nichts ändern. Aktueller Stand: Milch aus der Slowakei kostet derzeit vierzig Cent, eine Flasche Coca-Cola dreißig Cent.

2003 war eine frühere Spitzenbeamtin im schwedischen Finanzministerium damit beauftragt, im Kosovo eine Finanzkontrollbehörde aufzubauen. Als Erstes nahm sie den im Bau befindlichen internationalen Flughafen des Landes unter die Lupe. 2006 veröffentlichte sie ihre Ermittlungsergebnisse. Demnach hat eine Gruppe von Managern das Unternehmen über Jahre systematisch ausgeplündert. Dies blieb jedoch ungeahndet. Die UN-Leitung im Kosovo habe weder effiziente Kontrollen eingerichtet noch die Korruption am Flughafen unterbunden. Der damalige UN-Gouverneur im Kosovo widersprach und behauptete, es habe während der Bauarbeiten keine Korruption am Flughafen gegeben. Doch da gibt es beispielsweise die Geschichte, wie man den Leiter der Personalabteilung des Flughafens rekrutierte. Der Job wurde öffentlich ausgeschrieben. Doch der britische Geschäftsführer stellte einfach einen Bekannten ein. Dieser wurde umgehend tätig und stellte pro Tag durchschnittlich drei neue Mitarbeiter ein. Vor allem Mitarbeiterinnen. Die meisten sprechen kein Englisch und haben auch sonst keinerlei Ausbildung genossen, sollten aber die Finanzabteilung verstärken. Auffallend ist nur das einheitlich schöne Aussehen der Frauen, von denen viele Schönheitswettbewerbe gewonnen haben. Nach wenigen Monaten hatte sich die Zahl der

Angestellten des Flughafens verdoppelt, weit mehr als für einen Flughafen dieser Größe nötig. Die Frauen erhielten ihre Jobs angeblich nur, falls sie den Briten sexuell zu Diensten waren.

Ein verurteilter deutscher Hochstapler führte im Auftrag der UN jahrelang die Geschäfte des Kosovo-Energieunternehmens KEK. Er erhielt ein Monatsgehalt von zwanzigtausend Euro von der EU – und blieb sogar die Telefonrechnung von mehreren Tausend Euro seiner kosovo-albanischen Vermieterin schuldig. Da er für die UNO arbeitete, genoss er wie alle anderen Spießgesellen Immunität im Kosovo. Seine Immunität hätte nur vom UN-Generalsekretär aufgehoben werden können. Doch der dachte nicht daran, einen solchen Präzedenzfall zu schaffen. Als der deutsche Hochstapler den Kosovo verließ, verschwanden auch über vier Millionen Dollar aus dem KEK-Budget, die auf das Konto einer Briefkastenfirma in Gibraltar überwiesen worden waren, die dem Hochstapler gehörte. Hinterher stellte sich heraus, dass dem Hochstapler sämtliche Qualifikationen für die Arbeit bei der KEK fehlten. Er war weder Ingenieur noch Ökonom, hatte auch keineswegs in Boston studiert oder in Aachen promoviert. Er war nur ein kleiner deutscher Schmalspurgauner mit ein paar Briefkastenfirmen.

Niemand bei der UN hatte seinen Lebenslauf überprüft. Warum? Keine Angaben. Seinem Nachfolger zahlte er zweihunderttausend Dollar, offenbar als Garantie dafür, strafrechtlich nicht belangt zu werden. Seine Chefs machen weiter Karriere, nach dem Kosovo etwa im Irak. Dass der deutsche Hochstapler überhaupt bestraft wird, war reiner Zufall. Er hatte einen gefälschten Doktortitel geführt. Dafür erhielt er von der BRD-Justiz dreieinhalb Jahre Gefängnis. Ein weiteres Beispiel: Das irische Unternehmen ESB International wurde von der UNO damit betraut, die Energieversorgung im Kosovo zu sanieren. Das staatliche Energiekombinat macht jedes Jahr siebzig Millionen Euro Verlust. Die Iren blieben drei Jahre, kassierten zehn Millionen Euro Honorar und hinterließen das Kombinat im gleichen Zustand wie bei ihrer Ankunft. Die zivile Luftfahrtbehörde Islands hatte sich des Flughafens Priština angenommen. In den drei Jahren seit dem Einzug der Isländer haben sie es nicht geschafft, auch nur einen Zaun um den Flughafen zu ziehen. Sie haben auch keinen Grund zur Eile. Denn für jedes Jahr der Beratung kassieren sie fünfzehn Millionen Euro Honorar. Das Abkommen zwischen der UNO und Island ist unbefristet, automatisch verlängert sich der lukrative Vertrag jeweils um ein Jahr.

Frankreich spielt bei der Plünderung des Kosovos die prominenteste Rolle. Der ehemalige französische Minister Kouchner wurde 1999 als erster Leiter der UN-Mission im Kosovo ausgewählt. Die französische Regierung richtete umgehend eine Sonderkommission ein mit dem Auftrag, die im Bosnienkonflikt begangenen Fehler zu vermeiden. Damals steuerte Frankreich fast zwanzig Prozent der Gelder zum internationalen Hilfsfonds bei, französische Firmen bekamen aber nur fünf Prozent der vergebenen Aufträge. Im Kosovo sollte ein Großteil der internationalen Hilfsgelder Richtung Paris umgeleitet werden, das war der Plan. Und dieser wurde auch umgesetzt. Frankreich steht zwar nur an hinterer Stelle der Geberländer, hat sich aber mehr als dreißig Prozent der lukrativen Wiederaufbauverträge gesichert. Wie das ging? Schauen wir uns ein konkretes Beispiel an. Als Kouchner im Sommer 1999 im Kosovo eintraf, gab es keine Mobiltelefonie. Der deutsche Siemenskonzern und der französische Elektronikriese Alcatel hatten Angebote eingereicht. Den Zuschlag erhielt Siemens, da der Konzern das günstigere Angebot abgab.

Die Deutschen versprachen, das Mobilfunknetz zum Festpreis aufzubauen, anschließend soll es in den Besitz des Kosovos übergehen. Das französische Angebot sah vor, dass das Netz dauerhaft in französischem Besitz verbleibt.

Was war passiert? Kouchner, Entscheider und Geldgeber in einer Person, setzt als Direktor für Post und Telekommunikation der UN im Kosovo einen Herrn Copin ein. Der zieht den Zuschlag an Siemens zurück und erteilt stattdessen Alcatel den Zuschlag. Denn nur Alcatel könne in Zusammenarbeit mit Monaco Telecom dem Kosovo trotz fehlender internationaler Anerkennung eine Ländervorwahl beschaffen. Bis heute ist das Mobilfunknetz des Kosovos das schlechteste und teuerste in Europa, urteilte der Europäische Rat. Jedes Mobilfunkgespräch im Zwergstaat führt zu Geldüberweisungen auf französische und monegassische Konten, in Summe nahezu hundert Millionen Euro pro Jahr. Warum aber teilte die UNO dem Kosovo keine eigene Ländervorwahl zu? 2002 folgt die Erklärung, als ein Brief von Copin an das ITU-Gremium auftaucht, das für die Vergabe der Ländervorwahlen zuständig ist. Darin bittet der UN-Mitarbeiter aus Frankreich, dem Kosovo keine Ländervorwahl zuzuordnen. Daher gehört das Kosovo bis heute zum Telefonnetz von Monaco. Verstehe, wer will.

Als Zollbeamte entdeckten, dass Schmuggler mehrere ihrer Vorgesetzten geschmiert hatten, sammelten sie Beweise und wandten sich an die UN-Polizei. Nichts geschah. Dann gingen sie an die Presse. Immerhin wurde der Leiter der Zollbehörde verhaftet. Allerdings kurz darauf auf Anordnung eines UN-Richters aus der Haft entlassen. Der damalige (BRD-)Gouverneur im Kosovo war seinerzeit mit einer Tochter des Kosovo-Zollchefs verbandelt, welcher der beste Freund des Verhafteten war. Die Zollbeamten schrieben an UN-Chef Kofi Annan – und wurden zum Dank entlassen. An Annan zu schreiben, sei Amtsanmaßung gewesen, verfügt die UNO. Jahre vergehen, die Zollmitarbeiter sind nach wie vor arbeitslos. Der UN-Ombudsmann im Kosovo versteht die Verbitterung über die UNO nur zu gut. Die UNO sei zur Verteidigung der Menschenrechte im Kosovo angetreten und beraube gleichzeitig die Kosovaren aller rechtlichen Möglichkeiten, diese Rechte einzufordern. Alle beteiligten UN-Institutionen, mit insgesamt etwa sechzigtausend Angestellten, genießen umfassende Immunität. Der Oberste UN-Richter in New York hatte die Immunität bewilligt. Und ist sich keines Fehlers bewusst. Wenn die Immunität falsch angewendet werde, sei das nicht sein Problem.

Einen Tiefpunkt erlebte das UN-Besatzungsregime im Kosovo am 17. März 2004. Unter den Augen von Tausenden NATO-Soldaten und UN-Polizisten überfielen albanische Verbrecher die Minderheiten im Land. Hunderte Menschen wurden verwundet, viele starben, Hunderte Häuser wurden niedergebrannt, Dutzende Kirchen zerstört. Auch das berühmte Kloster von Prizren. Als zweihundert albanische Extremisten mit Molotowcocktails in der Hand das Kloster aus dem 16. Jahrhundert erreichten, forderten sie die dort stationierten und mit dem Schutz des Klosters beauftragten BRD-KFOR-Soldaten auf, den Weg freizumachen, gegen freien Abzug. Und das Unfassbare geschah. Die BRD-Soldaten rollten in ihren bequemen, klimatisierten Panzern von hinnen und überließen das Kloster dem kosovo-albanischen Mob, der das Kloster abfackelte. Ähnlich heldenhaft handelten die französischen Soldaten, die das orthodoxe Kloster in Drenica beschützen sollten. Eine Ausnahme machte ein unter schwedischem Kommando stehendes Kontingent von schwedischen, tschechischen, finnischen, slowakischen und irischen Einheiten, welche die serbischen Enklaven

Caglavica und Gracanica schützen sollten. Auch hier marschierte ein riesiger kosovo-albanischer Mob auf, um die Serben zu ermorden oder zu vertreiben. Der schwedische Kommandeur lehnte das Angebot zu freiem Abzug ab und nahm seinen Schutzauftrag ernst. Die Soldaten kämpften mit Gummiknüppeln und Schilden gegen den Mob, elf Stunden lang. Dutzende Soldaten wurden verwundet. Aber Caglavica brannte nicht ab und das historisch bedeutende Kloster von Gracanica blieb stehen.

Keiner der bisher vierzehn UNMIK-Gouverneure, die zwischen 1999 und 2019 im Kosovo residierten, hat jemals versucht, sich mit den Gangsterbanden in der Provinz anzulegen. Die mächtigsten Mafiosi – die Anführer der ehemaligen UÇK-Terroristen – genießen so etwas wie UNO-Immunität. Die Westblock-Mission im Kosovo dümpelt ohne Ziel und Führung vor sich hin. Schmarotzer werden fürstlich entlohnt, entbehren aber jeglichen Verantwortungsgefühls. Für die vielen Karrieristen unter den UNO-Mitarbeiter*innen ist das Kosovo nichts weiter als eine kurze Etappe im Lebenslauf. Das schwedische Militärcamp Victoria nahe Priština ist dagegen ein Idyll mit Kirche, Fitnessstudio, Post und funktionierendem Recyclingsystem. Selbst die abgefahrenen Reifen der Truppe werden nicht, wie sonst im Kosovo üblich, einfach in den nächsten Fluss geworfen, sondern zweitausend Kilometer mit einem Lastwagen nach Schweden gefahren. Und vor allem: Die Schweden begegnen den Kosovaren, egal welcher Nationalität, mit Respekt. Und werden deshalb respektiert. Die UN könnte einiges von diesen schwedischen Soldaten lernen.

Die Unabhängigkeitserklärung des Kosovos geschah 2008 auf Weisung der US-Außenministerin Albright, die Fakten schaffen und die Vertreibung Russlands vom Balkan für die Ewigkeit zementieren wollte. Seither sind die US-Botschafter in Priština die heimlichen Herren im Land. Das Kosovo ist eine Kolonie der USA. Im Augenblick ist Rache angesagt dafür, dass Serbien sein Veto eingelegt hat gegen die Aufnahme des Kosovos in den europäischen Polizeiverbund Interpol. Die Hauptsorge der USA ist es, das Kosovo möglichst fest im Westblock zu verankern, einschließlich NATO und EU. EU und USA sind allerdings bereit, um wenigstens eine kleine Geste Richtung Moskau zu machen, die kleine serbische Exklave im Norden des Kosovos rund um die Stadt Mitorvica Serbien zu übereignen, welches im Gegenzug das überwiegend albanisch bewohnte serbische Presevotal zum Tausch anbietet. Thaçi ist für diesen Tauschhandel, steht damit aber in seinem Land ziemlich allein. Auch anderswo überwiegt die Sorge um mögliche negative Auswirkungen dieses Gebietstausches. Denn bisher galt das ungeschriebene Gesetz, keine der ehemaligen innerjugoslawischen Grenzen zu verändern. Fängt einmal der Tauschhandel an, könnten die bosnischen Serben ihren Anschluss an Serbien und die Albaner in Nordmazedonien ihren Anschluss an Albanien fordern. Auch Albanien fordert mal lauter und mal leiser den Zuschlag für das Kosovo, das Teil des albanischen Staatsgebiets werden soll, auch um den Preis des Zwischenschritts in Form einer Föderation beider Staaten.

Doch zunächst werden die albanischen Kriegsverbrechen während des Kosovokriegs vor dem Internationalen Gerichtshof geklärt. Damit steht die oberste Kaste, stehen die Führungskader des Kleinstaats Kosovo vor einer Anklage vor diesem Gericht. Denn sie setzt sich ausnahmslos aus ehemaligen UÇK-Terroristen zusammen. In einem kosovo-albanischen Dorf sind die Einwohner heute noch stolz auf ihren Nachbarn, der auf dem Grab seines im Kosovokrieg gefallenen Bruders die abgeschnittenen

Köpfe zweier serbischer Soldaten platzierte. Das passt zu den selbstbewussten Drohgebärden der kosovo-albanischen Führungsschicht um Thaçi. Dieser selbst studierte zunächst auf einer der serbischen Universitäten im Kosovo, man höre und staune, Philosophie, schloss sich aber schon 1993 während seiner Zeit als Gastarbeiter in der Schweiz der vom Westblock beziehungsweise der CIA ins Leben gerufenen UÇK an. Thaçi stammt ebenfalls, wie die meisten ehemaligen UÇK-Terroristen, aus dem Drenica-Tal im Westkosovo. Er stieg rasch in den inneren Führungszirkel der künftigen NATO-Stoßtruppe auf. Er koordinierte das Training der künftigen Terroristen im freundliche Hilfe leistenden Albanien. Das damals noch serbische Bezirksgericht in Priština verurteilte ihn 1997 in Abwesenheit zu zehn Jahren Haft wegen terroristischer Aktivitäten.

Während der Rambouillet-Verhandlungen im März 1999 (beziehungsweise dem Versuch, Serbien einen US-Diktatfrieden aufzuzwingen) gab sich Thaçi als Stimme der Vernunft unter den UÇK-Haudegen. Er setzte sich an die Spitze der größten Fraktion innerhalb der Terroristen und schwang sich nach dem NATO-Siegfrieden zum Ministerpräsidenten auf. Dass er gleichzeitig angeblich die Ermordung konkurrierender UÇK-Fraktionsführer anordnete, habe den Westblock nicht gestört, berichten Augenzeugen. Die UÇK hatte sich von Anfang an – mit Billigung der CIA beziehungsweise unter Benutzung eines üblichen Mittels der CIA zur Finanzierung von proamerikanischen »Befreiungsbewegungen« – durch Drogen- und Waffenhandel finanziert. Aus den Terroristen der UÇK wurde zunächst – nach dem NATO-Sieg – das »Kosovo-Schutzkorps« (KSK) gebildet, eine Art lokaler Armee, als Vorstufe der offiziellen Streitkräfte des Kosovos. Thaçi spielte auch hier eine führende Rolle und – einem Bericht der BBC zufolge – auch bei Schutzgelderpressungen durch das KSK innerhalb der kosovo-albanischen Geschäftswelt, die einfach als »Steuern« deklariert wurden, aber keineswegs in staatlichen Kassen, sondern im Portemonnaie der UÇK-Führer landeten. Neben dem KSK gründeten die ehemaligen UÇK-Terroristen auch gleich noch die größte Partei des Landes, die PDK. Diese nutzte nach westlichen Medienberichten Gewalt und Einschüchterung politischer Gegner, um die Dominanz im Lande zu erringen. Doch bei den ersten Wahlen 2001 rangierte die PDK nur auf den hinteren Plätzen. Offenbar war den meisten Wähler*innen die Verbindung zur UÇK und der organisierten Kriminalität suspekt. Dem BND zufolge hält »Kosovo-Mafiaboss« Thaçi enge Verbindung zu tschechischen und albanischen Mafiaclans, gerade auch im Hinblick auf Auftragsmorde.

Ausgangspunkt der verstärken serbischen Polizeiaktionen gegen die UÇK im Frühjahr 1998 waren zum einen die dutzendfachen Anschläge der UÇK, zum anderen die Rede des US-Botschafters in Belgrad, der die UÇK als terroristische Vereinigung und das serbische Vorgehen als gerechtfertigt bezeichnet hatte. Diese Strategie ähnelt jener, mit der Saddam Hussein von den USA in die Falle des ersten Golfkriegs gelockt wurde, als die US-Botschafterin in Bagdad zuvor Kuweit als eigentlich dem Irak zustehendes Gebiet bezeichnet hatte, worauf sich Saddam Hussein ermutigt fühlte, gegen Kuweit loszuschlagen, was die USA dann wieder als Vorwand für den Krieg gegen den Irak nahmen. Serbien ließ sich also in die Falle locken, denn die USA nutzten nun die verstärkten serbischen Polizeiaktionen zur Anklage, stellten das serbische Vorgehen nun als verbrecherisch hin und erklärten, es sei die Verpflichtung des Westblocks, die armen kosovo-albanischen Menschen im Kosovo gegen die serbischen Übergriffe zu schützen. Rugova bezeichnete zu diesem Zeitpunkt (wider besseres Wissen, denn er gehörte zu den Mitbegründern der UÇK) die UÇK als serbische Verschwörung. *Tempi passati*. Rugova ist tot, und die UÇK-Terroristen regieren das Kosovo, also jenen »Staat«, welcher der Mafia vom Westblock geschenkt wurde.

Der 11. September 2001 – cui bono?

Unser westliches Rechtssystem steht auf der Grundlage antik-römischen Rechtsdenkens. Geht es um die Aufklärung von Verbrechen und die Frage nach dem oder den Tätern, wird in dieser Tradition an zentraler Stelle seit über zweitausend Jahren die Frage gestellt: *cui bono* – wem nützt es? Und dies nicht nur im Zusammenhang mit Kapitalverbrechen (Mord, Totschlag, Raubmord, schwere Körperverletzung und so weiter), sondern auch mit Verbrechen, die wegen Kapital ausgeführt wurden (Bankraub, Raubüberfall, Erpressung und so weiter). Die Formulierung und das Nachdenken über diese Frage lässt sich erstmals bei dem römischen Politiker, »Rechtsanwalt« und Philosophen Cicero nachweisen, der sie im jugendlichen Alter von siebenundzwanzig Jahren in seiner Verteidigungsrede für Sextus Roscius Amerinus verwendete. Schon damals, im Jahre 80 v. u. Z., ging es um die Frage, ob ein vor Gericht stehender Verdächtiger (der verarmte Sohn des Mordopfers) tatsächlich schuldig sei oder ob die Frage, wem das Verbrechen nützte, nicht zu ganz anderen Schlüssen führe, nämlich zu einem Verdacht gegen den bis dato unbescholtenen Lucius Cornelius Chrysogonus, einem stadtbekannten Playboy und Hallodri, der sich kurz nach der Tat den Besitz des Mordopfers unter den Nagel gerissen hatte.

Cicero berief sich bei dieser Formulierung auf einen bekannten Konsul vergangener römischer Zeiten, Cassius, und benutzte diese Frage vor Gericht noch zwei weitere Male, 52 v. u. Z. bei seiner erfolglosen Verteidigung des

Titus Annius Milo und 44 v. u. Z. in einer als Senatsrede konzipierten Flugschrift gegen Marc Anton, der sogenannten zweiten *Philippika*. Auch der Philosoph und Dramatiker Seneca verwendete den Ausdruck in einem seiner Stücke, der Tragödie *Medea*. Grundsätzlich gilt es hier, bei der Frage *cui bono?* immer einen möglichen Fehlschluss zu vermeiden, was ebenfalls bereits in der römischen Antike mitbedacht wurde. Man sollte sich nämlich nur durch das Vorhandensein eines Interesses nicht zu dem automatischen Schluss verleiten lassen, dass damit auch schon der Urheber des Verbrechens zweifelsfrei bewiesen sei. Lateinisch: *cum hoc ergo propter hoc*. Dazu braucht es dann notwendigerweise belastbare Beweise, im Zweifelsfall hilfsweise wenigstens einen hohen Grad an Wahrscheinlichkeit.

Wo wäre diese Frage »Wem nützt es?« wohl mehr angebracht, als bei dem schrecklichsten Verbrechen des letzten Halbjahrhunderts, einem Verbrechen, das auf direktem Wege zu einer veränderten Weltordnung führte, einem Verbrechen, das zum Anlass genommen wurde, die politische Weltordnung umzustürzen, einem Verbrechen, das in gewissem Sinne einen neuen Weltkrieg heraufbeschworen hat – dem Anschlag auf die Türme des World Trade Centers am 11. September 2001. Wie der Anschlag vonstatten ging ist oft genug erzählt worden. Wir wollen uns an dieser Stelle auf die Betrachtung wesentlicher Punkte beschränken, die für die Klärung der Frage, wem dieses Verbrechen nützte, zielführend sind. Dazu müssen wir uns zunächst der Frage zuwenden, wer denn nun eigentlich die Urheber dieses Verbrechens waren. Dazu gibt es eine offizielle (»al-Qaida war's«) und viele andere Versionen.

Daher möchte ich mit Ihnen zunächst »einfach« (nichts an diesem Ereignis ist »einfach«) einmal die möglichen

Verdächtigen der Reihe nach durchgehen. Ausschließen können wir die afghanischen Taliban, auch wenn sie von der propagandistisch verwirrten US-Bevölkerung nach wie vor in weiten Kreisen für die Hauptschuldigen gehalten werden, aus welchem Grund hätten sonst die USA seit 2001 gegen sie Krieg geführt (berechtigte Frage)? Selbst US-Regierungsstellen bestätigen, dass es keinerlei Verbindung der Taliban zu dem »Anschlag« gab. Oder gab es – wie schon bei Pearl Harbor am Vorabend des Eintritts der USA in den Zweiten Weltkrieg – ein Vorabwissen über den Anschlag in Regierungskreisen, die dann den Anschlag »zuließen«, um die Bevölkerung für den beabsichtigten weltweiten US-Eroberungszug unter dem Label »Kampf gegen den Terror« einzustimmen? So wie damals auf den Eintritt in den Zweiten Weltkrieg, indem man die vorab bekannt gewordene japanische Luftattacke auf Hawai zuließ, um die Wut in der Bevölkerung auf die »Japs« anzuheizen und so die richtige Stimmung für den seit langem geplanten Eintritt in den Zweiten Weltkrieg zu schaffen? Auch dieser Frage wollen wir im Folgenden nachgehen. Aber wer käme noch in Frage? Laut offizieller Version die al-Qaida. Aber hat sie von diesen Anschlägen wirklich profitiert? Falls die Anschläge ihr Werk waren, war die Freude über den Einsturz der Türme vermutlich von kurzer Dauer, denn nun hatten sie die versammelte Power der stärksten Supermacht aller Zeiten gegen sich, ein denkbar ungleiches Ringen, das in den Folgejahren mehr oder weniger endgültig entschieden wurde, auch wenn hie und da noch vermeintliche al-Qaida-Botschaften auftauchen, alle entscheidenden Akteure sind tot. Oder sollte Saudi-Arabien seine Finger im Spiel gehabt haben? Als bekanntermaßen Hauptfinanzier von al-Qaida (die bin-Laden-Familie führt bis heute einen der größten internationalen Baukonzerne Saudi-Arabiens)? Dann dürfte die Schizophrenie dieses Vorgehens, auf der einen Seite sich als engster antikommunistischer, antirussischer und antischiitischer Verbündeter der USA zu gerieren und gleichzeitig Anschläge auf diese Supermacht zu finanzieren, kaum ihresgleichen haben.

Hat denn nicht die westliche Welt insgesamt von den Anschlägen profitiert und käme somit als Urheber in Frage? In gewisser Weise könnte man diese These bejahen – da der weltweite Krieg gegen den Terror natürlich viele wunderbare wirtschaftliche »Möglichkeiten« für die Westblockkonzerne schuf, in den von den USA in ihrem weltweiten Furor hinterlassenen *failed states* viele Milliarden zu verdienen, also in Irak, in Afghanistan, in Libyen und anderswo. Andererseits – und das spräche gegen eine Urheberschaft des Westblocks – schafft dieser weltweite merkwürdige Feldzug der USA natürlich absehbar auch Rückschläge, er feuert zurück, er sorgt für negative Impulse gerade auch im Westblock: von den durch die vielen Kriege angezettelten Flüchtlingsschwärmen, die auf einmal die Mutterländer der Demokratie in Europa heimsuchen und dort für gar nicht so demokratisch-humanistische »Das Boot ist voll«-Stimmungen sorgen (wie weiland in der Schweiz während des Zweiten Weltkriegs, als diese Insel des Friedens und des Wohlstands sich weigerte, auch nur den Bruchteil der möglichen Flüchtlingszahlen aufzunehmen), bis hin zu den wirtschaftlichen Verwerfungen in der Folge des weltweiten Kriegszugs der USA. Oder sollte Asien, mit China an der Spitze, dahinterstecken? Das wäre natürlich die interessanteste Variante, denn auf diese Weise hätte der Ferne Osten die nach dem Ende des Kalten Krieges verbliebene Supermacht Nummer eins in eine Serie endloser und endlos teurer Kriege und Feldzüge verwickelt und von ihrem eigentlichen »Daseinszweck«, der wirtschaftlichen Dominanz der Welt, abgebracht und so den Weg für das Reich der Mitte, zur nächsten einzigen Supermacht aufzusteigen, freigeräumt.

Um diese Fragen besser und fundierter analysieren und somit nach einer Antwort suchen zu können, bedarf es einer kurzen Betrachtung der Ereignisse, unmittelbar nachdem die beiden Flugzeuge ins World Trade Center gerast waren. Denn hier setzen verschiedene Verschwörungstheorien an, die jeweils auch unterschiedliche Akteure als Drahtzieher ins Spiel bringen. Ihnen gemeinsam ist, dass sie in unterschiedlichen Abstufungen davon ausgehen, dass die US-Regierung als größter direkter politischer Profiteur des Anschlags gleichzeitig auch in das Verbrechen selbst verstrickt sei. Eine dieser Verschwörungstheorien besagt beispielsweise, dass der Einsturz der Twin Towers und des Nebengebäudes mit der Hausnummer World Trade Center Nr. 7 (WTC Nr. 7) keineswegs eine Folge der Flugzeugeinschläge, sondern Folge einer Serie kontrollierter Explosionen gewesen sei, Explosionen von zuvor in den Gebäuden installierten Sprengsätzen. Sie geht einher mit der Theorie, dass auch der bis heute im Ablauf unklare, gleichzeitige Anschlag auf das US-Verteidigungsministerium, das »Pentagon« (in den Aufzeichnungen der Überwachungskameras fehlen die entscheidenden Sekunden), im Auftrag der US-Regierung nicht mit einem Flugzeug, sondern mit einer US-Luft-Boden-Rakete durchgeführt wurde.

Bei dem Versuch, herauszufinden, wem dieser Anschlag wirklich nützte, werden wir uns auch mit den Stellungnahmen des amerikanischen *National Institute of Standards and Technology* (NIST) und des Technologie-Magazins *Popular Mechanics* auseinandersetzen, die versucht haben, zu begründen, warum sämtliche Verschwörungstheorien in Bezug auf den 11. September untauglich sind (und auf diese Weise die offizielle Ver-

sion von einer Urheberschaft durch al-Qaida stützten).
Dagegen stellen sich respektable Vereinigungen wie die
Architects & Engineers for 9/11 Truth (»Architekten und
Ingenieure für die Wahrheit um den 11. September«), die
sehr wohl für wahrscheinlich halten, dass die Ereignisse
etwas anders abliefen, als offiziell geschildert. Im Kern
geht es darum, dass die meisten Verschwörungstheoretiker zwei zentrale Bestandteile der offiziellen Darstellung
des Anschlagsablaufs ablehnen. Und zwar einmal, dass
al-Qaida-Terroristen für die Entführung der Flugzeuge
und ihre Benutzung als Anschlagswaffen gegen die Twin
Towers und das Pentagon verantwortlich seien, dass der
Einschlag der Flugzeuge und die anschließenden Brände
für den Einsturz der Gebäude verantwortlich seien und
dass al-Qaida auch für den Absturz des vierten Flugzeugs
bei Shanksville (Pennsylvania) verantwortlich sei. Und
zum Zweiten, dass es keinerlei Kenntnisse innerhalb der
US-Regierung vorab über die geplanten Anschläge gab,
weil zahlreiche Informationen der US-Geheimdienste
und anderer Regierungsbehörden hierzu im unübersicht-
lichen US-Regierungsapparat an der einen oder anderen
Stelle versickert seien.

Von Regierungsseite gibt es zur Unterstützung der
offiziellen Darstellungen den ebenso offiziellen *Untersuchungsbericht* der 11.-September-Kommission des
US-Parlaments beziehungsweise dessen Untersuchungs-
ausschusses, aber auch Studien über das Verhalten von
Gebäuden im Brandfall seitens der *Federal Emergency
Management Agency* (FEMA) und des *National Institute
of Standards and Technology* (NIST). Die Verschwörungstheorien wiederum sind seit dem Anschlag in einer Reihe
von Artikeln, Büchern, Filmen und Videos präsentiert
worden. Die These von der kontrollierten Sprengung der
Gebäude wurde schon wenige Stunden nach dem An-

schlag in einem Chatroom geäußert. In der Folge wurden von vielen Menschen offensichtliche oder vermeintliche Lücken und Widersprüche in den offiziellen Darstellungen thematisiert und im Lauf der Zeit zu umfassenden Verschwörungstheorien zusammengefügt. Zu den bedenklichen Behauptungen am Rande gehörte, dass es kein einziges Opfer jüdischen Glaubens gegeben habe (weil der den Anschlag ausführende Mossad diese vorher gewarnt habe), oder dass am Anschlagsvormittag alle arabischen Taxifahrer in Downtown Manhattan freigehabt hätten, weil sie wiederum von arabischer Seite vorgewarnt worden seien. Diese beiden Thesen lassen sich aufgrund der Tatsache, dass sie frei erfunden sind, ausschließen. Europa tat sich ebenfalls mit Beiträgen zu Verschwörungstheorien hervor, und das schon zu einem frühen Zeitpunkt und von recht hoher Warte. Denn schon eine Woche nach dem Anschlag veröffentlichte eine französische Tageszeitung die These von Forschern des renommierten staatlichen Forschungszentrums *Centre National de la Recherche Scientifique* (CNRS), demzufolge der Anschlag eine Insider-Operation gewesen sei. Sechs Monate nach dem Anschlag stürmte der rechtsliberale Publizist Thierry Meyssan mit seinem Verschwörungspamphlet *L'Effroyable Imposture* die französischen Bestsellerlisten. 2003 presste der inzwischen etwas verwirrte ehemalige BRD-Forschungsminister Andreas von Bülow unzusammenhängende, inkonsistente Thesen zwischen zwei Buchdeckel, hatte damit aber deutlich weniger Erfolg, während die geheimdienstkritischen Publikationen von Gerhard Wisnewski und Mathias Bröckers deutlich mehr Anklang fanden und deutlich fundierter geschrieben waren.

Die USA folgten verschwörungstheoretisch nur mit Verzögerung. Erst ab 2004 wurden auch hier immer mehr solcher Theorien und Mutmaßungen geäußert beziehungsweise formuliert. Damit einher ging die zunehmend kritische Haltung innerhalb der Bevölkerung zum Irak-krieg, nachdem sich herausgestellt hatte, dass die von den USA als Kriegsgrund angegebenen und angeblich kurz vor der Anwendung stehenden Massenvernichtungswaffen dort überhaupt nicht existierten. Dass der Krieg also auf-grund einer staatlichen Lüge begonnen worden war. Es ist klar, dass eine Regierung, die einmal beim Lügen erwischt wurde, auch in Bezug auf ihre sonstigen Handlungen und Erklärungen ins Zwielicht gerät. Um der steigenden Zahl an Verschwörungstheorien zu begegnen, veröffentlichte die US-Regierung eine Studie des *National Institute of Standards and Technology* zum Einsturz der Türme des World Trade Center, welche alle Verschwörungstheorien zu widerlegen versuchte. Auch das US-Außenministerium veröffentlichte eine gesonderte Homepage mit Gegenar-gumenten zu den bekanntesten Verschwörungstheorien. Interessanterweise meinte sogar die sunnitische al-Qaida sich in offiziellen Verlautbarungen gegen angeblich vom schiitischen Iran beziehungsweise von den ebenso schiiti-schen Hisbollah in die Welt gesetzten Meldungen wehren zu müssen, dass der israelische Geheimdienst Mossad hinter den Anschlägen stecke; das sei nicht wahr, und einzig und allein Al-Qaida sei hierfür verantwortlich und dürfe das für sich in Anspruch nehmen.

2006 sind die zu diesem Zeitpunkt in der US-Bevölke-rung weitverbreiteten Verschwörungstheorien auch in den US-Mainstream-Medien angekommen, die zum fünften Jahrestag eine repräsentative Auswahl dieser Theorien pu-blizierten, natürlich immer mit dem Zusatz, dass es sich um völlig unsubstantiierte Konstrukte handle. 2008 waren die Verschwörungstheorien rund um den 11. September 2001 dann mittlerweile schon an der Spitze der Liste der größten Verschwörungstheorien aller Zeiten angekommen. 2010 wurde von einer US-Privatorganisation die Herausgabe beziehungsweise Veröffentlichung zahlreicher bis dato geheim gehaltener Videos erzwungen, welche die Attacken und den unmittelbar darauf folgenden Zeitraum umfassen. Diese sorgten für neuen Auftrieb bei den Verschwörungstheorien. Viele von ihnen zeigten Details des Einsturzes des Nebengebäudes World Trade Center Nr. 7, der erst Stunden nach den beiden Zwillingstürmen einstürzte. Hier wollten zahlreiche Augen- und Ohrenzeugen Explosionen kurz vor dem Einsturz wahrgenommen haben.

Generell lassen sich die Verschwörungstheorien in drei Gruppen unterteilen. Eine Gruppe legt die Annahme zugrunde, dass zentrale US-Regierungsakteure vorab von den Attacken wussten und diese bewusst zuließen; diese Gruppe wird mit der englischen Abkürzung LIHOP (»*Let it happen on purpose*«) betitelt. Eine zweite Gruppe wird dagegen MIHOP (»*Made it happen on purpose*«) betitelt; diese Theorien gehen davon aus, dass zentrale Akteure innerhalb der Regierung diese Attacken sogar planten und durchführten, teilweise mit der Co-Annahme einer Zusammenarbeit oder Unterstützung von al-Qaida. Eine dritte Gruppe argumentiert ohne eigene Zentralthese von möglichen Schuldigen, dass die bisherigen offiziellen Stellungnahmen einfach nicht überzeugend seien, und listet entsprechende Gründe auf. Ihr Ziel ist die Durchführung einer neuen offiziellen Untersuchung, um die bisher ungelösten Widersprüche aufzulösen. Zu den bis heute irritierenden Vorgängen rund um die Anschläge gehört auch die vermeintlich außerordentliche Zahl von Kaufoptionen auf Aktien der beiden von den Entführungen betroffenen Luftfahrtgesellschaften, der *United Airlines* und der *American Airlines*, die in den Tagen vor den Anschlägen an den Börsen platziert wurden. Es gilt hier, zu untersuchen, ob hierfür möglicherweise Insiderwissen (mit dem Ziel, sie nach dem Fall der Aktienkurse nach den Anschlägen mit Gewinn wieder zu verkaufen) verantwortlich war. Dann würde sich natürlich sofort die Zusatzfrage stellen, wer hier die Akteure waren – Bekannte und Freunde der Terroristen oder Insider aus Regierungskreisen mit Wissen um die bevorstehenden Ereignisse. Ähnliches betraf große Versicherungsgesellschaften und Rüstungsfirmen.

Eine weitere beliebte Verschwörungstheorie, welche die zentrale Rolle der US-Regierung bei der Durchführung der Anschläge bestätigen würde, besagt, dass das Nordamerikanische Luftverteidigungskommando (*North American Aerospace Defense Command*, NORAD) am Tag der Anschläge für alle in den USA selbst bereitstehenden Kampfjets die unmittelbare Kampfbereitschaft aufgehoben habe beziehungsweise auf andere Weise dafür gesorgt habe, dass kein einziges US-Kampfflugzeug auch nur in die Nähe der entführten Maschinen kam (im Zweifelsfall hätten diese den Auftrag gehabt, die entführten Flugzeuge abzuschießen, dabei den Tod von Hunderten unschuldiger Opfer unter den Flugpassagieren in Kauf nehmend). Ob die häufig zitierten fünf Israelis, die während der Anschläge in Manhattan festgenommen wurden, weil sie vom Dach eines Vans aus die brennenden und dann einstürzenden Türme filmten und dabei eine »seltsame« Verhaltensweise an den Tag legten beziehungsweise »Freudengeschrei« von sich gaben, wirklich etwas mit dem Anschlag zu tun hatten, oder ob sie sich einfach nur freuten, weil sie sich an fünf Fingern ausrechnen konnten, dass das eine islamistische Attacke war, die Amerika einmal mehr auf die Seite Israels als der einzigen pro-amerikanischen Kraft im Nahen Osten holen würde, ist an dieser Stelle nicht zu entscheiden. Ein jüdisches Magazin aus New York schrieb hinterher, einige der Israelis seien tatsächlich Mossad-Agenten gewesen.

Besondere Mühe gaben sich die Vertreter der These einer kontrollierten Sprengung, die zum Einsturz der beiden Zwillingstürme und von WTC Nr. 7 geführt hätten. Sie argumentieren, dass die in die Gebäude gerasten Flugzeuge und die von Hunderten Tonnen Kerosin an Bord der Maschinen ausgelösten Brände keinesfalls ausgereicht hätten, um die Gebäude so zum Einsturz zu bringen, wie sie es vor den Augen der Weltöffentlichkeit taten. Eine Gruppe renommierter Physiker berichtete, dass im Schutt der eingestürzten Gebäude Thermit-Reste und Abbauprodukte gefunden worden seien, die nur von Explosionen stammen könnten, die durch Sprengkörper in den Gebäuden während des Brandes ausgelöst worden seien. Wie die doch recht großen Mengen Explosivstoff unauffällig in den Wochen und Monaten vor den Anschlägen in die Gebäude hätten gelangen können, wurde bisher nicht erläutert. Allerdings steht eine Untersuchung auffälliger »Instandhaltungsarbeiten« in den Wochen vor dem Anschlag noch aus. Selbst wenn die Sprengsätze dabei im Gebäude verteilt worden sein sollten, dann wäre die Menge der Mitwisser so groß gewesen, dass sich diese Intrige wohl schlecht bis heute hätte geheim halten lassen können.

Besonders umstritten sind die Vorgänge am Anschlagstag rund um das US-Verteidigungsministerium in Washington, D. C., das nach seiner äußeren Bauform »Pentagon« (Fünfeck) genannte Gebäude. Viele Verschwörungstheoretiker bestreiten, dass hier tatsächlich ein Passagierflugzeug ins Gebäude raste und die dort vorhandenen Zerstörungen auslöste. Sie rücken dabei das mehr oder weniger kreisrunde Einschlagsloch in der Fassade des Gebäudes ins Zentrum ihrer Argumentation. Ein Flugzeug mit breiten Flügeln und schweren Triebwerken daran hätte ein anderes Einschlagsbild erzeugt, breiter, mit

Zerstörungen auch rund um die zentrale kreisrunde Einschlagsstelle. Das Einschlagsbild entspreche dagegen dem Einschlag beziehungsweise der Explosion einer Rakete am Gebäude. Offizielle Stellen halten dagegen, dass nur Teile des Flugzeugs das Gebäude getroffen hätten und dass genau dieses Gebäudeteil kurz zuvor bei Renovierungsarbeiten gegen Anschläge verstärkt worden sei. Zudem müssten die Autoren der Raketentheorie auch erklären, wie dann die Flugschreiber von *United Airlines* Flug Nr. 77, die dort im Schutt gefunden wurden, zur Anschlagsstelle kamen, wie auch andere Flugzeugteile, etwa vom Fahrwerk, der Nase, ganze Flugzeugsitze et cetera. Obwohl eingefleischte Verschwörungstheoretiker hier natürlich einwenden, dass es für den *deep state* ein Leichtes sei, solche »Trümmerstücke« gezielt im Schutt zu platzieren.

Die vierte am Tag des Anschlags entführte Maschine, *United Airlines* Flug Nr. 93, stürzte auf ein Feld nahe der Ortschaft Shanksville, Pennsylvania, nachdem die Passagiere offenbar versucht hatten, die Entführer aus dem Cockpit zu vertreiben. Es war die einzige Maschine, die ihr Anschlagsziel nicht erreichte. Verschwörungstheoretikern zufolge sei die Maschine jedoch von der US-Luftwaffe abgeschossen worden. Sie machen dafür geltend, dass schwere Teile des Flugzeugs, wie die Triebwerke, viele Kilometer von der Einschlagsstelle entfernt gefunden worden seien, was für eine Explosion in der Luft beziehungsweise den Abschuss der Maschine spreche. Dagegen äußert die Regierungsseite, dass die Triebwerke in einer Entfernung von maximal hundert Metern von der Einschlagsstelle gefunden worden seien. Allerdings berichtete selbst der seriöse US-TV-Nachrichtensender CNN, dass Flugzeugteile bis zu zehn Kilometer von der Einschlagsstelle gefunden worden seien. Allerdings handle es sich hierbei um leichte Flugzeugteile, die auch der Wind nach dem Einschlag, der einen Feuerball von mehreren Hundert Metern Höhe erzeugt habe, dorthin geweht haben könne. Einige Verschwörungstheoretiker gehen allerdings davon aus, dass das Original-Flugzeug von Flug Nr. 93 sicher in Ohio landete und dass ein anderes, speziell präpariertes Flugzeug zum Absturz gebracht wurde. Allerdings muss man natürlich in Betracht ziehen, dass offizielle Stellen (beziehungsweise Westblock-Geheimdienste) besonders absurde Verschwörungstheorien in Umlauf bringen könnten, um die von den offiziellen Darstellungen abweichenden Vermutungen insgesamt ihrer Glaubwürdigkeit zu berauben. Auch die zunächst von der BBC veröffentlichten Namen der mutmaßlichen Entführer sorgten für Verwirrung, da sich später herausstellte, dass einige der darin genannten Personen noch am Leben waren und überhaupt nichts mit den Anschlägen zu tun hatten. Die BBC entschuldigte sich, dass es zu Übertragungsfehlern bei der Übersetzung der Namen vom Arabischen ins Englische gekommen sei. Zumal zwei der Namen von angeblich überlebenden Attentätern, Said al-Ghamdi und Walid al-Shari, in Saudi-Arabien so verbreitet seien wie John Smith in den USA oder Großbritannien. Warum allerdings die CIA im Vorfeld der Anschläge die ihr bekannte Identität von zwei der mit falschen Pässen eingereisten Attentäter, Khalid al-Mihdhar und Nawaf al-Hazmi, den übrigen Regierungsstellen beziehungsweise dem FBI nicht mitteilte, ist bis heute ungeklärt. Verschwörungstheoretiker gehen davon aus, dass es sich bei beiden um »Quellen« der CIA handelte, deren Identität geschützt werden sollte.

Eine mögliche Verwicklung des Staates Israel beziehungsweise seines Geheimdienstes Mossad in die Anschläge ist öfter thematisiert worden. Warum das so sein sollte, wurde damit begründet, dass die USA auf diese Weise dazu gebracht werden sollten, Feinde Israels militärisch anzugreifen, oder um die Öffentlichkeit von der beschämenden Behandlung der Palästinenser durch Israel abzulenken oder um generell den »Zionisten« dabei zu helfen, die Weltherrschaft zu übernehmen. Wie erwähnt sollen laut einer besonders perfiden Verschwörungstheorie wahlweise alle Angestellten jüdischen Glaubens von im World Trade Center untergebrachten Firmen vorab gewarnt worden sein, am 11. September das Gebäude zu betreten (beziehungsweise wahlweise alle arabischen Taxifahrer, am 11. September Downtown Manhattan zu meiden). Auf diese Weise seien bis zu viertausend Menschen jüdischen Glaubens »gerettet« worden. Dem steht entgegen, dass auf den Listen der bei den Anschlägen im WTC getöteten Personen auch zwischen zweihundertsiebzig und vierhundert Personen jüdischen Glaubens aufgeführt werden, was ungefähr dem prozentualen Anteil von Menschen jüdischen Glaubens an der Gesamtbevölkerung der USA entspricht.

Bisher relativ unbeachtet blieben Verschwörungstheorien, denen zufolge das saudi-arabische Königshaus direkt in die Vorbereitung und Durchführung der Anschläge verwickelt gewesen sei. Die US-Regierung unter Präsident Bush habe das geheim gehalten, um die in vieler Hinsicht einträgliche Allianz mit dem Ölscheichtum nicht zu gefährden und um die eigene Inkompetenz nicht offenlegen zu müssen. Auch habe die Masse an sonstigen Verschwörungstheorien geholfen, diese spezielle Verbindung zu Hintermännern des Anschlags zu verdecken. 2011 ging eine der im *Lloyd's Register* eingetragenen Firmen so weit, das saudi-arabische Königreich auf Bezahlung von über hundert Millionen Pfund zu verklagen, welche die Versicherungsfirma an Hinterbliebene von Anschlagsopfern bezahlt hatte. Der Prozess war ein Misserfolg für die Firma, da nicht gerichtsfest bewiesen werden konnte, dass dem tatsächlich so gewesen sei. Die saudi-arabische »Spur« soll sich auch in jenen achtundzwanzig Seiten des offiziellen Untersuchungsberichts zu den Anschlägen verbergen, die bis heute von der US-Regierung weitgehend als geheim erklärt werden. Eine weitere amüsante Theorie besagt, dass gar keine Flugzeuge bei den Anschlägen benutzt worden seien – obwohl dem Tausende von Amateuraufnahmen der beiden in die Türme rasenden Maschinen entgegenstehen. Es handle sich dabei jedoch entweder um nachträglich bearbeitete Aufnahmen (da für die tatsächlichen Anschläge Raketen benutzt worden seien), beziehungsweise die für die Anschläge benutzten Raketen seien von »Hologrammen« von Flugzeugen umgeben gewesen. Von den insgesamt vier »Black Boxes« der beiden für den Anschlag auf die Türme benutzten Passagierflugzeuge wurden drei im Schutt der eingestürzten Trümmer gefunden.

Ein Mysterium umgibt auch die im Namen von al-Qaida veröffentlichten Videos, auf denen angeblich Osama bin Laden zu sehen ist, der Stellungnahmen zu den Anschlägen abgibt. Ein erstes Video, sechs Tage nach den Anschlägen veröffentlicht, enthält eine Passage, in der bin Laden jegliche Urheberschaft der Anschläge abstreitet. Drei Monate später wurde in der westlichen Welt ein Video verbreitet, das als sogenanntes »Jalalabad-Video« bekannt geworden ist. In diesem Video widerspricht sich bin Laden scheinbar und gibt die Urheberschaft beziehungsweise mindestens die Mitwisserschaft der Anschläge zu. Innerhalb und außerhalb der muslimischen Welt stieß dieses Video jedoch auf Misstrauen und Ablehnung, da man es nicht als authentisch ansah. Zumal, als von der ARD in einer Reportage nachgewiesen wurde, dass die offizielle, vom Weißen Haus verbreitete Version des Videos beziehungsweise dessen englische Untertitel zahlreiche

Übersetzungsfehler und Textabweichungen enthielten. Gerade an den Stellen, wo bin Laden scheinbar die Schuld für die Anschläge übernimmt, erklärten drei Experten unabhängig voneinander die Untertitel für stark abweichend von der arabischen Audio-Spur. Auf der Tonspur sei keine Rede von einer Schuldübernahme. Die US-Übersetzer hätten wohl eher notiert, was sie hören wollten, als das, was sie aktuell auf dem Video hörten, befand einer von ihnen. Manche Kritiker gehen so weit, zu bestreiten, dass der gezeigte Mann überhaupt bin Laden ist. Der »Darsteller« im Video sei dicker und habe abweichende Gesichtszüge, zudem trage er einen goldenen Ring, was im arabischen Raum unter Muslimen verboten ist, dazu sei zu sehen, wie er mit der rechten Hand schreibe, während bin Laden bekanntlich Linkshänder gewesen sei.

Eine ganze andere mögliche Urhebergruppe kam ab 2006 in den Fokus der verschiedenen Verschwörungstheoretiker. Diesmal waren es neokonservative US-Politiker, allesamt »Falken«, also für eine kriegerische Lösung der Probleme. Innerhalb dieser Gruppe gab es eine Denkfabrik, die sich *Project for a New American Century* (PNAC) nannte. Zu ihr gehörten Kriegsverfechter wie Paul Wolfowitz, Dick Cheney und Donald Rumsfeld. Die Ziele des PNAC umfassten die Absicht, wie der Name der Vereinigung besagte, nach dem 20. nun auch das 21. Jahrhundert zu einem amerikanischen Jahrhundert zu machen, sprich: die Dominanz der USA in der Welt für weitere hundert Jahre zu sichern. Um dieses Ziel zu erreichen, sollte Saddam Hussein von seiner Position als Staatschef des Iraks entfernt und der Irak samt seinen unermesslichen Ölvorräten dem westlichen Blockgebilde hinzugefügt werden. Zudem plädierten sie für »Star Wars«, also eine verstärkte Aufrüstung im Weltraum. Für Aufsehen sorgte nach den Anschlägen des 11. September besonders eine Passage aus einem Strategiepapier des PNAC von 1998, in dem es hieß, der geplante Prozess der Verstärkung der US-Position und der Aufrüstung sei absehbar von langer Dauer, außer, es komme zu einem katastrophalen und epochalen Vorfall – »wie einem neuen Pearl Harbor«. Dann könne der beabsichtigte Prozess schnell umgesetzt werden. Für Verschwörungstheoretiker war damit klar, dass die hinter PNAC stehenden Personen offenbar einen Plot ähnlich den Anschlägen des 11. September im Sinn hatten und diese sogar insgeheim inspiriert oder gar in Auftrag gegeben hätten. Denn tatsächlich führten die Anschläge – wie von den Autoren des Papiers gewünscht – zu einer drastischen Veränderung der US-Außen- und Innenpolitik (Sicherheitsgesetze, die zahlreiche Bürgerrechte außer Kraft setzen), der Stärkung der US-Geheimdienste, der enormen Erhöhung des US-Rüstungsetats sowie außenpolitisch zu zahlreichen Kriegen und Feldzügen, zur Zerschlagung der Staaten Irak, Afghanistan und Libyen et cetera pp. Insgesamt seien die Anschläge ein willkommener Grund für die USA und Großbritannien gewesen, die Kriege vom Zaun zu brechen, die sie angeblich schon lange zu führen geplant hatten.

Bei der Frage, ob es wirklich möglich sei, dass eine US-Regierungsstelle sich so ein Anschlagsszenario auszudenken und in die Realität umzusetzen in der Lage wäre, verweisen Verschwörungstheoretiker gern auf einen *Operation Northwoods* genannten Plan, der im Stab der Vereinigten Stabschefs der US-Armee Anfang der 1960er Jahre ausgearbeitet worden war. Dieser Plan sah vor, US-Passagierflugzeuge auf dem Staatsgebiet der USA mit geheimdienstlichen Mitteln zum Absturz zu bringen und dies Kuba in die Schuhe zu schieben, um so im US-Volk die notwendige aggressive Stimmung gegen Kuba zu erzeugen, als Voraussetzung dafür, die kurz zuvor sozialistisch gewordene Insel in einem schnellen Feldzug wieder dem westlichen Imperium einzuverleiben. Generell lassen sich die Verschwörungstheoretiker in drei Gruppen einteilen. Einmal die bis heute Aktiven, welche die entsprechenden Gruppen, Vereinigungen und Newsrooms betreuen und aktiv fördern. Ihre Schwäche ist, dass sie häufig Beweise für eine bestimmte These suchen, statt von den Indizien aus deduktiv eine These zu bilden. Dann gibt es diejenigen, die – ohnehin über den Staat und die Gesellschaft aus den verschiedensten Gründen verärgert – sich gegen die Unterdrückung von Informationen und soziale Ungerechtigkeit zur Wehr setzen wollen. Sie produzieren auf der Grundlage der von den Aktiven gesammelten Indizien Berichte, Videos und Homepages mit Zusammenfassungen. Zuletzt gibt es dann noch die Gruppe der Mitläufer, Kommentatoren und Konsumenten von Verschwörungstheorien, die zahlenmäßig größte Gruppe, die der gesamten »kritischen« Bewegung rund um den 11. September ihre quantitative Bedeutung verleiht.

Im Versuch einer Bewertung der gesamten Bewegung schrieb eine australische Tageszeitung, dass es ausgeschlossen sei, dass die CIA den Anschlag organisiert habe – dies nicht, weil dem juristische, moralische und ethische Grundsätze entgegenstünden, sondern aus einem ganz anderen Grund. Die Leute, die das Chaos im Irak angerichtet hätten (nach der Eroberung durch US-Truppen), seien keinesfalls in der Lage, so einen komplexen Anschlag insgeheim und so perfekt zu organisieren, dass auch Jahre später nichts von der Intrige ans Licht der Öffentlichkeit gelangt sei. Es sei auf der anderen Seite ganz natürlich, dass nach einem so traumatisierenden Anschlag eine Fülle von Verschwörungstheorien entstünden, da die Ungeheuerlichkeit des Verbrechens geradezu nach einer geheimen, ungeheuerlichen Verschwörung verlange, während die offizielle, im Vergleich dazu »harmlose«, »logische« Erklärung für das Gefühl des traumatisierten Volkes nicht ausreichend sei. Und natürlich haben die versammelten Verschwörungstheorien rund um den 11. September in den seither verstrichenen beiden Jahrzehnten eine Fülle von Büchern hervorgebracht, die sich kritisch mit den Verschwörungstheorien auseinandersetzen, diese in jedem einzelnen Punkt zu widerlegen versuchen und somit die offizielle Lesart des Anschlags stützen. Die US-Regierung versuchte vergeblich, diese Entwicklung mit Appellen an die »Vernunft« und den »Patriotismus« der Menschen einzudämmen.

Die breiteste Anhängerschaft haben alle Thesen, die eine mittelbare oder unmittelbare Beteiligung der US-Regierung an den Anschlägen voraussetzen. Dies wird mit dem Argument *cui bono?* gestützt. Derjenige, dem die Anschläge nützten, müsse sie logischerweise verursacht haben. Weil die US-Regierung für die geplanten Kriegszüge eine breite Zustimmung der Bevölkerung benötigte, den sie als »Antiterrorkrieg« verkaufte, und in dessen Zuge sie eine ganze Reihe von Bürgerrechten stark einschränkte, habe sie die Anschläge organisiert, und so erfolgreich die Zustimmung der Bevölkerung zur geplanten Kriegspolitik erhalten. Diese Thesen erhielten starken Auftrieb, als US-Präsident George W. Bush am 4. Dezember 2001 bekanntgab, er habe den ersten Flugzeugeinschlag in das WTC im Fernsehen gesehen und an den Fehler eines Piloten geglaubt. Da der erste Einschlag von keinem Fernsehsender übertragen und in keinem Video aufgenommen worden war, wurde Bushs Aussage als Beweis für die Verlogenheit der Regierung gedeutet. Entweder habe er geheimes Filmmaterial davon zu sehen bekommen, das von vorgewarnten Regierungsstellen aufgezeichnet worden sei. Damit wäre eine Verwicklung der Regierung bewiesen. Oder aber es ging Bush so wie einer Vielzahl von Menschen, die in einer Umfrage ein Jahr nach den Anschlägen angab, sie hätten den ersten Einschlag im Fernsehen gesehen. Bush kann also auch einem Irrtum seiner Erinnerung aufgesessen sein.

Doch Bush steht auch noch wegen einer weiteren Tatsache im Fokus der Verschwörungstheoretiker. Denn die Familie Bush verfügt bekanntermaßen über langjährige geschäftliche Beziehungen zur Familie bin Laden. Noch am Morgen des 11. September 2001 war George H. W. Bush (der Ex-Präsident und Vater des damals amtierenden US-Präsidenten) mit Shafiq bin Laden, einem Bruder Osamas, in New York bei einem Aktionärstreffen der *Carlyle Group*. Zudem durften Mitglieder der bin-Laden-Familie mit Sondergenehmigung der US-Regierung während des unmittelbar nach den Anschlägen verhängten Flugverbots an Bord ihres Privatjets die USA verlassen. Und nicht zuletzt hatte die Firma *Saudi Bin Laden Group* 1978 sich angeblich mit einer Millionensumme an der Bush-Ölfirma *Arbusto* beteiligt. Deren Geschäftsführer, James Bath, war schon 1987 in einen Fall von Terrorfinanzierung und Geldwäsche verwickelt und soll zudem die Kandidatur von Bush jr. (George W. Bush) zum Gouverneur von Texas 1995 finanziert haben. Bushs Senior soll nach Ende seiner Präsidentschaft die *Bin Laden Group* in Saudi-Arabien zweimal besucht haben.

Die US-Regierung war seit Jahren vor der Terrorgruppe al-Qaida und ihren antiamerikanischen Plänen gewarnt worden, gerade auch vor möglichen Flugzeugentführungen und Selbstmordanschlägen in den USA. Letztlich wurde das Versagen der US-Behörden auf mangelnde Fähigkeiten zurückgeführt, die Einzelwarnungen zu einem umfassenden Bedrohungsszenario zu verbinden. Nach dem 11. September gab es umfassende

Versuche von US-Behörden, ihr Versagen bei der möglichen Verhinderung der Anschläge zu vertuschen. Manche Verschwörungstheoretiker gehen so weit, daraus zu folgern, dass die US-Regierung die Anschlagspläne vorher gekannt, Vorwarnungen absichtlich unterdrückt und Gegenmaßnahmen verhindert habe. Auffällig sind auch merkwürdige Anweisungen an Regierungsmitglieder. So hatte das FBI dem damaligen Justizminister schon im Juli 2001 geraten, keine Linienflüge mehr zu benutzen. Andere Regierungsmitglieder haben für den 11. September 2001 gebuchte Linienflüge angeblich kurzfristig abgesagt. Und US-Verteidigungsminister Donald Rumsfeld habe am 11. September wenige Stunden vor den Anschlägen bei einem Treffen im Pentagon (!) gesagt, es werde neue überraschende »Vorfälle« in den USA geben, auf die man sich militärisch einstellen müsse.

2012 wurde bekannt, dass die CIA angeblich mehrfach Präsident Bush vor den Anschlägen gewarnt und vergeblich Abwehrmaßnahmen verlangt hatte. Auch während der Anschläge blieb das Verhalten von US-Regierung und Militär merkwürdig. Insgesamt vergingen zwischen dem Kontaktverlust mit *American-Airlines*-Flug 11 (8:14 Uhr) und dem Absturz von *United-Airlines*-Flug 93 (10:03 Uhr) knapp zwei Stunden. Diese Zeit hätte zum Abschuss einiger der vier entführten Flugzeuge genügt. Generell seien am 11. September genügend Kampfflugzeuge startbereit und in Reichweite der entführten Flüge gewesen. Einige Behördenvertreter machten anfangs falsche Angaben zum Zeitpunkt, wann ihnen die Flugzeugentführungen gemeldet worden seien. Ein automatisches elektronisches Meldeverfahren für auffällige Flugbewegungen war damals nicht eingerichtet. Mit der Benutzung entführter Flugzeuge für Selbstmordanschläge habe man nicht gerechnet.

Die US-Luftwaffe führte in den Tagen vor dem 11. September und am 11. September morgens Manöver durch, um die Abwehr eines feindlichen Luftangriffs von außen zu üben. Als NORAD-Mitarbeiter von den entführten Passagierflugzeugen erfuhren, fragten sie daher nach, ob dies real sei oder zur Übung gehöre. Als Indizien für einen False-Flag-Angriff nennen Verschwörungstheoretiker auch gern historische Beispiele für Staatsterrorismus und verdeckte Aktionen der USA, etwa die Invasion in der kubanischen Schweinebucht (1961), den Tonkin-Zwischenfall (1964) als Auslöser für die US-Beteiligung am Vietnamkrieg, die Watergate-Affäre (1972–1974), die Nixon die Präsidentschaft kostete, die Iran-Contra-Affäre von Reagan (1986), die erlogenen Gründe für den Irakkrieg 2003 und andere. Generell seien auch geostrategische und ökonomische Interessen der USA seit den 1990er Jahren, wie die »Seidenstraßenstrategie« und die seit 1998 geplante Pipeline für kaspisches Erdöl durch Afghanistan, »Beweise« dafür, dass die USA die Anschläge nutzten, um diese Strategien umzusetzen und die militärische Kontrolle über die nahöstliche Region zu erlangen. Neokonservative planten gemäß ihren einschlägigen Veröffentlichungen schon seit 1992 den Sturz des irakischen Diktators Saddam Hussein und die weitere Aufrüstung des US-Militärs.

Oft wurde bezweifelt, dass neunzehn nur mit Teppichmessern bewaffnete Entführer die Flugzeuge in ihre Gewalt bringen und dann auch noch über Hunderte Kilometer genau ins Ziel hätten pilotieren können. Nach Aussagen der Flugschule in Florida, wo er Flugstunden genommen hatte, war einer der Entführer, Hani Hanjour, angeblich Pilot des entführten Fluges *American-Airlines* 77, nicht in der Lage, auch nur ein einmotoriges Kleinflugzeug zu fliegen. Dennoch hat er – angeblich – die Riesenmaschine vom Typ Boeing 777 in einem meisterlichen Wendemanöver über Washington direkt ins Pentagon gesteuert. Im Gegensatz zu den verbreiteten Verschwörungstheorien von den mangelnden Flugkenntnissen, etwa von Mohammed Atta und Marwan al-Shehhi, hatten diese nach der fehlgeschlagenen ersten Prüfung ihr Training fortgesetzt und Ende des Jahres 2000 nach Hunderten von Flugstunden die Einstiegslizenz für kommerzielle Piloten erhalten. Anschließend trainierten sie an Flugsimulatoren für große Passagierjets weiter. Ferner hatten zwei der pilotierenden Attentäter über dem verkehrsreichen Hudson River bei New York, einer über Washington, D.C., trainiert. Gemäß den Daten der Flugschreiber und den Aussagen von Augenzeugen leiteten sie früh den Sinkflug ein, um die Zielgebäude sehen und ansteuern zu können. Trotz der Mängel innerhalb ihrer Pilotenfähigkeiten reichten diese dennoch also zum Durchführen ihres Plans völlig aus.

Zweifel unter Verschwörungstheoretikern rief auch die Tatsache hervor, dass Osama bin Laden auf dem Steckbrief des FBI nicht als Urheber der Anschläge genannt wurde. Merkwürdige Aussagen von Regierungsmitgliedern sorgten für zusätzliche Plausibilitätsprobleme. Außenminister Colin Powell kündigte Ende September 2001 Beweise für die Urheberschaft bin Ladens an, die er jedoch nie vorlegte. FBI-Vertreter Watson erklärte dennoch 2002 vor dem Kongress, die Beweise für bin Ladens Verbindung zum 11. September seien klar und unwiderlegbar. FBI-Direktor Mueller, der im Trump-Untersuchungsausschuss 2018/19 zu neuem »Ruhm« kam, musste im April 2002 zugeben, dass man bisher keine Dokumente für die Pläne der Attentäter gefunden habe. Schließlich gab FBI-Pressesprecher Tomb 2006 zu, dass die Anschläge auf bin Ladens Steckbrief fehlten, weil das FBI nicht genügend Beweise dafür habe. »Beweise« für die Urheberschaft bin Ladens kamen dann von erwartbarer Seite, nämlich von den US-amerikanischen und BRD-Geheimdiensten. Die NATO, die BRD-Regierung und alle Bundestagsfraktionen fanden diese Belege ausreichend genug, um der Beteiligung am weltweiten Krieg gegen den Terror zuzustimmen. Zwei der an den Vorbereitungen beteiligten und später im Zuge der illegalen Entführungen und Folterhaft auf Guantanamo (US-Stützpunkt auf Kuba) zu »Aussagen« gebrachten al-Qaida-Mitglieder, Ramzi Binalshibh und Chalid Scheich Mohammed (über hundertfünfzig Mal dem perfiden Folterinstrument des »Waterboarding« unterworfen), schilderten 2002 einem Korrespondenten des Nachrichtensenders Al Jazeera ihre zehnjährige Vorbereitung der Anschläge in bin Ladens Auftrag. Womit für die breite Öffentlichkeit die Zweifel an der Urheberschaft bin Ladens beseitigt waren. Das von Chalid Scheich Mohammed 2007 abgelegte »Geständnis« rief dagegen erneute Zweifel hervor. Zwar gab er zu, Planer und Organisator der Anschläge in bin Ladens Auftrag gewesen zu sein. Allerdings waren diese Aussagen unter Folter, sprich: durch *Waterboarding*, erreicht worden. Durch Folter erpresste Aussagen sind nach den üblichen Westblock-Justizgrundsätzen eigentlich strafrechtlich nicht verwertbar. Ein BRD-Richter unterstrich im November 2009, dass bisher kein unabhängiges Gericht die von verschiedenen Geheimdiensten vorgelegten Beweise für bin Ladens Täterschaft habe überprüfen können. Die letzte Möglichkeit, der Wahrheit näher zu kommen, wurde am 2. Mai 2011 im wahrsten Sinne des Wortes zerschossen, als US-Soldaten bin Laden in seinem pakistanischen Haus im Bett erschossen.

Als »Schuss nach hinten« erwies sich auch ein von der US-Regierung im Dezember 2001 veröffentlichtes Webcam-Video, das angeblich im afghanischen Dschalalabad in einer Unterkunft von al-Qaida-Terroristen gefunden

worden sei. Das Video in arabischer Sprache war mit englischen Untertiteln versehen, die von der US-Regierung
als korrekte Übersetzung des arabischen Originaltextes
bezeichnet wurden. Darin erklärte bin Laden, er habe aufgrund seiner familiären Erfahrungen im Bauwesen damit
gerechnet, dass der Bereich des Einschlags und die darüber liegenden Stockwerke einstürzen würden. Mehr habe
er nicht erhofft, das Ergebnis der Anschläge, der Einsturz
der Zwillingstürme und von WTC 7, hätten seine Erwar-
tungen bei Weitem übertroffen. Verschwörungstheoretiker bestreiten, dass der im Video gezeigte Sprecher bin
Laden sei beziehungsweise dass er seine Täterschaft darin
zugebe. Zumal der Sprecher auch nur entfernte Ähnlichkeit mit dem von vielen anderen Bildern bekannten Äußeren bin Ladens habe. Einige CIA-Mitarbeiter gaben 2010
zu, sie hätten 2003 probeweise falsche bin-Laden-Videos
zur Desinformation produziert, diese seien aber nie veröffentlicht worden.

Einen Schatten auf die offizielle Darstellung der Anschläge wirft auch folgende Tatsache. Es gibt nämlich
eine weiter zurückreichende, enge Beziehung der CIA zu
afghanischen Terroristen. Mit dem Einmarsch der Sowjetarmee nach Afghanistan 1979 war die Sowjetunion in
eine von den USA gestellte Falle getappt. Die USA hatten
sich schon lange für die Niederlage im Vietnamkrieg rächen wollen und zu diesem Zweck im »weichen Bauch«,
dem islamischen Süden der Sowjetunion, seit Jahren für
Unruhen gesorgt und die einige Jahre zuvor in Afghanistan etablierte sozialistische Regierung zu destabilisieren
versucht. Nach erfolgtem sowjetischen Einmarsch in
Afghanistan nahmen CIA-Agenten mit einheimischen
afghanischen Banditengruppen (den Vorläufern der heutigen Taliban) Kontakt auf, belieferten diese im Rahmen
der *Operation Cyclone* mit leichten und schweren Waffen

(einschließlich der für sowjetische Kampfhubschrauber so verheerenden *Stinger* Boden-Luft-Raketen) sowie endlos Munition und beauftragten sie, gegen fürstliche Bezahlung einen Guerillakrieg gegen die sowjetischen Truppen in Afghanistan zu führen. Bekanntlich war der Plan erfolgreich, 1989 musste sich die Sowjetarmee geschlagen aus Afghanistan zurückziehen. Zu den Banditengruppen gehörten auch die islamistischen Extremisten um bin Laden, die ebenfalls Finanzmittel und Waffen erhielten. Es gab also zumindest seit 1979 US-Verbindungen ins Umfeld von bin Laden. Als Ironie der Geschichte muss man daher den aktuellen Beschluss der US-Regierung unter Trump ansehen, sich nach zwei Jahrzehnten Krieg in Afghanistan, Tausenden gefallenen US-Soldaten und Kosten von tausend Milliarden Dollar nunmehr rasch aus Afghanistan zurückzuziehen und damit das Land eben jenen Taliban zu überlassen, zu deren Bekämpfung und »Ausrottung« man 2001 mit großem Optimismus losgezogen war.

Wohl am »erfolgreichsten« von allen Verschwörungstheorien ist die, die als erste aufkam. Schon wenige Stunden nach dem Anschlag wurde, wie erwähnt, in einem Chatroom die Vermutung geäußert, nicht die Flugzeuge, sondern die Zündung zuvor im Gebäude verteilter Sprengsätze habe den Einsturz der Gebäude am *World Trade Center* verursacht. Wenden wir uns daher dieser Theorie hier nun etwas ausführlicher zu. Die Zwillingstürme des WTC waren Hochhäuser mit einer Stahlträger-Rahmenkonstruktion. Attentate mit einem vollbetankten Passagierflugzeug auf ein Hochhaus waren bis zu diesem Zeitpunkt nicht für möglich gehalten und daher auch nicht in die Gebäudestatik einkalkuliert worden. Wissenschaftler, Statiker und Brandschutzexperten begannen nach den Anschlägen, das Verhalten von Stahlträger-Rahmenkonstruktionen im Hochbau im Hinblick auf solche Anschläge zu untersuchen. Dabei nahmen sie auch ältere Vorkommnisse ähnlicher Art in den Blick. So blieb 1945 ein Flugzeugeinschlag in das ebenfalls in Manhattan gelegene Empire State Building weitgehend folgenlos für das Gebäude. Allerdings war das damalige Flugzeug deutlich kleiner, langsamer und nicht vollgetankt gewesen. Die Flugzeuge, die in die Türme einschlugen, waren deutlich schneller unterwegs (mit knapp siebenhundert Stundenkilometern), waren so kurz nach dem Start noch fast vollgetankt und beschädigten eine Vielzahl tragender Strukturen. Zudem löste das Flugbenzin langanhaltende Brände in beiden Türmen rund um die Einschlagstellen aus. Die Wirkung solch langer Brände auf die dünnen und langen Stahlträger der Turmkonstruktion war bis zu den Anschlägen noch nie untersucht worden.

Generell brennt das Flugbenzin Kerosin bei rund 1.000 Grad Celsius ab. Es wird damit nicht heiß genug, die ummantelten Stahlträger zu schwächen, da Stahl frühestens bei 1.500 Grad Celsius schmilzt. Allerdings verliert Stahl schon bei einer Temperatur von 400 bis 600 Grad Celsius die Hälfte, bei rund 1.000 Grad Celsius neunzig Prozent seiner Tragkraft. Das Flugbenzin verteilte sich unmittelbar nach dem Einschlag über die Fahrstuhlschächte im Gebäude und setzte mehrere Stockwerke gleichzeitig in Brand. Das Feuer wurde durch Sogwinde weiter angefacht und von Büromaterial zusätzlich gespeist, so dass es vermutlich bis zu tausend Grad heiß wurde. Das dürfte für den Einsturz der Stahlkonstruktion ausgereicht haben. Beide Türme stürzten dann fast im freien Fall, also mit 9,3 Meter pro Sekundenquadrat, senkrecht in ihren eigenen Umriss. Die einstürzenden Stockwerke führten zu seitlich austretenden Staub- und Gaswellen. Das dürften die von vielen Augenzeugen und Verschwörungstheoretikern als Explosionsrauchwolken interpretierten Erscheinungen gewesen sein. Obwohl deutlich später getroffen, stürzte WTC 2 zuerst in sich zusammen, was zu vielen Mutmaßungen führte. Allerdings ist die Erklärung hierfür recht einfach. Das Flugzeug traf in diesem Fall das Gebäude tiefer und an einer Ecke des Bauwerks und zerstörte dadurch mehr Stahlträgerstrukturen als das Flugzeug, das WTC 1 traf. Da es bei WTC 2 mehr Stockwerke über der Einschlagstelle gab, war das Gesamtgewicht dieser Stockwerke deutlich höher als bei WTC 1. Zudem sorgte allein das höhere Tempo des Einschlags für eine um vierzig Prozent höhere kinetische Energie. Und nicht zuletzt war das Tragwerk in WTC 2 aus Ersparnisgründen nur halb so dick mit Brandschutzmaterial ummantelt wie in WTC 1.

Explosionen, also Sprengstoffdetonationen, in den Gebäuden des WTC sind auch deshalb ausgeschlossen, weil keine der unzähligen Forschungsstationen rund um die Welt irgendwelche seismographischen Spuren solcher Explosionen aufzeichnete. Sie zeigen stattdessen, wie zu erwarten, für die Zeit des Einsturzes an- und dann wieder absteigende Ausschläge. Auch behaupteten Verschwörungstheoretiker, der Beton der Gebäude sei – wegen der Detonationen von Sprengstoff – fast vollständig pulverisiert worden. Der in den Gebäuden des WTC verbaute Beton – etwa dreißig Prozent des Baumaterials – blieb jedoch vollständig als Trümmerbrocken im Schutt der Gebäude erhalten. Zudem seien im WTC-Schutt überhaupt keine verbogenen Stahlträger gefunden worden. Stahlträger hätten bei Tests viel höhere Temperaturen bei Kerosinfeuern unbeschadet überstanden. Die Tests bezogen sich allerdings auf viel kürzere Stahlträger. Stahlstützen mit der für die WTC-Gebäude typischen Länge von elf Metern und mehr waren bei Tests mit Kerosinfeuer schon nach kurzer Zeit eingeknickt. Auch wurde der Schutt des

WTC nicht, wie behauptet, rasch und heimlich abtransportiert, sondern acht Monate lang sorgfältig auf Beweise und Überreste von Opfern hin untersucht. Hierbei wurden zahlreiche verbogene Stahlstützen gefunden. Der 2005 veröffentlichte Abschlussbericht des *National Institute of Standards and Technology* (NIST) bestätigte, dass die Einschläge zwölf von siebenundvierzig Kernsäulen der Türme beschädigt und deren Brandschutzhülle durchbrochen hatten. Die Tankfüllung der Flugzeuge – geschätzt fünfzehn bis vierzig Tonnen Kerosin – habe großflächige Brände ausgelöst. Die Stahlträger wurden von der Hitze weich, bis die Außensäulen nach innen knickten und den Kollaps auslösten. Die Stahlsäulen der unteren Stockwerke wiederum waren naturgemäß zu schwach, um die einstürzenden oberen Stockwerke aufzufangen.

Besondere Spekulationen löste neben dem Einsturz der Zwillingstürme der Kollaps des Nebengebäudes *World Trade Center* 7 (WTC 7) aus. Es war von keinem Flugzeug getroffen worden und stürzte mehr als sieben Stunden nach WTC 1 und 2 ein. Daher gehen Verschwörungstheoretiker auch in diesem Fall von einer Sprengung aus, ohne allerdings zu begründen, warum diese Stunden später als der Einsturz der Türme hätte erfolgt sein sollen. Generell war WTC 7 durch Trümmer der Türme nur gering beschädigt worden, Innenbrände wurden nur in einigen wenigen Gebäudeteilen beobachtet. Da das Gebäude senkrecht in den eigenen Umriss stürzte, also implodierte, hätten in diesem Fall alle Stützpfeiler gleichzeitig versagen müssen. Das sei mit den offiziellen Erklärungen nicht in Übereinstimmung zu bringen, behaupten Verschwörungstheoretiker. Auch hier seien die Trümmer verdächtig schnell entfernt worden, um die wirklichen Einsturzursachen zu vertuschen. Allerdings wurde in den Videos der Verschwörungstheoretiker das verfügbare

Bildmaterial äußerst selektiv benutzt. So zeigen Videos und Fotografien von der Südseite des WTC 7, dass das Gebäude in weit größerem Maßstab beschädigt worden war als an der Nordseite. Zudem wüteten dort auf mehreren Stockwerken großflächige Feuer. Die Feuerwehr befürchtete daher bereits früh den Gebäudeeinsturz. Dieser begann erwartungsgemäß auf der stark beschädigten Südseite. Das ursprüngliche Gebäude war siebenundvierzig Stockwerke beziehungsweise hundertneunzig Meter hoch und von trapezoidalem Grundriss (100 x 40 Meter). Der nach dem Einsturz verbliebene Trümmerhaufen war zwölf Stockwerke hoch und hundertfünfzig Meter breit. Er wurde rasch abtransportiert, um möglicherweise verschüttete Opfer zu finden. Allerdings wurden in diesem Fall tatsächlich die Stahlträger nicht nummeriert und waren daher später nicht mehr dem Gebäude eindeutig zuzuordnen. Generell war WTC 7 das erste Hochhaus mit Stahlträger-Konstruktion, das allein aufgrund von Bränden einstürzte (es war von keinem der Flugzeuge getroffen worden). Einer der Mieter im Gebäude war tatsächlich der Secret Service, der Büros mit einer Gesamtfläche von fast achttausend Quadratmetern angemietet hatte. Auf dem 25. Stockwerk des Gebäudes befanden sich zudem Büros des US-Verteidigungsministeriums und der CIA.

Verschwörungstheoretiker behaupten, WTC 7 sei gesprengt worden, um Spuren der Anschlagsvorbereitung durch die dort eingemieteten Abteilungen des Secret Service, des Verteidigungsministeriums und der CIA zu beseitigen. Ferner wurde behauptet, der Eigentümer des WTC, Larry Silverstein, habe die Gebäude kurz nach dem Kauf im Juli 2001 gegen Terroranschläge versichert. Nach den Anschlägen habe er dann eine gigantische Versicherungssumme einstreichen können. Tatsächlich waren die Versicherungsverträge zum Zeitpunkt der Anschläge nicht fertig ausgehandelt, so dass Silverstein nach einer gerichtlichen Auseinandersetzung weniger als die Hälfte der ursprünglich vereinbarten Summe erhielt. Statiker berechneten, dass die kinetische Energie beim Einsturz von WTC 1 und 2 die umgebenden Gebäude destabilisiert und deformiert hatte. Der Kollaps des Nordturms verursachte erhebliche Gebäudeschäden an WTC 7, vor allem auf der Südwestseite. Besonders fatal war, dass durch den Einsturz des Nordturms die Wasserzuleitung für die Sprinkleranlage von WTC 7 zerstört wurde. Außerdem wurden durch ihn mehrere Brände verursacht, die über mehrere Stockwerke verteilt stundenlang brannten und eine Hitze bis zu 400 Grad Celsius erreichten. Die waagrechten Stahlträger dehnten sich und brachen von den Stützpfeilern ab. Daraufhin stürzten einige Stockwerke ein, mehrere zentrale senkrechte Stützpfeiler wurden dadurch überlastet und knickten ein. Daraufhin stürzte das Gebäude in sich zusammen. Gegen die These von einer Sprengung des Gebäudes sprach auch, dass es keine passenden umfangreichen Fensterschäden an umliegenden Gebäuden gab.

Viele Fragezeichen warf auch der angebliche Einschlag einer Passagiermaschine in die Außenmauer des Pentagon-Gebäudes knapp über dem Erdboden auf. Verschwörungstheoretiker behaupteten, kurz nach dem Einschlag aufgenommene Fotografien zeigten einen unversehrten Rasen vor dem Gebäude und keinerlei Trümmerteile. Die Schäden an der Gebäudefront seien zu schmal für die Spannweite einer Boeing 757, die knapp vierzig Meter beträgt. Das Schadensbild stimme eher mit dem Einschlag eines Cruise-Missiles überein, da nur ein solcher Marschflugkörper die Raketenabwehr des Pentagon hätte überwinden können. Zudem sei das Einschlagsloch vor dem Kollaps der Außenfassade nur fünf Meter breit gewesen. Auch einige frühere Piloten und Unfallexperten der US-Luftwaffe stellten die offizielle Version in Frage. Anders als beim WTC gibt es kein Bildmaterial vom Einschlag. Zudem wurde das *National Transportation Safety Board* (NTSB) anders als beim WTC hier nicht mit dem Zusammenbau der Trümmerteile des Flugzeugs beauftragt. Nach Regierungsangaben sorgten die massiven Außenwände, Mauerringe und dicht stehenden Betonsäulen des Pentagon dafür, dass ein Großteil der Flugzeugtrümmer als kleine Teile verstreut ins Gebäudeinnere flog. Das Gebäude war 1993 renoviert worden, dabei seien die Gebäudeaußenseiten besonders verstärkt worden. Die Fenster seien mit bombensicherem Laminatglas versehen gewesen, zudem seien auf der Gebäudeinnenseite zusätzliche Stahlträger und Betonplatten eingebaut worden, um Anschläge wie in Oklahoma City abwehren zu können. So erkläre sich der verhältnismäßig geringe Umfang der Einschlagszone und die Tatsache, dass die Fassade erst neunzehn Minuten nach Einschlag und Ausbruch des Brandes einstürzte.

Tatsächlich wurden rund um das Pentagon nur wenige größere Flugzeugtrümmer geborgen, so etwa das Fahrgestell, ein Rad, der Flugdatenschreiber und Rumpfstücke. Der rechte Flügel war beim Anflug auf das Gebäude auf ein Generatorhaus, der linke auf eine Entlüftungsanlage geprallt. Dabei rissen die Flügel ab. Dem entsprach das knapp dreißig Meter breite Einschlagsloch. Zudem verbrannte hier ein großer Teil des Kerosins bereits beim Einschlag, so dass die Gebäudeschäden geringer waren als beim WTC. Das Misstrauen wuchs, als das FBI von den von einer Parkplatzkamera aufgezeichneten Videos nur einzelne Standbilder zur Veröffentlichung zuließ. Da die Kamera allerdings nur ein Standbild pro Sekunde aufnahm, ist klar, dass von dem mit einer Geschwindigkeit von siebenhundert Stundenkilometern, umgerechnet zweihundertvierzig Meter pro Sekunde, heranrasenden Flugzeug nur unscharfe Wischbilder aufgenommen wurden. Diese Bilder schließen allerdings einen Raketeneinschlag aus.

2009 veröffentlichte *WikiLeaks* über fünfhunderttausend Textnachrichten, die Mitarbeiter von US-Behörden am 11. September 2001 versandt hatten. Sie enthielten keinerlei Hinweise auf eine Verwicklung der Regierung in die Anschläge – was angesichts der Fülle der Mitteilungen statistisch hätte der Fall sein müssen. *WikiLeaks*-Gründer Assange erklärte dazu, die Verschwörungstheorien lenkten leider von den realen Verschwörungen für Kriegszüge und Korruption ab, die *WikiLeaks* aufgedeckt habe. Daraufhin wurde er von Verschwörungstheoretikern beschuldigt, im Auftrag der US-Geheimdienste zu handeln. Generell ist es eine Schwierigkeit der Verschwörungstheorien, dass sie nur funktionieren könnten, wenn ungeheuer viele Mitarbeiter verschiedener Behörden dichtgehalten hätten, um die Verschwörung nicht irgendwann auffliegen zu lassen. Was nach aller Erfahrung relativ unwahrscheinlich ist. Der oft als Gegenbeispiel für eine erfolgreich bis heute getarnte Regierungsoperation genannte Kennedy-Mord war vermutlich von einer sehr kleinen und daher überschaubaren Gruppe von Mitwissern geplant worden. Zudem wurde der angebliche Täter (Lee Harvey Oswald) wenige Stunden nach dem Anschlag erschossen, und auch sein Mörder starb, ohne sein Insiderwissen preiszugeben. Je größer die Verschwörung, umso mehr Leute sind daran beteiligt, und noch viel mehr müssten die Durchführung decken.

Nachdem wir nun die wichtigsten Verschwörungstheorien überprüft haben – was ergibt sich daraus für die Frage, wem die Anschläge etwas nützten? Es bleibt nach wie vor dabei, dass die US-Regierung selbst der größte

Nutznießer der Anschläge ist. Die Anschläge sorgten für ein Klima in der Öffentlichkeit, welches die entscheidenden politischen und militärischen Weichenstellungen der zweiten Bush-Regierung möglich machte. Dass die Regierung aktiv an der Durchführung der Anschläge beteiligt war, ist, wie gesehen, eher unwahrscheinlich. Dass es möglicherweise doch weitaus mehr bekannte Hinweise auf die Anschläge gab, dass die Regierung Kenntnis von der Vorbereitung und Durchführung der Anschläge hatte, ist dagegen schon weitaus wahrscheinlicher und würde auch weitaus weniger Beteiligte erfordern, was die Geheimhaltung eines solchen Vorabwissens erleichterte. Vermutlich lag dem Ganzen ein ähnliches Szenario wie seinerzeit 1941 bei Pearl Harbor zugrunde. Man ließ das Verbrechen bewusst geschehen, um die öffentliche Empörung darüber für politische und militärische Weichenstellungen zu nutzen, die ohne den Anschlag nicht oder nur gegen großen Widerstand möglich gewesen wären. Dafür nahm man in Kauf, von Teilen der Öffentlichkeit der mangelnden Wachsamkeit oder der Inkompetenz bezichtigt zu werden. Doch das wog vermutlich leicht im Vergleich zu den unermesslichen Vorteilen, die man durch die ausgeführten Anschläge erreichte.

US-Drohnenkriege – geniale Idee oder völkerrechtswidrige Hinrichtungen par ordre de mufti?

Seit mehr als anderthalb Jahrzehnten setzen die Vereinigten Staaten von Amerika eine neuartige Waffe im Kampf zur Durchsetzung ihrer politischen und militärischen Ziele ein. Die Rede ist von ferngesteuerten unbemannten bewaffneten Flugdrohnen, die in der Lage sind, viele Tausend Kilometer von ihrer Heimatbasis entfernt zu operieren und einzelne, ausgewählte »Ziele« zu »bekämpfen« beziehungsweise zu vernichten. »Ziele« heißt in diesem Fall »Terroristen« beziehungsweise Menschen, die von der Regierung der USA auf eine täglich aktualisierte Todesliste gesetzt und dementsprechend »abgearbeitet« beziehungsweise ermordet werden. Klingt unglaublich, finden Sie? Ist es auch. Denn mit dem normalen Verständnis von Menschen- und Völkerrecht, von Recht und Gesetz ist das nicht in Einklang zu bringen. Wie konnte es so weit kommen? Ein kurzer Blick zurück: Bis 2004 galt international zumindest offiziell der Grundsatz, dass Menschen, denen ein Verbrechen vorgeworfen wird, polizeilich gesucht, wenn möglich festgenommen, vor Gericht gestellt, verurteilt und dann entsprechend ihrer Strafe in Haft gehalten werden. Natürlich gab es auch zuvor schon Mordanschläge, Attentate, die auch von staatlicher Seite gegen Menschen verübt wurden, die, aus welchem Grund auch immer, ins Fadenkreuz der staatlichen Behörden geraten waren und nun zum Abschuss freigegeben wurden. Und diese »Abschüsse« erledigten gern mal entweder staatliche Angestellte in Form von Geheimagenten oder Spezialeinheiten oder aber gedungene Mörder, die man hierfür anheuerte.

Seit 2004 gilt eine neue Zeitrechnung, ist ein neues Zeitalter angebrochen. Seit fünfzehn Jahren verhält sich die USA so, als sei es ganz normal, tagtäglich mittels Kampfdrohnen Menschen umzubringen, dabei sehr häufig Unschuldige, die entweder mit den Schuldigen verwechselt wurden oder zum falschen Zeitpunkt am falschen Ort waren. Darunter auch Frauen, Kinder, Greise. Die USA argumentieren, dass diese Form der »Kriegsführung« weitaus effizienter, kostengünstiger und humaner sei als die klassische Kriegserklärung, Einmarsch, Bodenkämpfe, Bombardierungen et cetera. Denn durch die Drohnen würden nur einzelne Terroristen vernichtet, und der Rest der Bevölkerung, der Rest des betroffenen Landes bekomme davon nichts ab beziehungsweise nichts mit. Und auch die Zahl der Unschuldigen, die dabei ums Leben kommen und sich »leider« nicht vermeiden ließen, sei deutlich geringer als bei klassischer Kriegsführung. Insgesamt wurden seit 2004 von Drohnen Tausende von Raketen auf Ziele abgeschossen, geleitet wird die Aktion von der *Special Activities Division* (SAD) der CIA. Die »Luftschläge« beziehungsweise Ferntötungen oder Fern-Morde begannen unter der Präsidentschaft von George W. Bush, nahmen aber unter seinem Nachfolger und Friedensnobelpreisträger (!) Barack Obama drastisch zu. Erfolgte unter Bush jr. im Schnitt alle vierzig Tage ein Luftschlag, so vervielfachte sich dies unter Obama dahingehend, dass nun im Schnitt alle vier Tage ein Luftschlag erfolgte. Trump ließ die Zahl der Ferntötungen nochmals deutlich erhöhen. Erst 2013 war Obama Manns genug, diese Praxis einzugestehen und offiziell als Regierungspolitik einzuräumen. Dabei kam auch heraus, dass bei diesen Luftschlägen sogar Staatsbürger der USA ohne Gerichtsverfahren getötet werden, was der US-Verfassung widerspricht. Mittlerweile wurden auch Statistiken veröffentlicht, denen zufolge nur dreizehn Prozent der dieserart aus der Luft ferngesteuert Getöteten die eigentlichen Ziele dieser Anschläge sind, während rund achtzig Prozent »andere Terroristen« seien und sieben Prozent Zivilisten, die nichts mit den Zielpersonen zu tun hatten. Wobei die achtzig Prozent »andere Terroristen« häufig männliche Personen sind, die sich nur zufällig im Zielgebiet aufhielten und summarisch – der Einfachheit halber und um die öffentliche Empörung zu dämpfen – als »Terroristen« bezeichnet werden. Selbst in der minimalsten Variante muss man also von Tausenden unschuldiger Opfer dieser Praxis ausgehen, darunter Hunderte von Kindern. Daher sind viele Kritiker der Meinung, dass man diese Form der Kriegsführung getrost und mit Fug und Recht als Kriegsverbrechen bezeichnen kann.

Werfen wir kurz einen Blick zurück auf die Geschichte und Verbreitung dieser außergerichtlichen Tötungen. Generell versteht man hierunter eine außergerichtliche Exekution einer Person durch staatliche Behörden oder Individuen, ohne dass dieser Tötungsakt juristisch geahndet wird. Die Ausführung solch außergerichtlicher Todesstrafen wird ebenso generell als unethisch verurteilt, da sie das für staatliche Strafen jeder Art, und insbesondere für Todesstrafen, notwendige juristische Verfahren umgehen. Solche Tötungen treffen meist politische Führer, Gewerkschaftler, Dissidenten, religiöse und soziale Leitfiguren und werden von einer Regierung beauftragt und von staatlichen Organen wie der Armee oder der Polizei ausgeführt, die dabei ihre verfassungsmäßige Rolle überschreiten. Bei der UNO gibt es beim Hochkommissar für Menschenrechte einen Sonderberichterstatter für außergerichtliche, summarische oder zufällig ausgewählte Exekutionsvorgänge. Nach den UNO-Unterlagen sind außergerichtliche Exekutionen in folgenden Ländern verbreitet. Fangen wir an mit Afrika: Burundi, Demokratische Republik Kongo, Ägypten, Äthiopien, Elfenbeinküste und Libyen. Auf dem amerikanischen Kontinent zählen zu den Ländern, in denen außergerichtliche Hinrichtungen verbreitet sind, Argentinien (speziell während der Militärdiktatur 1976 bis 1983 mit bis zu fünfzehntausend Todesopfern unter den Regimegegnern, wozu Intellektuelle, Gewerkschaftsführer, Priester, Nonnen, Reporter, Politiker und Künstler und die jeweiligen Angehörigen zählten; ausgeführt wurde die Mehrzahl dieser Morde durch eine »Todesschwadron« der »Panzerschule der Armee« – *Escuela de Mecánica de la Armada*), Brasilien (zuletzt wurde im März 2019 die Regierungskritikerin Marielle Franco ermordet; der Sohn des gegenwärtigen Präsidenten Bolsonaro soll Verbindungen zu Todesschwadronen haben), Chile (besonders während der Militärdiktatur 1973 bis 1989 unter General Pinochet, der unmittelbar nach seinem Putsch damit begann, listenweise bekannte Linke zu foltern und umbringen zu lassen, darunter mehr als dreitausend Personen, die der Unterstützung der vorherigen sozialistischen Allende-Regierung verdächtig waren; diese Tötungsserie hielt bis 1989 an und wurde von Manuel Contreras geleitet, dem damaligen chilenischen Geheimdienstchef, also Pinochets Geheimpolizei, der auch Prominente unter den Linken wie den Parteiführer der Sozialistischen Partei Chiles, Victor Olea Alegria, entführen und ermorden ließ; einige dieser Tötungsaktionen wurden innerhalb der von den USA beziehungsweise der CIA geleiteten *Operation Condor* durchgeführt), Kolumbien, El Salvador (während des Bürgerkriegs verschonten die staatlich sanktionierten

Morde an prominenten Regimegegnern nicht einmal hohe Kirchenführer, wie Erzbischof (!) Oscar Romero im März 1980, oder vier amerikanische Staatsbürger, drei Nonnen und einen Sozialarbeiter, die vergewaltigt und ermordet wurden), Honduras (die Todesschwadron mit enger Verbindung zur CIA während der dunklen 1980er Jahre, als die USA versuchten, jede sozialistische Regung in ihrem »Hinterhof« Südamerika gewaltsam zu unterdrücken, hieß hier »Battaillon 316«, der Tausende von Lehrern, Politikern und Gewerkschaftlern zum Opfer fielen), Jamaika, Mexiko und schließlich auch die USA selbst.

Dabei enthält die Verfassung der USA ein besonderes Gesetz zum Schutz von Folteropfern, in dessen Abschnitt 3 (a) es heißt, jede absichtliche Tötung, die nicht in einem juristischen Verfahren beauftragt wurde (Gerichtsverhandlung mit Todesurteil), sei verboten. Daher kommt es hier immer wieder zu Diskussionen um die von der Regierung angeordneten außergerichtlichen Tötungen, insbesondere seit der Eröffnung des »Weltkriegs gegen den Terror« durch die USA, die sich seitdem das Recht herausnehmen, weltweit, in welchem Land auch immer, Personen umbringen zu lassen, die sie als Bedrohung der Sicherheit der USA betrachten. Auch die Tötung des al-Qaida-Führers bin Laden 2011 zog solche Diskussionen nach sich. Offiziell hatte die durchführende Spezialeinheit der US Navy den Auftrag, *to capture or kill* bin Laden, ihn also entweder zu fangen oder zu töten. Wobei die Anzahl der auf den unbewaffneten bin Laden abgegebenen Schüsse (es wurden Dutzende von Patronenhülsen am Tatort von pakistanischen Behörden gefunden) darauf schließen lässt, dass es eher darum ging, ihn umzubringen.

In diesem wie in anderen Fällen beruft sich die US-Regierung in- wie ausländisch darauf, dass der jeweilige Mord ein Akt nationaler Selbstverteidigung gewesen sei.

2011 wurden bei einem Drohnen-Anschlag der US-Armee sogar vier amerikanische Staatsbürger (wenn auch islamischen Glaubens) getötet. Die Anordnung dazu hatte Obama unterzeichnet. Darin wurde mitgeteilt, die normalen Rechte als Staatsbürger seien in diesen Fällen durch den Nationalen Sicherheitsrat der USA aufgehoben worden und dass sie als Bedrohung der nationalen Sicherheit der USA getötet werden sollen. In Asien gehören außergerichtliche Tötungen zum Alltag in Ländern wie Afghanistan, Bangladesch (die hier aktive Todesschwadron, das *Rapid Action Battalion*, wird offiziell von der britischen Armee ausgebildet), Indien (hier besonders in den »Unruheprovinzen« Jammu und Kaschmir), Indonesien, Iran (hier besonders unter dem autokratischen Schah-Regime, 1953 durch die CIA und den britischen Geheimdienst MI6 an die Macht gebracht; die CIA bildete auch die Todesschwadron des Schahs, den Geheimdienst SAVAK, aus, die Hunderte von Dissidenten einkerkerte, folterte und ermordete), Irak (die Kolonialmacht Großbritannien hatte verschiedene Stammesgebiete 1932 in eine offizielle Unabhängigkeit unter dem Namen *Irak* entlassen, behielt dort aber Militärbasen; 1941 übernahmen britische Truppen wieder die Macht im Land, da das Vereinigte Königreich eine Zusammenarbeit des Landes mit Nazi-Deutschland befürchtete, das damit an die begehrten Ölquellen gekommen wäre; 1947 gab es einmal mehr die Unabhängigkeit mit einer sunnitischen Regierung; Saddam Hussein kam durch einen Militärputsch in der Monarchie 1979 an die Macht und benutzte ebenfalls Todesschwadronen (angeblich), seit seinem Sturz hat sich die Lage dort bekanntlich nicht verbessert, vielmehr ist das Land in drei Teile zerfallen, die kurdische Region im Norden, die sunnitische Region im Zentrum und den schiitischen Süden), Israel (wahrscheinlich das Land, das am erfolgreichsten, auch gerade im Ausland, Todes-schwadronen einsetzt; im Inland geht es gegen Militante der unterdrückten palästinensischen Bevölkerungsmehr-heit, im Ausland gegen vermeintliche palästinensische Terroristen und deren Unterstützer, dabei kommt es im-mer wieder auch zur Tötung von Unschuldigen, wie je-nem unglücklichen ägyptischen Kellner in Norwegen, der mit einem Top-Terroristen der Palästinenser verwechselt worden war), Pakistan, Papua-Neuguinea, die Philip-pinen (wo der Präsident Duterte 2016 selbst zur Tötung »aller Drogenhändler« aufgerufen und solche Morde von staatlicher Strafverfolgung freigestellt hat), Saudi-Ara-bien (die Todesschwadron heißt hier *Tiger-Schwadron*; zuletzt bekannt geworden ist die Tötung des Dissidenten Jamal Khashoggi im Oktober 2018 im saudi-arabischen Konsulat in Istanbul), Tadschikistan, Thailand, Türkei und natürlich in Vietnam, vor allem im US-beherrsch-ten Südvietnam während des Vietnamkriegs (*Operation Condor*). In Europa sticht der Mafia-Staat beziehungswei-se das NATO-Protektorat Kosovo mit hohen Ziffern bei außergerichtlichen Tötungen hervor, Großbritannien tat sich während der Unruhen in Nord-Irland mit gezielten Tötungen von angeblichen militanten Katholiken sowie mit Todesschüssen auf vermeintliche Selbstmordattentä-ter hervor (*Operation Kratos*, dabei wurde versehentlich der völlig unschuldige Rucksackträger Jean Charles de Menezes 2005 erschossen).

In Afghanistan führen die dort weit außerhalb ihres Zuständigkeitsbereichs versammelten NATO-Truppen eine *Joint Prioritized Effects List* (JPEL), wörtlich übersetzt eine *Gemeinsame priorisierte Effektenliste*. Es handelt sich dabei um eine Liste von Personen, die von den »Koali-tionsstreitkräften« unter Führung der US-Armee in Af-ghanistan gefangen genommen oder getötet werden sollen. In der Praxis handelt es sich dabei um einen Freibrief zur Ermordung dieser Menschen. Offiziell ist nur die *Task Force 373* der US-Army damit beschäftigt, diese täglich aktualisierte Liste »abzuarbeiten«. Auch die Bundeswehr beteiligt sich allerdings an diesen Aktionen. So setzte das deutsche Kontingent den afghanischen Staatsbürger Shirin Agha mit der Nummer 3145 auf die Liste; Agha wurde am 11. Oktober 2010 von deutschen Spezialeinheiten getötet. 2010 standen insgesamt nicht weniger als zweitausend Namen auf dieser Liste. Die Aufsicht über die Liste führt das Führungskommando der US-Spezialstreitkräfte, das *Joint Special Operations Command* (JSOC). Ein Insider beschrieb den Betrieb rund um die Liste als »quasi-industrielle Tötungsmaschinerie«. Die auf der Liste eingetragenen Personen erhalten einen Prioritätslevel von eins bis vier, wobei eins der wichtigste ist. Bereits 2008 entschieden die NATO-Verteidigungsminister, dass Drogenkartelle »legitime Ziele« der ISAF-Truppen seien. Der Vollständigkeit halber sei an dieser Stelle nachgetragen, dass es in diesem Zusammenhang immerhin zu einer Beschwerde des BRD-NATO-Generals Egon Ramms kam, der die Tötung solcher Individuen ohne Gerichtsverfahren für illegal und eine Verletzung internationalen Rechts bezeichnete.

Werfen wir nun einen Blick zurück auf die Geschichte solch gezielter Tötungen in staatlichem Auftrag im 20. und 21. Jahrhundert (an anderer Stelle werde ich die Geschichte dieser Terrorform bis in die Antike zurückverfolgen). Es ist mittlerweile allgemein bekannt, dass der Ausdruck »außergerichtliche Tötungen« nur ein Euphemismus, also eine Bemäntelung der Tatsache ist, dass es sich um Mord in staatlichem Auftrag handelt, wie man es ehrlicherweise bezeichnen müsste. Seit der Epoche der Aufklärung im 18. Jahrhundert war zumindest die offizielle Ansicht, dass

Tötungen ohne Gerichtsverfahren in staatlichem Auftrag illegal sind. Die Gegenseite behauptet, dass solche Tötungen legitim seien im Rahmen von Selbstverteidigung, gegen Terroristen oder Kämpfer in asymmetrischen Auseinandersetzungen. Mittlerweile verbreitet sich selbst im Mutterland der gezielten Tötungen, den USA, die Ansicht, dass diese Form, Menschen umzubringen, illegal ist, und zwar sowohl im Rahmen der US-Verfassung wie auch des Völker- und Menschenrechts. Statistiker haben errechnet, dass im Rahmen der Versuche, Zielpersonen zu töten, auf jeden erfolgreichen »Abschuss« die »kollaterale« Ermordung von zehn unschuldigen Kindern kommt. Ein Extrembeispiel war die »Jagd« auf den al-Qaida Kommandeur Ayman al-Zawahri, bei dem es zahllose Versuche bedurfte, bis die Zielperson zur Strecke gebracht werden konnte; bei den zahllosen erfolglosen Anschlägen zuvor starben bei Raketeneinschlägen, gesteuert von der CIA, über achtzig Kinder und dreißig Passanten.

Während der zweiten Bush-Präsidentschaft (George W.) wurden die gezielten außergerichtlichen Tötungen zu einer häufig benutzten Taktik der US-Regierung innerhalb des selbstausgerufenen »Weltkriegs gegen den Terror« – dass diese »Kriegserklärung« wertlos ist, weil sie kein anderes Land betrifft, sondern nur kriminelle Banden, wurde von der US-Regierung leichterdings ignoriert. Ohne valide Kriegserklärung kann es aber auch bekanntlich keine Angriffe auf gegnerische Kämpfer geben. Zu Beginn dieser illegalen, verbrecherischen Aktionen gab es jeden Dienstag einen Termin des Präsidenten mit seinen Sicherheitsberatern, wo die Liste der vorgeschlagenen Zielpersonen beziehungsweise Opfer besprochen und dann die endgültige Todesliste zur Ausführung genehmigt wurde. Das Ganze, wie man nicht oft genug betonen kann, ohne jegliches Gerichtsverfahren, einfach *par ordre de mufti.* Schon zuvor hatten die USA in den 1970er und 1980er Jahren in Südamerika die berüchtigte *Operation Condor* durchgeführt, ein geheimdienstliches Unternehmen zur Folterung und Ermordung aller »Linken«, derer man habhaft werden konnte. Die Liste der Opfer umfasste den früheren bolivianischen Präsidenten Juan José Torres, den früheren chilenischen Innenminister Bernardo Leighton sowie den ehemaligen chilenischen Botschafter Orlando Letelier und seinen sechsundzwanzigjährigen US-Mitarbeiter Ronni Moffitt, die mittels einer Autobombe mitten in der US-Hauptstadt Washington, D. C., ermordet wurden. Ein frühes Beispiel von einer gezielten Ermordung im Auftrag der US-Regierung war die erfolgreiche »Operation Rache« im Zweiten Weltkrieg. Sie führte zum gezielten Abschuss des Flugzeugs von Admiral Yamamoto, dem Chefplaner des Angriffs auf Pearl Harbor. Während des Vietnamkriegs machte die CIA und die mit ihr verbündeten südvietnamesischen Geheimdienste Jagd auf alle echten und vermeintlichen Guerillakämpfer des Vietcongs, bei diesem *Operation Phoenix* genannten Projekt der US-Army, der CIA und der australischen Streitkräfte in Vietnam wurden ebenfalls Tausende von Menschen gefoltert und ermordet.

Zwar verbietet Artikel 2 Absatz 4 der Charta der Vereinigten Nationen die Androhung oder die Benutzung von Gewalt eines Staates gegen einen anderen. Es gibt aber zwei erlaubte Ausnahmen, die im Hinblick auf die gezielten Tötungen relevant sind: zum einen, wenn die Gewaltausübung mit Zustimmung des Staates passiert, in dem sie ausgeübt wird, oder zum anderen, wenn die Gewaltausübung im Rahmen von Selbstverteidigung als Antwort auf einen bewaffneten Angriff oder eine unmittelbare Bedrohung geschieht und wenn der Staat, in dem die Gewaltausübung stattfindet, unwillig oder nicht in der

Lage ist, angemessen zu handeln. Zudem ist die Legalität von gezielten Drohnenanschlägen im Hinblick auf das Menschenrecht zu betrachten, einschließlich der fundamentalen Prinzipien der Unterscheidung, Proportionalität, Menschlichkeit und militärischer Notwendigkeit. Im Übrigen ist eigentlich nominell der UN-Sicherheitsrat für alle Maßnahmen im Hinblick auf Frieden, Friedensstörungen und aggressive Akte zuständig (Kapitel 7, Artikel 39 bis 50). Der Sicherheitsrat entscheidet darüber, ob eine Bedrohung des Friedens vorliegt und ob Maßnahmen ergriffen werden sollen zur Aufrechterhaltung oder zur Wiederherstellung des Friedens. Artikel 51 schließlich nennt die einzige Ausnahme: Mitglieder der Vereinten Nationen haben das unveräußerliche Recht auf individuelle oder kollektive Selbstverteidigung, sollte ein bewaffneter Angriff gegen einen Mitgliedsstaat der Vereinten Nationen vorliegen, so lange, bis der Sicherheitsrat Maßnahmen zur Aufrechterhaltung des internationalen Friedens und der Sicherheit ergriffen hat.

Gerade die Frage, wer überhaupt berechtigterweise auf so einer »Todesliste« geführt werden darf, wirft schon eine Fülle von Fragen beziehungsweise Problemen auf. Ebenso die Frage, unter welchen Umständen überhaupt eine solche Gewaltausübung angewendet werden darf. Die *Harvard Law School* (USA) ist beispielsweise der Ansicht, dass solche gezielten Tötungen in die Grauzone fallen zwischen der Abwehr von Terrorismus als Verbrechen und der Abwehr von Terrorismus im Rahmen einer Kriegshandlung. Regierungen, die juristische Verfahren bemühen, bestrafen Personen für ihre individuelle Schuld, die vor Gericht bewiesen werden muss (bis zum Urteil gilt bekanntlich die Unschuldsvermutung), wo der Angeklagte umfassende Schutzrechte genießt. Regierungen, die sich im Krieg befinden, können andererseits eine rechtliche

Verpflichtung in Anspruch nehmen, die in Friedenszeiten geltenden Einschränkungen der Anwendung der Todesstrafe aufzuheben. Feindliche Kämpfer könnten daher unter Feuer genommen und getötet werden, nicht weil sie schuldig sind, sondern weil sie potentiell tödliche Vertreter der feindlichen Partei sind. Daher wäre in diesem Fall keine vorherige Warnung notwendig, ebenso auch kein Versuch der Festnahme oder Gefangennahme, und schließlich kein Versuch, die möglichen Opfer unter den gegnerischen Streitkräften zu minimieren.

Trotz der ungeklärten Ausgangslage habe die US-Regierung gezielte Tötungen – die bewusste Ermordung eines bekannten Terroristen außerhalb des US-Staatsgebietes, üblicherweise durch einen Luftschlag – zum Kernpunkt ihrer Terrorismusabwehrstrategie gemacht. Dabei rechtfertigen die Vereinigten Staaten die Tötung von Terroristen unter dem Paradigma des Krieges. Das Kriegsrecht zu nutzen für Terrorismusabwehr, ermöglichte es den Regierungsanwälten, die tödlichen Attacken auf Terroristen von den verbotenen Ermordungen zu unterscheiden und diese zu rechtfertigen als gesetzeskonforme Schlachtfeldoperationen gegen feindliche Kämpfer, so wie in der unumstrittenen gezielten Tötung des japanischen Generals Yamamoto durch den Abschuss seines Flugzeugs im Zweiten Weltkrieg. Zusätzlich werden die Drohnenanschläge durch die »chirurgische« Natur dieser Taktik in einem bevölkerten Gebiet gerechtfertigt. Dadurch könnten feindliche Kämpfer in einer komplexen Umgebung eliminiert werden, bei gleichzeitiger Minimierung der Gefahr, durch die Tötung einen Krieg auszulösen.

Die pseudojuristische Basis für die US-Drohnenkriegsführung ist die »*Authorization for Use of Military Force Against Terrorists*« (AUMF), also die »Autorisierung des Gebrauchs von militärischer Gewalt gegen Terroristen«.

Dieser Freibrief basiert auf einem gemeinsamen Beschluss beider Häuser des Kongresses (Repräsentantenhaus und Senat), der genau eine Woche nach den Anschlägen vom 11. September 2001 verabschiedet wurde. Die AUMF ermächtigt den Präsidenten, »alle notwendige und angemessene Gewalt gegen Nationen, Organisationen oder Personen anzuwenden, die er für verantwortlich hält, die terroristischen Anschläge des 11. September geplant, autorisiert, begangen oder dazu Beihilfe geleistet zu haben«. Dabei wurden schon früh Vorwürfe laut, die Nutzung der Drohnen für gezielte Exekutionen durch die Regierung sei eine wahllose und unangemessene Gewaltanwendung, welche die Souveränität Pakistans (wo zunächst die meisten Drohnenschläge stattfanden) verletze. Obama genehmigte dann, wie erwähnt, sogar die erste außergerichtliche Exekution eines US-Staatsbürgers mittels Drohne durch die CIA (das US-Militär hatte die Verantwortung für die Drohnenkriegsführung als juristisch zu fragwürdig abgelehnt) bei dem Anschlag gegen Anwar al-Awlaki 2010. Auch die Effizienz beziehungsweise die Genauigkeit der Drohnenschläge wurde schon früh in Frage gestellt. So ergab eine Analyse von 2010, dass in den beiden Jahren zuvor bei rund fünfhundert Exekutionen per Drohne nur acht Prozent der Getöteten al-Qaida-Kommandeure waren, der übergroße Rest von zweiundneunzig Prozent waren bestenfalls namenlose Fußsoldaten der Terrorgruppe.

Der Tenor der Regierungsseite auf diese und andere Vorwürfe liest sich dann so: »Die USA befinden sich in einem bewaffneten Konflikt mit al-Qaida, den Taliban und deren Verbündeten, als Antwort auf die Anschläge vom 11. September. Es ist unser gutes Recht, Gewalt auszuüben gemäß unserem selbstverständlichen Recht auf nationale Selbstverteidigung. Es gibt kein einziges internationales Gesetz, dass die Benutzung ferngesteuerter Luftfahrzeuge zu diesem Zweck verbietet, oder es uns untersagt, tödliche Gewalt gegen unsere Feinde außerhalb eines aktiven Schlachtfelds anzuwenden, zumindest wenn das Land, in dem diese Gewaltanwendung stattfindet, zustimmt, oder nicht in der Lage oder nicht willens ist, selbst der Bedrohung zu begegnen.« So der Originalton von Ex-CIA-Chef und US-Sicherheitsberater John O. Brennan in einer Rede von 2012. Auch die US-Verfassung ermächtige den Präsidenten, die Nation vor jeglicher akuter Bedrohung einer Attacke zu schützen. Dass diese schwammige Formulierung einen Freibrief darstellt, auch in Staaten, die gegen diese Luftschläge sind, diese durchzuführen, weil der Staat, wo sie stattfinden, »unwillig« ist, nehmen die US-Regierungsjuristen in Kauf beziehungsweise haben das bewusst so formuliert (um einen Freibrief auszustellen).

Brennan hielt diese Rede wenige Tage, nachdem »Friedensnobelpreisträger« (!) Obama die CIA und US-Spezialeinheiten autorisiert hatte, »Ziele«, also Verdächtige beziehungsweise bekannte al-Qaida-Kommandeure et cetera basierend nur auf ihrer »Geheimdienst-Signatur« zu exekutieren, sprich: zu ermorden. »Signaturen« steht in diesem Fall für ein Verhaltensmuster eines unbekannten feindlichen Kämpfers, das durch SIGINT (also elektronische Abhörmaßnahmen), menschliche Quellen und Luftüberwachung erstellt wurde, und welches angeblich Rückschlüsse darauf zulässt, dass es sich um einen bedeutenden al-Qaida-Kommandeur oder jemanden handle, der Pläne schmiede, die US-Interessen zuwiderliefen. Bis zu diesem Zeitpunkt war es der CIA und der ihr untergeordneten US-Militäreinheiten nur gestattet gewesen, Drohnen-Luftschläge gegen namentlich bekannte Terroristen-Führer anzuwenden, deren Lokalisierung von mehreren Quellen unabhängig voneinander bestätigt worden war, und die auf den geheimen Tötungslisten der CIA und der US-Spezialeinheiten geführt wurden. Kritiker monieren, dass die »Signaturen« der unbekannten Kämpfer sich häufig mit denen von unverdächtigen Zivilisten im Zielgebiet decken, also von Bauern oder Hirten.

Ab 2011 wurde der Prozess zur Auswahl der zu ermordenden »Zielpersonen« so geändert, dass der gesamte Entscheidungsprozess in den Händen einer kleinen Gruppe von Personen lag, sprich: des Antiterror-Chefs im Weißen Haus, John Brennan, und seinen engsten Mitarbeitern. Seitdem stellte Brennans Stab die Liste der zu Ermordenden zusammen und glich diese mit ähnlichen Tötungslisten, etwa des US-Außenministeriums, ab; dies geschieht bis heute bei wöchentlichen Treffen im Weißen Haus. Dabei sind bis zu zehn Juristen beteiligt, welche die Rechtfertigung für die Tötung der einzelnen Zielpersonen formulieren. Obama legte großen Wert darauf, selbst an der Spitze dieses streng geheimen Selektionsprozesses zu stehen, Terroristen als Ziele für solche »*capture or kill*«-Aktionen festzulegen, also das letzte Wort bei diesen Mordaktionen zu haben, und persönlich jeden Einsatz, sei es in Pakistan, im Jemen, in Somalia oder anderswo, abzuzeichnen; in Afghanistan werden für diese Zwecke keine Drohnen benötigt, da hier die US-Spezialeinheiten beziehungsweise die Spezialeinheiten der US-NATO-Verbündeten, wie etwa auch das BRD-*Kommando Spezialkräfte* (KSK) der Bundeswehr, diese Aufgabe übernehmen, als Scharfrichter zu fungieren.

Obama, der die Zahl der Drohnen-Morde drastisch ausweitete, vergaß als gewiefter Politiker natürlich nicht, sich die Rückendeckung des »biegsamen« US-Kongresses hierfür zu sichern. Einmal im Monat führten Stabsmitglieder des Weißen Hauses dem Geheimdienst-Ausschuss Videos der letzten erfolgreichen Morde beziehungsweise

Exekutionen vor, legten die hierfür relevanten Geheim-
diensterkenntnisse sowie Abhörergebnisse vor und er-
läuterten teilweise auch die nachträgliche Auswertung
der Indizien, wer tatsächlich getroffen worden sei. Dabei
erhalten die Ausschuss-Mitglieder ausgewählte Details zu
jedem Luftschlag, welche sie in internen Sitzungen regelmäßig auswerten und bewerten. Nach eigener Aussage legen die Mitglieder dieses Geheimdienst-Ausschusses besonderen Wert darauf, die Zahl an »Kollateral-Tötungen«,
also der Ermordung Unschuldiger, so niedrig wie möglich
zu halten. Immerhin 26 von ihnen beschwerten sich 2012
bei Obama über die erwähnten »Signatur-Exekutionen«.
Obama befahl daraufhin, diese in Pakistan (das diplomatischen Druck zur Beendigung dieser Kriegsführung auf
seinem Staatsgebiet ausgeübt hatte) einzustellen und stattdessen nun Ziele in Afrika auf die Liste zu setzen. Die Abgeordneten fügten hinzu, die Tatsache, dass diese Droh-
nenexekutionen ohne jegliche Transparenz, Verantwort-
lichkeit und Überwachung stattfinden, verursache ihnen
Unbehagen. Während der zweiten Bush-Präsidentschaft
lag der Schwerpunkt der Drohnen-Morde auf höheren
al-Qaida-Funktionären. Unter »Friedensnobelpreisträger« (!) Obama wurde die Gruppe von potentiellen Mord-
opfern stillschweigend deutlich dahingehend erweitert,
nun auch einfache al-Qaida-Mitglieder, Fußsoldaten,
»Terroristen« jeglicher Art also, zu exekutieren.

Angesichts einer drohenden Niederlage bei der Präsi-
dentschaftswahl für seine zweite Amtszeit 2012 ordnete
Obama an, in den Wochen vor der Wahl explizite Regeln
für die Ermordung von »Terroristen« mittels Drohnen
zu entwickeln, um einem möglichen Nachfolger ein kla-
res Regelwerk zu hinterlassen (beziehungsweise dessen
Politik vorab zu beeinflussen). Aus Sorge, dass der Entscheidungsprozess unter einem neuen Präsidenten aufge-

weicht, dass der Kreis der bei der Entscheidungsfindung maßgeblichen Personen ausgeweitet werden könnte, sollte nun ein halbwegs legaler Prozess, ein wasserdichtes juristisches Rahmenwerk erstellt und dem Kongress vorgelegt werden. Obama selbst gab öffentlich zu, dass die Tatsache, dass man hier auf einfachem internen Verwaltungswege, ohne komplizierte Verhandlungen mit allen möglichen Akteuren, »drängende Sicherheitsprobleme« lösen könne, ohne sich die Hände schmutzig zu machen, verführerisch sei – er ist dieser Verführung offenbar komplett erlegen, wie man rückblickend kritisieren muss. In einem von Bürgerrechtsgruppen angestrengten Prozess wurde der US-Regierung im Dezember 2012 gerichtlich ein weiterer Freibrief ausgestellt. Die Richterin befand, die US-Regierung habe keinerlei gesetzliche Verpflichtung, die von ihr zugrunde gelegten juristischen Grundsätze bei der Tötung von Terroristen im Ausland offenzulegen. Obama gab 2013 in einer Rede zu, dass Unschuldige bei diesen Drohnenschlägen ums Leben kämen, was nicht schön sei. Aber als Oberkommandierender müsse er diese herzzerreißenden Tragödien abwägen gegen die Alternative, nichts gegen Terroristen zu unternehmen und dadurch Anschläge mit einer weitaus größeren Zahl ziviler, unschuldiger Opfer in Kauf zu nehmen. Wie immer war auch diese »Es gibt keine Alternative«-Rede verlogen, da es natürlich neben den Drohnenschlägen eine Fülle weiterer staatlicher Handlungsmöglichkeiten gegen »Terroristen« gibt, die allerdings nicht so bequem und unaufwändig wie Drohnenschläge sind. Der Gebrauch von Drohnen sei gerecht, fügte Obama einmal mehr hinzu, da sich die USA im Krieg mit al-Qaida, mit den Taliban und deren Verbündeten befänden. Und wiederholte damit nur das US-Regierungsmantra, das unaufhörlich in die Welt hinausgepustet wird.

Ein Bericht des UN-Sonderberichterstatters für Menschenrechte und Antiterrorismus listet eine Auswahl von 33 US-Drohnenmorden auf, die zur Tötung unschuldiger Opfer führten und das internationale Menschenrecht verletzten. Er forderte die USA auf, ihre rechtliche Position hierzu zu erläutern und zu diesem Zweck umfangreiche bislang streng geheime Datensätze zur Veröffentlichung freizugeben, die zur Begründung dieser Luftschläge hinzugezogen worden seien, sowie die internen US-Regierungszahlen über die Menge unschuldiger Opfer dieser Luftkriegskampagne. Gerade im Jemen seien weitaus mehr Zivilisten bei US-Luftschlägen getötet worden, als von der US-Regierung offiziell zugegeben worden sei. Natürlich kam die US-Regierung dieser Aufforderung nicht nach. Presseberichten zufolge werden bei der Vorbereitung neuer Luftschläge beziehungsweise der Auswahl neuer »Zielpersonen« hauptsächlich Abhörergebnisse des US-Geheimdienstes NSA zugrunde gelegt. Dabei würden fehlerhafte Methoden zur Lokalisierung der Verdächtigen angewendet und dadurch die hohe Zahl ziviler Opfer provoziert. Wie aus einem Anfang 2014 bekanntgewordenen Geheimpapier der US-Regierung hervorging, hatte Obama angeordnet, dass Luftschläge gegen höhere Kader der al-Qaida et cetera berechtigt seien, auch wenn es keine geheimdienstlichen Erkenntnisse gebe, dass diese aktuell eine Attacke gegen die USA planten. Am Ende seiner Präsidentschaft ordnete Obama an, die Drohnenschläge aus dem Verantwortungsbereich der CIA herauszulösen und komplett in die Hand des US-Militärs zu geben. Sein Nachfolger Trump machte diese Entscheidung wieder rückgängig.

Außer den USA ist nach Angaben des Journalisten Ronen Bergman Israel das Land, das seit dem Zweiten Weltkrieg am extensivsten Mordanschläge und gezielte Tötungen als Regierungspolitik nutzte, und dabei oft das

Leben Unschuldiger gefährdete oder beendete. Während den Intifadas wurde israelischen Soldaten vorgeworfen, gezielt auf unbewaffnete palästinensische Jugendliche gefeuert zu haben. In der israelischen Presse ist in diesem Zusammenhang von Liquidationspolitik die Rede, von palästinensischer Seite wird dieses Vorgehen als Staatsterrorismus bezeichnet. Besonderes Aufsehen erregte die Exekution des palästinensischen Zahnarztes Dr. Thabet Thabet, der sich selbst als Friedensaktivist bezeichnete und mit vielen israelischen Friedensaktivisten im Austausch stand. Israels Regierung warf ihm vor, ein Kommandeur der palästinensischen Terrorgruppe Fatah zu sein. Die US-Regierung verurteilte sowohl die von den Palästinensern ausgeübte Gewalt als auch die gezielten Tötungen vonseiten der israelischen Armee.

Die bekannteste Tötungsaktion der israelischen Geheimdienste war die *Operation Wrath of God* (Zorn Gottes) gegen Mitglieder der Palästinenserorganisationen *Schwarzer September* und der PLO im Gefolge des Anschlags auf israelische Olympiateilnehmer*innen in München 1972. Dabei kam es auch zur Tötung eines völlig Unbeteiligten in Norwegen, der von den israelischen Spezialeinheiten mit einem Fatah-Führer verwechselt worden war. Im Rahmen der *Operation Spring of Youth* wurden führende PLO-Funktionäre 1973 in Beirut ermordet (unter anderem Muhammad Najjar, Kamal Adwan und Kamal Nasser). Wadi Haddad, der PLFP-Führer, der für die Entführung einer israelischen Passagiermaschine in Entebbe verantwortlich war, wurde mittels vergifteter Zahnpasta 1978 ermordet. 1988 wurde Khalil al-Wazir (Kampfname Abu Jihad), einer der Gründer und Anführer der Fatah, in Tunis ermordet. Der querschnittsgelähmte Abbas al-Musawi, Generalsekretär der Hisbollah, wurde von israelischen Kampfhubschraubern getötet, die seine Fahrzeugkolonne 1992 im südlichen Libanon unter Beschuss nahmen. Bei diesem Massaker wurden auch Musawis Frau, sein fünf Jahre alter Sohn und vier andere Unbeteiligte getötet. 1993 wurde der Hamas-Kommandeur Emad Akel durch verkleidete israelische Spezialeinheiten ermordet. 1995 wurde vor dem Haupteingang eines Hotels auf Malta Fathi Shaqaqi, der Generalsekretär des Palästinensischen Dschihad, ermordet. Jahja Ajjasch, angeblicher Bombenbauer der Hamas, wurde 1996 in Gaza ermordet, als sein präpariertes Mobiltelefon, mit dem er gerade telefonierte, direkt neben seinem Kopf explodierte. Naif Abu-Sharah, lokaler Kommandeur der Al-Aksa-Märtyrerbrigaden, wurde bei einem Überfall israelischer Soldaten 2004 auf der West Bank ermordet, zusammen mit zwei anderen Führern der Organisation. Imad Mugnia, ein Hisbollah-Kommandeur, wurde 2008 mittels Fahrzeugbombe getötet. Nisar Rajan wurde 2009 durch einen isrealischen Luftschlag zusammen mit 15 Verwandten getötet. Mahmud al-Mabu, ein höherer Hamas-Kommandeur und Gründer der al-Kassam-Brigaden, kam im Januar 2010 in einem Hotel in Dubai zu Tode. Er erhielt einen Stromschlag und wurde vermutlich zuvor mit Succinylcholin, einem starken Betäubungsmittel, kampfunfähig gemacht und erstickt. Von den Vorbereitungen des Mordes durch ein zehn Mann starkes Mossad-Team existieren umfangreiche Video-Aufzeichnungen der polizeilichen Überwachungskameras in Dubai. Raed al Atar wurde zusammen mit zwei anderen Hamas-Kommandeuren durch einen israelischen Luftschlag 2014 getötet. Jihad Mugnia wurde Anfang 2015 zusammen mit fünf anderen Hisbollah-Offizieren und sechs Kommandeuren der iranischen Revolutionsgarden durch einen israelischen Luftschlag auf der syrischen Seite der Golan-Höhen getötet. Mohammed Zuari, der für die Hamas Drohnen baute, wurde 2016 in

Tunesien erschossen, die Hintergründe sind unklar, der Anschlag wird dem israelischen Geheimdienst Mossad zugeschrieben. Asis Asbar, ein syrischer Wissenschaftler und Spezialist für die Entwicklung von Langstreckenraketen und chemischen Waffen, wurde durch eine Autobombe 2018 in Syrien getötet. Der Mossad wird hinter diesem Anschlag vermutet.

Auch andere Länder wenden solche Techniken an. Im ersten Tschetschenienkrieg wurde der Präsident der abtrünnigen russischen Republik, Dschochar Dudajew, 1996 von zwei lasergesteuerten Raketen getötet, als er ein Satellitentelefon benutzte, das von russischen Aufklärungsflugzeugen geortet worden war. 2002 gelang es den russischen Spezialeinheiten, den tschetschenischen Terroristen Ibn al-Chattab, der von Saudi-Arabien finanziert wurde und wahhabitische Prinzipien einführte, mittels eines vergifteten Briefes zu töten. 2004 wurde Selimkhan Jandarbiew, zwischenzeitlich Exil-Präsident Tschetscheniens, bei einem Bombenanschlag in Doha ermordet. Schamil Bassajew, einer der berüchtigsten islamistischen Terroristen in Tschetschenien, verantwortlich für unzählige Anschläge auf die russischen Armee-Einheiten vor Ort, für Entführungen und Lösegelderpressung, für Folter und Mord, für die Geiselnahme im Moskauer Dubrowka-Theater 2002, für das Krankenhaus-Massaker in Budjonnowsk 1995 (150 Tote) und für das Schul-Massaker von Beslan 2004 mit 335 Toten, wurde an der Grenze von Nord-Ossetien zu Inguschien getötet, als sein Fahrzeug eine vom FSB platzierte IED (*improvised explosive device /* getarnte Sprengbombe) am Straßenrand passierte, die in diesem Augenblick explodierte und das Fahrzeug des Terroristen pulverisierte. Von der Westblockpresse wurde den russischen Sicherheitsdiensten auch der mysteriöse Vergiftungstod des zum MI6 übergelaufenen FSB-Agenten Alexander Litvinenko, der Gift-Anschlag auf Vater und Tochter Skripal (angeblich mittels *Nowitschok*, einem in der Sowjetunion entwickelten aber nie massenhaft produzierten chemischen Kampfstoff) sowie der ungeklärte Mord an einem georgischen Extremisten im August 2019 in Berlin angelastet.

Im US-Army *Law of Land Warfare* (*Field Manual 27-10*) heißt es unter Punkt 31, »Tötungen und Gesetzlosigkeit«, es sei verboten, verräterische Individuen einer feindlichen Nation oder Armee zu verwunden oder zu töten, gemäß der Haager Landkriegsordnung von 1907 (Artikel 23b). Demgegenüber bemerkte Daniel Reisner, der langjährige Militär-Chefjustiziar der israelischen Streitkräfte, pragmatisch, wenn man etwas nur lange genug mache, werde die Welt es am Ende akzeptieren. Das internationale Recht verändere sich durch die Brüche, die ihm zugefügt würden. Andere Völkerrechtsexperten sehen das eindeutig anders. Ihnen zufolge sind »gezielte Tötungen« unter welchen Umständen auch immer illegal und als Verbrechen einzustufen. Die US-Bürgerrechtsvereinigung *American Civil Liberties Union* (ACLU) konstatiert, dass gezielte Tötungen weitab von jeglichem Schlachtfeld, ohne Anklage oder Gerichtsverhandlung, die verfassungsmäßigen Garantien verletzten, und ebenso das internationale Recht. Die »gezielten Tötungen« verwandelten die ganze Welt in ein Schlachtfeld. Der Direktor des »Israelischen Informationszentrums für Menschenrechte in den Besetzten Territorien« betonte, Verletzungen des heimischen und internationalen Rechts im Rahmen dieser »gezielten Tötungen« müssten bestraft werden. Terroristen sollten gemäß den Bestimmungen der Strafgesetzbücher bestraft werden und nicht per Luftschlag ohne jegliches Gerichtsverfahren exekutiert werden.

Grundsätzlich sind die USA für die Drohnenbomben

auf die Zustimmung der Staaten angewiesen, in denen die Luftschläge ausgeführt werden sollen. Diese zu bekommen, wird aber zunehmen schwerer, weswegen sich die USA zunehmend einfach über diese Bedingung hinwegsetzen. In den USA mehren sich die Stimmen, die Drohnenkriegsführung so abzuändern, dass der internationale politische Druck dagegen nachlässt, sprich: weniger Einsätze, sorgfältigere Auswahl der Zielpersonen. Insbesondere die »Signatur-Exekutionen« unidentifizierter feindlicher Kämpfer sollten nicht mehr ausgeführt werden. Zudem sollte der Kongress mehr Einfluss und mehr Einsicht in die Drohnenkriegsführung bekommen, um die heimische Opposition ruhigzustellen. Sonst werde es der Drohnenkriegsführung einst ergehen wie zwei anderen Vermächtnissen der zweiten Bushpräsidentschaft, der Folter und der anlasslosen Abhörungen, die beide ebenso unpopulär wie illegal waren und schließlich zumindest offiziell eingestellt werden mussten. Mittlerweile rücken auch die negativen Auswirkungen des Drogenkriegs stärker in den Fokus. So der Effekt, dass jeder Drohnenschlag Rachegefühle und Rachebedürfnisse unter den getroffenen Gruppen und Stämmen hervorrufe, und so einer Hydra gleich für jeden Getöteten eine Masse von neuen Freiwilligen entstehe; zudem verstärke die Drohnenbedrohung den Aufwand, den feindliche Terroristenführer für ihr Abtauchen in den Untergrund betrieben, was die Überwachung dieser Personen zunehmend erschwere; die politische Botschaft, die von Drohnenschlägen ausgehe, sei letztlich nachteilig für die USA, da das Bild eines ungleichen Kampfes mit jedem Luftschlag erneuert und verstärkt werde, der zunehmende Sympathien für die Opfer beziehungsweise die zu bekämpfenden Terroristen erzeuge; zudem verstärkten Drohnenschläge die innenpolitischen Spannungen in den Zielländern und würden die proamerikanischen Regierungen dort unter Druck setzen; außerdem sei man mittlerweile an einem Punkt angelangt, wo die Drohnenwaffe zu extensiv eingesetzt werde, was ebenfalls nationale wie internationale Kritik hervorrufe. Letztlich hätten sich die Drohnenschläge mittlerweile im Hinblick auf die Verfolgung der strategischen Ziele der US-Antiterrorpolitik als Fehlschlag erwiesen. Sie träfen heute Zielpersonen, die nur noch wenig bis gar nichts mit den Anschlägen des 11. September zu tun hätten und dabei nur noch die Zahl der Feinde der USA und mithin das Terror-Risiko vergrößerten, statt beides zu vermindern.

Im September 2012 entstand eine Studie, die sich mit dem Thema beschäftigte, wie sich das Leben für die Menschen in den betroffenen Ländern durch die ständige Bedrohung durch feindliche Drohnen verändert. Die Forscher befragten Personen aus den betroffenen Gebieten, unter ihnen Überlebende von Angriffen oder Hinterbliebene von Opfern. Wie die Studie ergab, haben viele Menschen in den betroffenen Gebieten rund um die Uhr Angst vor neuen Angriffen. Viele Kinder brechen die Schule ab, weil sie Furcht vor Angriffen auf Schulgebäude haben oder Einkommensausfälle durch Drohnenopfer in der Familie kompensieren müssen. Besonders schwerwiegend ist die Praxis der perfiden »doppelten Angriffe«. Dabei werden durch einen zweiten Angriff eine halbe Stunde nach dem ersten die Helfer getötet, die sich nach dem ersten Angriff um Verletzte kümmern. Daher trauen sich mittlerweile immer weniger Menschen, Verletzten nach einem Angriff zu helfen. Auch hätten die Menschen Angst, sich in Gruppen selbst von wenigen Personen zu versammeln, weil dies bereits ausreicht, um einen Angriff auszulösen. Es habe auch Angriffe auf Trauerversammlungen und Trauerfeiern gegeben. Zudem wird der strategische Nutzen der Angriffe bezweifelt. Es gebe Anzeichen dafür, dass sie die Rekrutierung neuer Mitglieder für bewaffnete Milizen vereinfachen.

In den ersten Jahren nach den Anschlägen waren die Drohnen auf US-Basen in Pakistan stationiert. Nach einem fehlgeschlagenen Luftschlag, der eine ganze Einheit der pakistanischen Armee auslöschte (statt irgendwelcher Terroristen), verlangte die pakistanische Armee den Abzug der Drohnen, was wenig später erfolgte. Von wo aus die Drohnen aktuell gestartet werden, ist geheim. 2015 musste Obama zugeben, dass bei einem US-Drohnenangriff sogar zwei westliche Geiseln versehentlich getötet wurden, der Italiener Giovanni Lo Porto und der US-Amerikaner Warren Weinstein. Lo Porto arbeitete für die *Deutsche Welthungerhilfe*, Weinstein für die US-amerikanische Propagandaorganisation *USAID*. Die Völkerrechtsexpertin Mary Ellen O'Connell bezeichnete bei einer Anhörung im US-Repräsentantenhaus die Drohnenangriffe als klare Verletzung des Völkerrechts. Wegen der fehlenden Rechtsgrundlage könnten die für die Drohnenangriffe verantwortlichen CIA-Mitarbeiter in anderen Ländern verhaftet und wegen Mordes angeklagt werden. Selbst in den USA mehren sich die Stimmen, dass nicht alles, was im Rahmen der Selbstverteidigung offiziell »rechtens« sei, auch ratsam sei. Die Ausdehnung der Drohnen-Einsätze auf Länder wie Jemen und Somalia könne zu einer Welt von Rechtlosigkeit und Chaos führen.

Bis in die BRD reichen die Auswirkungen dieser Drohnenkriegsführung der USA. Die US-Militärbasis Ramstein spielt dabei eine zentrale Rolle. Offenbar wird ein Großteil der Drohneneinsätze per Fernsteuerung von Ramstein aus durchgeführt. Da es sich potentiell um eine Straftat von erheblicher politischer Bedeutung handelt, forderte die Opposition im Bundestag die Generalbundesanwaltschaft auf, juristische Ermittlungen aufzunehmen. Der Bundesgerichtshof reagierte hierauf nicht. Auch US-Kongress-abgeordnete haben die Drohnenkriegsführung verurteilt. Dennis Kucinich bekräftigte, dass die USA seiner Ansicht nach internationales Recht verletzten, da sie Luftschläge in einem Land wie Pakistan ausführen lassen, das die USA nie angegriffen habe. Auch die Zivilangestellten der CIA, welche die eigentliche Drohnensteuerung übernehmen, seien somit als »außergesetzliche Kämpfer« zu betrachten, die juristisch verklagt werden könnten. Innerhalb der CIA ist die Pakistan-Afghanistan-Abteilung für die Drohnenkriegsführung zuständig, die im Antiterrorismus-Zentrum der CIA in der Kleinstadt McLean (Bundesstaat Virginia) angesiedelt ist, und eine Stärke von 2000 Mitarbeiter*innen hat. In Pakistan waren die Proteste gegen die Drohnenkriegsführung zeitweise so stark, dass das Land seine Grenzen zu Pakistan für NATO-Versorgungskonvois schloss, so dass diese gezwungen waren, ihre Truppen in Afghanistan über ehemalige Sowjetrepubliken im Süden Russlands zu versorgen. Die Taliban wiederum haben Dutzende von Automechanikern im Grenzgebiet von Pakistan zu Afghanistan exekutiert, denen sie vorwarfen, ihre Fahrzeuge mit CIA-Ortungsgeräten ausgestattet zu haben, und so Drohnenangriffe auf Taliban-Fahrzeugkolonnen ermöglicht zu haben. In Somalien begannen die Drohnen-Morde 2007, werden von der US-Luftwaffe und von der französischen Luftwaffe durchgeführt, und dauern bis heute an, mit hunderten von Opfern, viele davon unschuldige Zivilisten. Allein 2019 wurden dort schon zwei Dutzend Luftschläge ausgeführt.

Kommen wir abschließend noch einmal darauf zurück, wie eigentlich die Todesliste entsteht, die von der US-Regierung täglich aktualisiert wird. Nach mehreren Bezeichnungswechseln heißt sie jetzt *Disposition Matrix*, in der Büro-Umgangssprache in der US-Regierung auch gern als *kill list* (Mord-Liste) abgekürzt. *Disposition Matrix* kann man wörtlich als »Anordnungsgeflecht« übersetzen. Hinter dieser Bezeichnung verbirgt sich die Informationsdatenbank, auf deren Grundlage »feindliche Kämpfer*innen« oder mutmaßliche »Feinde der USA« geographisch verfolgt, gefangen genommen, ausgeliefert oder getötet werden. In der heutigen Form entstand sie um 2010 während der Präsidentschaft des »Friedensnobelpreisträgers« Obama. Sie ersetzte und erweiterte bis dahin geführte Tötungslisten und soll zu einem dauerhaften Element der US-Politik ausgebaut werden. Der Prozess, der zur Struktur der Liste führte, ist geheim. Der Hauptbetreiber zur Erstellung dieser neuen Komplexliste war der damalige Nationale Direktor für Terrorismusabwehr, der ehemalige CIA-Direktor John O. Brennan. Wie inoffiziell bekannt wurde, soll die Liste für mindestens ein weiteres Jahrzehnt, wenn nicht sogar für immer weitergeführt werden.

Mit der Kreation der *Disposition-Matrix*-Datenbank sollte gemäß ihrem »Erfinder« Brennan die unter Präsident Obama erweiterte US-Politik der gezielten Tötungen erstmals ein formelles Regelwerk zur Erstellung und Führung solcher Listen erhalten. Brennan war schon vorher, während seiner Zeit als stellvertretender CIA-Chef während der zweiten Bush-Präsidentschaft, damit aufgefallen, dass er die Politik der (illegalen) Entführung und Folterung von Terrorismusverdächtigen durch die CIA verteidigte. Damit war ihm die weitere Geheimdienstkarriere zu Beginn der Obama-Präsidentschaft zunächst verwehrt. Aber nicht für lange. Schon bald wurde er Presseberichten zufolge zum »Haupt-Koordinator« der US-Tötungslisten. Gleichzeitig wurde die Zahl der eingesetzten Killer-Drohnen deutlich erhöht, wodurch die einsatzführende CIA Presseberichten zufolge immer mehr zu einer »paramilitärischen« Einrichtung wurde – was sie natürlich de facto schon seit Jahrzehnten ist, da sie ja eine eigene Abteilung für bewaffnete Anschläge unterhält. Brennan sorgte auch für die formelle Einbindung des Oberkommandos der US-Spezialstreitkräfte bei der Ausführung der Tötungen. Zuvor waren von beiden Einrichtungen getrennte »Tötungslisten« geführt worden, die nun zu einer einzigen Datenbank zusammengeführt wurden.

Nun zum Inhalt der *Disposition-Matrix*-Datenbank (DMD). Sie umfasst Biographien, Aufenthaltsorte, Freunde und Kollegen sowie Beziehungen von verdächtigen Personen. Sie enthält auch Vorschläge, wie man bestimmte Zielpersonen am besten finden, gefangen nehmen oder töten beziehungsweise außergerichtlich gefangen nehmen und foltern kann. Derzeit enthält die Datenbank Personen und Vorschläge aus den von US-Militäroperationen betroffenen Ländern wie Afghanistan, Pakistan, Somalia und Jemen sowie zusätzliche Operationsvorschläge für Länder wie Algerien, Ägypten, Mali, Libyen, Iran und den gesamten Osten Afrikas. Ein wichtiges Beispiel für die Ausweitung der gezielten Tötungen ist die vor einigen Jahren eingerichtete US-Militärbasis in Djibouti City (Djibouti), in der Nähe des Zielgebiets Somalia. Die Militärbasis heißt *Camp Lemonnier* und wurde ursprünglich von der französischen Fremdenlegion geschaffen, hat sich aber insgeheim zur größten ausländischen US-Drohnen-Basis außerhalb von Afghanistan entwickelt. Rund dreitausend US-Soldaten, Vertragsmitarbeiter und Zivilisten arbeiten auf der Basis, davon gehören dreihundert zum Personal für Spezialoperationen.

Die DMD ersetzte zum Zeitpunkt ihrer Kreation das vorherige duale (aber ebenfalls außergerichtliche) Analysesystem des Pentagons auf der einen Seite und des Nationalen Sicherheitsrats der USA auf der anderen. Das neue »optimierte« System erhält abgestimmte Informationen einer Vielzahl von US-Regierungsbehörden. Der Vorsitzende der Vereinten Stabschefs der US-Armee, verantwortlich für die Ausführung der Exekutionen, war damit nicht länger direkt an der Entscheidung über Tötungen beteiligt. Stattdessen wird die finale Liste von zu tötenden Zielpersonen vom *National Counterterrorism Center* (Nationalen Terrorismusabwehr-Zentrum, NCTC) zusammengestellt. Die Liste wird neben den täglichen Aktualisierungen alle drei Monate einer »Überprüfung« unterzogen, dies geschieht gemeinsam durch Vertreter der CIA und der Vereinigten Stabschefs der US-Armee. Anschließend wird sie an das Führungspersonal des NCTC, der CIA, der Vereinten Stabschefs, dem Nationalen Sicherheitsrat, dem Pentagon und dem US-Außenministerium weitergeleitet. So erklärt sich auch die perfide Bemerkung der damaligen US-Außenministerin Hillary Clinton, als sie vom Tod des offenbar als Zielperson auf dieser Liste geführten libyschen Staatschefs Gaddafi erfuhr: *We came, we saw, he died* – Wir kamen, wir sahen, er starb; mit dieser Abwandlung eines antik-römischen Zitats (Cäsar: *veni, vidi, vici* – Ich kam, sah und siegte) wollte sie offenbar ihrer Genugtuung über den Tod des verhassten US-Feindes Ausdruck verleihen, verriet aber unfreiwillig, wie sehr sie als US-Außenministerin über die DMD an der Jagd auf Gaddafi beteiligt war. Die letzte Entscheidung beziehungsweise Freigabe einer geplanten Exekution obliegt dem US-Präsidenten, der also persönlich für diese Morde verantwortlich zeichnet. Der installierte Prozess zur Aufnahme bestimmter Personen als Opfer auf die Liste erlaubt auch die Nennung von Unbekannten, die antiamerikanischer Terrorumtriebe verdächtigt werden.

Die Liste umfasst auch US-Bürger*innen, die als Ziele für solche Exekutionen aufgeführt werden. Verdächtige werden nicht über ihre Aufnahme auf die Liste informiert und werden auch nicht formal juristisch angeklagt, sie erhalten keine Gelegenheit, sich vor Gericht gegen die (tödlichen) Vorwürfe zu verteidigen. Juristen der Obama-Regierung haben darauf verwiesen, dass diese der Mitgliedschaft bei al-Qaida oder anderen Terrorgruppen verdächtigen US-Bürger*innen eine »unmittelbare Bedrohung für die USA durch einen gewaltsamen Angriff« darstellen und daher ohne weitere juristische Schritte getötet werden können. US-Regierungsvertreter haben die DMD als legal und moralisch einwandfrei verteidigt, Presseberichten zufolge gibt es innerhalb der US-Staatsverwaltung keine Zweifel an der Effektivität und Legitimität der Drohnentötungen. Obama selbst gab an, die Entscheidung, beispielsweise den US-Bürger und Terrorismusverdächtigen Anwar al-Awlaki ermorden zu lassen, sei ihm sehr leichtgefallen. Denn die Entscheidung, wer auf die Liste kommt, genüge den höchsten denkbaren Standards und Prozessen. Die US-Bürgerrechtsvereinigung *American Civil Liberties Union* (ACLU) ist anderer Meinung und hat Klage eingereicht, der zufolge die DMD gegen die Verfassung der Vereinigten Staaten von Amerika verstoße. Die ACLU wendet sich vor allem dagegen, dass der Präsident damit die Rolle von Richter, Geschworenen und Scharfrichter in einer Person übernehme.

In der Presse gibt es vereinzelte Kritik daran, dass mit der DMD ein Überwachungsstaat, ein Überwachungssystem und eine geheime, gegen Strafverfolgung immune Gerichtsbarkeit geschaffen worden sei, welche in einem völlig intransparenten Verfahren die Todesstrafe über Menschen verhänge. Letztlich basierten die »Todesurteile« innerhalb der DMD auf geringen oder überhaupt keinen gerichtsfesten »Beweisen«. Zu den bevorzugten Opfern auf der Liste gehören nach kritischen Presseberichten letztlich alle Menschen, die sich gegen die

US-Besatzung in Afghanistan einsetzen oder im Jemen die proamerikanische Regierung bekämpfen. Die damit von der US-Regierung beanspruchte Machtposition über Leben und Tod ohne jegliches Gerichtsverfahren betreffe letztlich die gesamte Weltbevölkerung und komme der Machtfülle einer Diktatur gleich. Die Drohnen-Morde seien klassische Kriegsverbrechen und müssten als solche juristisch geahndet werden. Am schlimmsten sei, dass sich die US-Regierung damit über genau jene Prinzipien der Demokratie und der Freiheit stelle, die sie selbst offiziell weltweit propagiere. Der Versuch des US-Parlaments, einen speziellen Gerichtshof zu schaffen, der die juristische Aufsicht über Zusammenstellung und Ausführung der »Todesliste« übernehmen solle, scheiterte.

Die »Befreiung« Libyens 2011

Eines der aufwendigsten Täuschungsmanöver des Westblocks betraf den Sturz von »Diktator« Gaddafi, dem
Staatschef Libyens. Das riesige, knapp 1,8 Millionen Qua-
dratkilometer große Land (BRD: 360.000 Quadratkilome-
ter) an zentraler, geostrategisch entscheidender Stelle in
Nordafrika ist mit seinen sieben Millionen Einwohnern
sehr dünn besiedelt. Knapp neunzig Prozent der Landes-
fläche sind Wüste, nur zwei Prozent landwirtschaftlich
nutzbar. Unter der kargen Erdoberfläche liegen allerdings
zwei für ausländische Interessenten, sprich: den Westblock, hochinteressante Dinge verborgen. Zum einen die
weltgrößten unterirdischen Süßwasservorräte von rund
fünfunddreißig Billionen Kubikmetern, zum anderen fast
endlos scheinende Erdölvorräte, also die bevorzugte West-
block-Droge. Anfang des 20. Jahrhunderts tobte sich das
Königreich Italien als Kolonialmacht in mehreren Kriegs-
zügen zur Eroberung seiner libyschen Kolonie im Land
aus, einschließlich des Einsatzes von Giftgas und der Einrichtung von Konzentrationslagern. Im Zweiten Weltkrieg
ließ der italienische Diktator Mussolini im Überschwang
imperialer Gefühle (»auf dem Weg nach Indien«) von Libyen aus die britischen Truppen im benachbarten Ägypten angreifen, geriet aber schnell ins Hintertreffen und
musste einmal mehr von seinem Kumpel Hitler mittels
»Afrikakorps« vor einer vorschnellen Niederlage bewahrt
werden, was allerdings 1943 dennoch mit der gemeinsamen Kapitulation der deutsch-italienischen Truppen in
Libyen endete.

Nach dem Ende des Zweiten Weltkriegs wurde das Land 1951 von den Kolonialmächten Frankreich und Großbritannien in die Unabhängigkeit entlassen. Es entstand eine Monarchie unter der Dynastie des Senussi-Stammes. Das Wüstenreich war zu diesem Zeitpunkt eines der ärmsten Länder der Erde, nahezu die gesamte Bevölkerung – bis auf die dünne Führungsschicht – Analphabeten, die Kindersterblichkeitsrate erreichte zeitweise fünfzig Prozent. Die Korruption und die Menschenverachtung der Herrscher während dieser Zeit sind geradezu sprichwörtlich. Während also die kleine Führungsschicht in einem grenzenlosen Luxus schwelgte, lebte der Rest des Landes im Elend. Um eine drohende sozialistische Revolution zu unterdrücken, pumpten die USA in den 1950er Jahren hundert Millionen Dollar »Entwicklungshilfe« ins Land, eher ein Bestechungsgeld für die korrupte Führungsschicht, im Westblock zu verbleiben; von dem Geld kam jedenfalls nichts beim darbenden Volk an. Stattdessen durften nun US-Firmen die Ölquellen erschließen und die US-Armee zwei Militärbasen im Land nutzen und ausbauen.

1959 begann mit der Ausbeutung der unermesslichen libyschen Erdölvorräte ein neuer Zeitabschnitt in der Geschichte des bis dato unermesslich armen Landes. Der Verkauf dieses Bodenschatzes spülte einen warmen Geldregen ins Land, der allerdings wiederum nur der dünnen Oberschicht unter dem korrupten König zugutekam, die immer reicher wurde und ihren Reichtum immer ungenierter zur Schau stellte, während der Rest des traditionell in Stammesgebiete aufgeteilten Landes an der neuen Prosperität nicht partizipieren konnte, sondern weiter im Elend lebte. Bereits seit 1962 war im Land die Arabische Sozialistische Baath-Partei aktiv, die allerdings von der Monarchie blutig unterdrückt wurde. Libyen entwickelte sich rasch zu einem der größten erdölexportierenden

Länder und versorgte das nahe gelegene Europa mit einem Großteil des dort verbrauchten »flüssigen Goldes«. Gleichzeitig nahmen die sozialen Spannungen im Land zu, die Anfang September 1969 zum Militärputsch junger Offiziere der libyschen Armee gegen die Monarchie führten. Geleitet wurde der Putsch von dem damals siebenundzwanzigjährigen Muammar al-Gaddafi, der die nächsten vier Jahrzehnte die Macht im Land innehat. Der König, damals auf Staatsbesuch in der Türkei, entfloh ins Exil und ward nicht mehr gesehen. Er hatte zuvor genug Millionen oder Milliarden ins Ausland geschafft, um mit seinen diversen Ehefrauen ein sorgloses Leben bis zu seinem Tod 1982 zu führen.

Gaddafi entstammt einer beduinischen Hirtenfamilie, deren Mitglieder allesamt Analphabeten waren. Geboren 1942, wuchs er im nordwestlybischen Sirte auf, gelegen im landwirtschaftlich nutzbaren Küstengebiet der Provinz Tripolitanien, einer von drei traditionellen Provinzen des Landes, die anderen beiden sind die Kyrenaika im Osten (an der Grenze zu Ägypten) und Fessan im Südwesten (an der Grenze zu Algerien, Niger und dem Tschad). Die im Land tobenden Schlachten des Zweiten Weltkriegs kosteten seiner Familie, seinem Clan, seinem Stamm viele Opfer. Einige waren in den italienischen Konzentrationslagern im Land gefangen gehalten worden. Nach dem Ende des Zweiten Weltkriegs besuchte der kleine Muammar zunächst die Grundschule in Sirte, später finanzierte ihm sein Vater den Besuch einer höheren kostenpflichtigen Schule im südlibyschen Sabha (Provinz Fessan), wohin die Familie umgezogen war. Viele der Lehrer an der örtlichen Schule waren Ägypter, die die Kinder mit den revolutionären Thesen des ägyptischen Revolutionsführers Nasser vertraut machten. Wegen von ihm organisierter antimonarchistischer Demonstrationen wurde seine Fa-

milie aus Sabha ausgewiesen und zog nun wieder an die
Mittelmeerküste, nach Misrata, wo Muammar das Abitur
ablegen konnte. In der Schule war er wegen seiner beduinischen Herkunft oft gemobbt worden, dennoch blieb er
zeitlebens stolz auf seine Herkunft und genoss das Leben
in der Wüste, in die er sich auch als Staatschef immer wieder zurückzog, um zu meditieren.

Anschließend studierte Muammar zunächst Geschichte und Jura an der Universität Bengasi, schon allein dies
eine erstaunliche Karriere für den Sohn einfacher Hirten,
der aber schon früh von einem starken Ehrgeiz und einem
starken Leistungswillen geprägt war. Um seine Zukunfts-
aussichten in einer ansonsten vertikal streng separierten
Gesellschaft zu verbessern, und weil er in Schriften ägyp-
tischer Revolutionäre immer wieder gelesen hatte, dass
die Beeinflussung der Armee entscheidend für erfolgreiche Umstürze sei, brach er das Studium nach einigen
Semestern ab und begann mit einundzwanzig Jahren eine
Karriere beim Militär. Die Offiziersausbildung an der
libyschen Militärakademie wurde von britischen Offizieren durchgeführt, mit denen Muammar als überzeugter
arabischer Nationalist aufgrund ihres imperialistischen
Verhaltens immer wieder aneinandergeriet. Er schloss die
Ausbildung als Kommunikationsoffizier in der Nachrich-
tentruppe der libyschen Armee ab und wurde dann 1966
trotz seiner antibritischen Überzeugungen zu weiterfüh-
render militärischer Ausbildung nach Großbritannien
geschickt. Rekrutierungsversuche der britischen Geheimdienste scheiterten. Mit vierundzwanzig Jahren gründete
Gaddafi heimlich – angesteckt von den revolutionären
Umtrieben Nassers in Ägypten – den *Bund freier Offiziere*
der libyschen Armee, eine sozialistisch-revolutionär ge-
sinnte Vereinigung.

Die verschworene Offiziersclique, ungefähr siebzig

Mann stark, organisierte den ebenso siegreichen wie unblutigen Militärputsch vom September 1969 und stürzte die Monarchie. Die neuen Machthaber sicherten sich nach außen durch eine Garantieerklärung für ausländisches Eigentum und alle bestehenden Verträge ab, so dass die Westblock-Ölkonzerne im Land nicht um ihr Eigentum beziehungsweise um die kräftig sprudelnden Gewinne aus dem libyschen Ölgeschäft fürchten mussten. Die USA erkannten die neue Regierung schon wenige Tage später offiziell diplomatisch an, vermutlich nicht zuletzt wegen dieser prokapitalistischen Volte der neuen »sozialistischen« Machthaber. Der US-Geheimdienst CIA war, wie man heute weiß, vorab über den Putsch informiert, griff aber nicht ein. Die Gründe hierfür sind unklar, die Archivalien hierzu unterliegen nach wie vor strengster Geheimhaltung. Entweder waren die Kapazitäten auch des Geheimdienstes zu diesem Zeitpunkt mit dem US-Militär-Desaster in Vietnam ausgelastet, oder man war mit der oben erwähnten Garantieerklärung zufrieden. Die Macht im Staat übernahm das Militär, angeführt vom *Revolutionären Kommandorat* unter der Führung des siebenundzwanzigjährigen Hauptmanns Gaddafi. Alle führenden Offiziere engagierten sich – mit wenigen Ausnahmen – für den neuen Staat und die neue Gesellschaftsform. Die in solchen Situationen oft gefährliche innermilitärische Opposition konservativer Generäle konnte erfolgreich ausgeschaltet werden. Libyen wurde nun eine arabische Republik, als Staatsziele wurden Freiheit, Einheit und soziale Gerechtigkeit definiert.

Die Gesetzgebung wird westlich-liberalen Standards angepasst. Frauen dürfen bei einer Scheidung das gemeinsame Haus oder die Wohnung behalten. Kindertagesstätten werden eingerichtet sowie Frauen in klassischen Männerberufen ausgebildet, wie Handwerkerinnen, Polizistinnen oder Pilotinnen. 1979 richtete Gaddafi sogar eine Militärakademie für Frauen ein. Die meisten gebildeten Frauen waren im Gesundheitswesen und als Lehrerinnen tätig. Zudem erfreute sich das Land des höchsten Lebensstandards in ganz Afrika, ein kostenloses öffentliches Gesundheitswesen war ebenso selbstverständlich wie ein kostenloses öffentliches Bildungssystem bis hin zur Universität sowie umfassende staatliche Zuschüsse zum privaten Wohnungsbau. Auch die Infrastruktur des Landes wurde sukzessive ausgebaut, es verfügte bald über rund fünfzigtausend Kilometer asphaltierte Straßen und etwa fünfunddreißigtausend Kilometer Sandpisten, ein für afrikanische Verhältnisse sehr gutes Straßennetz. Seit dem Staatsstreich 2011 und den darauffolgenden Bürgerkriegen ist das Bruttoinlandsprodukt pro Kopf auf einen Bruchteil des unter Gaddafi erreichten Werts gefallen.

Der Sozialismus im Land wurde Schritt für Schritt umgesetzt und der Staat acht Jahre später, 1977, offiziell in *Sozialistische Libysch-Arabische Dschamahirija* (wörtlich Volksmassen, sinngemäß Volksrepublik) umbenannt. Ägyptens erfolgreicher Revolutionsführer Nasser unterstützte Libyen beim Aufbau eines Bildungssektors und der Verwaltung mit ägyptischen Beratern. Allerdings scheiterte das Vorhaben, aus Ägypten und Libyen einen Unionsstaat als Gründungszelle einer panafrikanischen sozialistischen Union (Schreckensvision für den Westblock) zu gründen, aufgrund von unterschiedlichen Vorstellungen über den richtigen Weg zum Sozialismus. Libyen streifte jedenfalls die zuvor an den Tag gelegte westliche Orientierung ab und erhielt nun eine arabische Kulturpolitik verabreicht. Zusammen mit der Islamisierung wurde auch ein Alkoholverbot im Lande durchgesetzt sowie die britischen und amerikanischen Militärbasen geschlossen, die westlichen »Militärberater« (Besatzungsoffiziere) des

Landes verwiesen. Die politische Struktur des Landes wurde nach frühsowjetischem Vorbild aus einer Kette von Volkssowjets, also Volksräten oder Volkskongressen, gebildet, in Form der direkten Demokratie ohne westlichen Parlamentarismus.

Hilfreich beim Aufbau des Landes waren natürlich die weiterhin reichlich sprudelnden Einnahmen aus den Erdölexporten. Schon ein Jahr nach dem erfolgreichen Sturz der korrupten Monarchie begann Gaddafi allerdings ein gefährliches Experiment: Er forderte die westlichen Ölkonzerne heraus, die die Rohstoffgewinnung im Land in ihren Händen hielten. Diese Ölkonzerne hatten zwei Jahrzehnte zuvor, 1953, im Iran für den Sturz einer revolutionären Regierung gesorgt (mit Hilfe der CIA und des MI6), weil diese die Ölindustrie verstaatlichen und die Westblock-Ölkonzerne des Landes verweisen wollte. Ganz so weit ging Gaddafi klugerweise zunächst nicht, sondern befahl den Westkonzernen, künftig fünfundfünfzig Prozent der Gewinne aus dem Ölverkauf an den libyschen Staat zu überweisen, was er als erstes arabisches Öl-Land durchsetzen konnte (Iran, Irak und Kuweit zogen nach). Mit den Tankstellenketten Tamoil und HEM war Gaddafi auch am deutschen Markt aktiv. Beide Unternehmen existieren nach wie vor, befinden sich in libyschem Staatsbesitz und sind auch weiter am deutschen Markt aktiv. Teuer für Libyen wurde der 1973 ausgebrochene Krieg gegen den Tschad um einen schmalen Grenzstreifen, der sich fast zehn Jahre lang hinzog und schließlich ergebnislos endete. Da der Tschad jedoch von der Kolonialmacht Frankreich (und der CIA sowie Spezialeinheiten beider Länder) gegen Gaddafi unterstützt wurde, hatte dieser trotz erheblicher Investitionen in Waffen, Ausrüstung und Ausbildung seiner Armee keine Chance.

Das Ende kam, als der rechtsradikale tschadische

Diktator Habré mit Hilfe von US- und französischen Spezialeinheiten die Kampfweise seiner Truppen auf »Nadelstiche« umstellte, angesichts derer die klassisch aufgestellte libysche Armee die längste Zeit kein Gegenrezept fand. Die von den ausländischen Spezialeinheiten geführten südtschadischen Truppen wurden motorisiert, und zwar mit Pickups, also Geländewagen mit Ladefläche. Auf den Ladeflächen war jeweils entweder ein MG oder ein rückstoßfreies Antipanzer-Raketensystem montiert. Auf diese Weise hochmobil, konnten die einheimischen Westblock-Fußtruppen im Tschad die libyschen Panzer erfolgreich bekämpfen und somit die libyschen Truppen aus immer mehr ihrer Basen im Nordtschad vertreiben, zumal die französische Luftwaffe immer wieder die Radar- und Kommunikationseinheiten der libyschen Armee im Tschad zerstörte, aber auch die dort stationierten Einheiten der libyschen Luftwaffe und die libyschen Kampfhubschrauber bekämpfte und so – illegal und heimlich, von der Westblockpresse zumeist unterschlagen – in den Kampf eingriff. Diese letzte Phase des Kampfes gegen die – berechtigte Ansprüche vertretende – libysche Armee ist als *Toyota-War*, also »Toyota-Krieg«, in die Geschichtsbücher eingegangen, weil die südtschadischen Terroristen überwiegend mit Geländewagen dieses Herstellers motorisiert waren (mit freundlicher Hilfe der USA, die für den Transport großer Mengen dieser Offroader aus Japan nach Zentralafrika gesorgt hatte; dass auch die islamistische Terrorgruppe *Islamischer Staat* (IS) vier Jahrzehnte später im Irak und in Syrien überwiegend auf Toyota-Geländewagen mit aufmontierten Waffensystemen unterwegs ist und damit ihren jahrelangen Siegeszug im mittleren Osten errang, lässt darauf schließen, dass auch hier hilfreiche Hände aus Langley ihre Finger im Spiel hatten). Dieser *Toyota-Krieg* war gleichzeitig die Blaupause für das Vorgehen, das 2011 innerhalb weniger Monate zum Sturz und zur Ermordung Gaddafis führen sollte. Doch dazu später.

Gaddafi nahm die steigenden Kosten und die außenpolitische Großwetterlage zum Anlass, schrittweise die im Land tätigen Ölfirmen zu teilverstaatlichen, in mehreren Schritten verlangte und erhielt der libysche Staat jeweils siebzig Prozent der Aktien beziehungsweise Gesellschafteranteile. Die ausländischen Ölfirmen wurden allerdings nie völlig verstaatlicht, um auch weiterhin von der ausländischen Expertise und den notwendigen Ersatzteillieferungen für die Ölförder- und -verarbeitungsbetriebe profitieren zu können (im Gegensatz zu Venezuela, das die ausländischen Ölkonzerne komplett verstaatlichte und durch die umgehend verhängten Westblocksanktionen von allen Ersatzteillieferungen abgeschnitten wurde; da die meisten Spezialunternehmen, die solche Ersatzteile liefern können, im Westblock liegen, erklärt sich die mittlerweile eingetretene Misere der venezolanischen Ölindustrie, deren Ölproduktion aufgrund der fehlenden Ersatzteile für Bohrtürme, Gestänge und Raffinerien ständig sinkt) und um vom weltweiten Erdölhandel nicht ausgeschlossen zu werden.

In der Tradition von Lenin und Mao Tse Tung veröffentlichte Gaddafi 1975 eine eigene politphilosophische Denkschrift, das sogenannte *Grüne Buch*, als zentrales Thesengebäude des neuen Libyen, garniert mit Elementen des Marxismus, des Anarchismus, des Naturrechts und des Islam. 1979 trat Gaddafi formell von allen Staatsämtern zurück, amtierte nun allerdings als oberster »Revolutionsführer«. Klugerweise behielt er – sicherheitshalber – den Oberbefehl über die Streitkräfte. Libyen unterstützte mittlerweile revolutionäre Bewegungen in den Entwicklungsländern rund um den Globus finanziell und militärisch und zog sich damit den Unmut des Westblocks zu. Gleichzeitig entwickelten sich im Land rund um den Staatschef die in solchen Strukturen kaum zu vermeidenden Auswirkungen eines Personenkults. 1982 besuchte eine Delegation der BRD-Grünen, darunter der spätere Law-and-Order Schily und der parallel dazu in den Rechtskonservatismus abgedriftete Mechtersheimer, Libyen. Da Gaddafi als Unterstützer der RAF galt, war dies sehr umstritten. Aber damit nicht genug. Im März 1982 lud der österreichische Bundeskanzler Kreisky von der SPÖ Gaddafi zum Staatsbesuch nach Wien ein, was im gesamten Westblock mit Unmut verfolgt wurde. Österreich war damals allerdings noch ein neutrales, »blockfreies« Land und von der heutigen Mitgliedschaft in EU und NATO (sprich: Westblock) offiziell weit entfernt. Die Neutralität hatte das Land der Sowjetunion zu verdanken, das Überlaufen in den Westblock nach 1989 stellt einen weiteren Bruch der Vereinbarungen mit der Sowjetunion dar.

Nach einem Bombenanschlag auf eine hauptsächlich von US-Soldaten besuchte Westberliner Diskothek 1986 beschuldigte US-Präsident Reagan den libyschen Revolutionsführer, das Attentat angeordnet zu haben, um sich für die Versenkung zweier libyscher Kriegsschiffe durch die US-Marine zu rächen. Wobei Gerüchte nie verstummten, dass US-Geheimdienste selbst hinter dem Anschlag steckten, um Reagan einen Vorwand für die nun eingeleitete militärische Bestrafung Libyens zu besorgen. Die US-Luftwaffe bombardierte nun auf Befehl Reagans die libyschen Städte Tripolis und Bengasi, viele Dutzend unschuldiger Zivilisten wurden dabei getötet – ein klarer Bruch des Völkerrechts und der UN-Charta. 1988 beendete Gaddafi parallel zum Niedergang der Sowjetunion und ihrer Satellitenstaaten die bisher verfolgte sozialistische Planwirtschaft. In den 1990er Jahren sank die

Ölförderung aufgrund von UN-Sanktionen gegen Libyen (ausgeheckt von den USA, und von dem damals als gehorsamer Dackel des Westblocks agierenden Russland unter Jelzin abgenickt) um ein Drittel, während gleichzeitig die Bevölkerung kontinuierlich zunahm, die Menschen aber nicht mehr im gleichen Maße versorgt werden konnten wie zuvor. Der von den USA beabsichtigte Effekt trat ein. Es kam zu einem Anstieg der Arbeitslosigkeit und der sozialen Spannungen. Zudem begannen im Land von der CIA beziehungsweise Saudi-Arabien finanzierte islamistische Gruppierungen mit Anschlägen auf Polizeiposten (dem üblichen Prozedere) für Unruhe zu sorgen.

Gaddafi versuchte, gegenzusteuern, und gründete 1993 die Volksführerschaftskomitees, in denen die Führer der einflussreichen Stämme des Landes über die Verteilung der Erdöleinnahmen mitbestimmen konnten, womit diese Stämme zunächst neutralisiert waren. In dieser Phase häuften sich die von westlichen Geheimdiensten koordinierten Anschläge auf Gaddafis Leben, denen er 1996 und 1998 nur knapp entkam. Um den Westen zu besänftigen, ließ Gaddafi 1998 zwei libysche Staatsbürger, denen (vermutlich zu Unrecht) der Anschlag auf einen US-Jumbojet 1988 über Lockerbie zur Last gelegt wurde, an den Westen ausliefern. Ihnen wurde 2001 in Den Haag auf Grundlage einer äußerst dünnen, sprich: inexistenten Faktenlage (der Beschuldigung durch einen einzigen, recht unglaubwürdigen maltesischen Belastungszeugen), der Prozess gemacht. Am selben Tag hob die UN wundersamerweise die gegen Libyen verhängten Sanktionen auf. Einer der beiden Angeklagten, ein Angestellter der staatlichen libyschen Luftfahrtgesellschaft, wurde freigesprochen und nach Libyen zurückgeschickt, der andere vom Gericht zu lebenslanger Haft verurteilt, allerdings nach einer Krebserkrankung 2009 begnadigt, an der er 2012 starb. 2003 bezahlte Libyen die Rekordentschädigungssumme von knapp drei Milliarden US-Dollar an die Hinterbliebenen der 270 Todesopfer des Anschlags. Zudem ließ Gaddafi schon 1999 die palästinensische Terrororganisation Abu Nidal des Landes verweisen, die ebenso wie die PLO dort zuvor Asyl genossen hatte. Anschließend besuchte der italienische Ministerpräsident D'Alema als erster westlicher Regierungschef seit anderthalb Jahrzehnten Libyen, um neue Geschäfte für die italienische Industrie an Land zu ziehen.

Zu Beginn des 21. Jahrhunderts hatte Gaddafi seine Herrschaft über Libyen auf diese Weise wieder stabilisiert. Der Westblock war scheinbar mit seinen Erniedrigungsgesten zufrieden. Allerdings nur scheinbar – dazu gleich mehr. Zur Stabilisierung von Gaddafis Herrschaft trugen neben dem außenpolitischen Schmusekurs mit dem Westblock die hohen Ölpreise bei, welche die Staatseinnahmen auf ein neues Rekordniveau brachten. So konnten sich die Angestellten des öffentlichen Sektors in Libyen 2007 über eine Verdoppelung ihrer Gehälter freuen. Nach den »Terroranschlägen« des 11. September 2001 ging Gaddafi sogar so weit, mit eben jenen westlichen Geheimdiensten, die ihm kurz zuvor noch nach dem Leben getrachtet hatten, direkt zu kooperieren. Er stellte sein Land der CIA als Folterort innerhalb von »außergerichtlichen Entführungen« und *Black Sites* zur Verfügung. 2003 – nach dem Westblocküberfall auf Irak aufgrund von frei erfundenen Behauptungen angeblich drohenden Einsatzes von Massenvernichtungswaffen durch Saddam Hussein – gab der über das rücksichtslose Vorgehen des Westblocks sichtlich geschockte Gaddafi öffentlich bekannt, die Entwicklung von Massenvernichtungswaffen zu beenden. Er versuchte dadurch, ähnliche Entwicklungen in Bezug auf Libyen zu verhindern, indem er der Westblockpropaganda ihr wichtigstes Argument für einen Überfall auf Libyen nahm, der »unberechenbare« (sprich: nicht westblockkonforme) Gaddafi verfüge über Tausende von Tonnen Giftgas.

Gaddafi arbeitete weiter an einer aktiven Verbesserung des Verhältnisses zum die Welt seit den Anschlägen des 11. September 2001 nach Belieben dominierenden Westblock. So gab er dem Westblock auch die Herstellungsbetriebe seiner Lieblingsdroge zurück, als er einen Großteil der staatlichen libyschen Ölfirmen 2003 an ausländische Unternehmen verkaufte. Die USA nahmen daher ihre Investitionen in libysche Ölunternehmen wieder auf, und kauften sich mit 40 Milliarden US-Dollar in den Markt ein. Als Ergebnis dieses neuen Kuschelkurses besuchte ihn Anfang 2004 der damalige britische Regierungschef (»Lügner«) Blair, im Oktober folgte BRD-Kanzler »Hartz IV«-Schröder, natürlich um jeweils Industrieaufträge für ihre Länder bei dem im Ölgeld schwimmenden Libyen abzugreifen. Nach der Hinrichtung des vom Westblock aus dem Amt gejagten und vor Gericht gestellten irakischen Machthabers Hussein Ende 2006 ordnete Gaddafi allerdings eine dreitägige Staatstrauer an. Im selben Jahr errang Gaddafi noch einen bedeutenden außenpolitischen Erfolg, als sich Italiens damaliger Ministerpräsident, der korrupte Milliardär Berlusconi, öffentlich für die Verbrechen während der italienischen Kolonialherrschaft in Libyen entschuldigte. Italien bezahlte auch eine Reparation von fünf Milliarden Dollar, im Gegenzug erklärte sich Gaddafi bereit, die bereits zu diesem Zeitpunkt verstärkt von der nordafrikanischen Küste Richtung Italien strömenden afrikanischen Flüchtlinge künftig nach Kräften an der Überfahrt nach Italien zu hindern, und diese im eigenen Land in Lagern zu sammeln, um sie anschließend wieder in ihre Herkunftsländer zurückzuschicken. Gaddafi erklärte auch, mit seinen Ölmilliarden (und der Reparation, die somit als Wirtschaftshilfe wieder nach Italien zurückfloss) in Zukunft verstärkt in italienische Unternehmen zu investieren. Gleichzeitig wurde er von den USA von der dort geführten Liste der (unamerikanischer Umtriebe beschuldigten) »Schurkenstaaten« gestrichen, also wieder in den Kreis der gern gesehenen Öllieferanten und Abnehmer amerikanischer Industriegüter aufgenommen.

Im von Gaddafi wirtschaftlich etwas vernachlässigten Osten des Landes verstärkten sich gleichzeitig die Aktivitäten der von der CIA und anderen Westblock-Geheimdiensten (MI6, BND et cetera) finanzierten Islamisten. Denn der Westblock war mit Gaddafi noch nicht fertig, zumal sich dieser immer stärker für eine afrikanische Einheit, aber auch für die Entkoppelung des Erdölhandels vom US-Dollar als Leitwährung einsetzte, zwei Dinge, die dem Westblock überhaupt nicht schmeckten. Da der Westblock in dieser Phase seiner Geschichte quasi unangefochten weltweit agieren konnte – seit den »Anschlägen« des 11. September 2001 hatten die USA und die ihr nachfolgenden Länder weltweit das Kriegsrecht verhängt, und vom Balkan (Jugoslawien beziehungsweise Serbien beziehungsweise Kosovo) bis in den Mittleren Osten (Afghanistan, Irak, Syrien et cetera) ihnen genehme Regimes installiert, Ländergrenzen verändert, neue Länder beziehungsweise Protektorate geschaffen und überhaupt allen unbotmäßigen Ländern gezeigt, wo der Hammer hängt, beziehungsweise dass die gesammelte Militärpower der NATO im Prinzip jedes Land treffen konnte, das es wagte, sich dem Westblock entgegenzustellen –, geriet nun auch Libyen in konkrete Gefahr, auch wenn Gaddafi dies in jener Spätphase seiner bereits mehr als drei Jahrzehnte dauernden Herrschaft über das Land offenbar nicht erkannte.

Stattdessen setzte er seinen Schmusekurs mit dem Westblock fort. Bei einem gemeinsamen Treffen in Libyen

2005 hatte sich Gaddafi offenbar bereiterklärt, dem ihm zu dieser Zeit nach Kräften schmeichelnden französischen Innenminister Sarkozy mit Millionen beim anstehenden französischen Präsidentschaftswahlkampf zu helfen, wo Sarkozy erstmals antrat mit dem Ehrgeiz, Präsident der *Grande Nation* zu werden. In den Wochen nach dem Besuch landeten zahlreiche libysche Boten in Paris, die Koffer voller Bargeld ins Innenministerium brachten. Insgesamt angeblich fünfzig Millionen Euro. Sarkozy konnte mit dieser finanziellen Unterstützung einen äußerst aufwendigen, erfolgreichen Wahlkampf führen, der ihm 2007 das Ziel seiner ambitionierten Ambitionen, die Wahl zum französischen Präsidenten einbrachte. Zeitgleich lancierten die Westgeheimdienste ganz bewusst Berichte, denen zufolge Gaddafi sogar nicht einmal davor zurückschrecke, westliche Journalistinnen, die ihn besuchten, zu vergewaltigen. 2009 sorgte Gaddafi mit seiner ersten Rede vor der Vollversammlung der Vereinten Nationen für einen neuerlichen Eklat. Er forderte nicht nur einen ständigen Sitz im UN-Sicherheitsrat für Afrika, mutmaßte, dass die Schweinepest in einem westlichen Biowaffenlabor entwickelt worden sein könnte, sondern forderte auch eine neue offizielle Untersuchung der Morde an den Kennedys und Martin Luther King. Zudem bot er an, der UN einen neuen Hauptsitz in Libyen zu errichten. Außerdem sollten Israel und Palästina – wie von ihm schon Jahre zuvor vorgeschlagen – zu einem einzigen Staat mit dem Namen Isratine vereinigt werden. Der UN-Sicherheitsrat werde vom Westen als Imperialismus-Instrument missbraucht und gleiche derzeit eher einem Terror-Rat als einem Sicherheits-Rat, der die weltweite Sicherheit stärke.

Parallel zu seinem Schmusekurs mit dem Westblock trieb Gaddafi die afrikanische Einheit voran. Er dachte offenbar, wenn er auf der einen Seite mit dem Westblock kuschele, könne er auf der anderen Seite ungestraft eine dem Westblock durchaus entgegengesetzte national-afrikanische Politik betreiben. Ein Fehler, wie sich bald zeigen sollte. Die *Afrikanische Union* (AU), 2002 auf Gaddafis Betreiben hin gegründet, entwickelte sich nach dem Vorbild der EU immer besser, ein wirtschaftlicher Zusammenschluss der Staaten Afrikas nach dem Vorbild der EU rückte in den Bereich des Möglichen. Das lief allerdings den Interessen des Westblocks an einem zerstrittenen, uneinigen Afrika zuwider, da es sich mit zerstrittenen Staaten, die einander bekämpfen, statt gemeinsam das Maximale aus dem Handel mit dem nach Bodenschätzen gierenden Westblock herauszuholen, leichter handeln lässt, sprich: dass sich so leichter maximal für den Westen profitable Handelsverträge abschließen lassen als mit einer einigen Afrikanischen Union. Gaddafi übernahm 2009/10 sogar turnusmäßig den Vorsitz der AU. Damit war er auf dem Zenit seiner Herrschaft im eigenen Land und als Einiger Afrikas angekommen. Von hier aus sollte es nur noch bergab gehen, wie sich bald zeigen sollte.

Der Anfang vom Ende kam im Herbst 2010. Damals sorgte die CIA während einer erfolgreichen Operation mit dem angeblichen Namen *Operation Arabeske* für Lehrbuch-»Farbenrevolutionen« in Ägypten und Tunesien, wo jeweils westblockgenehme Regimes installiert wurden. Nun verstärkten die Westblock-Geheimdienste, allen voran die CIA, der BND, der MI6, aber auch die Geheimdienste Frankreichs und Italiens (jeweils mit wirtschaftlichen Interessen in Libyen) ihre Wühltätigkeit gegen Gaddafi beziehungsweise gegen Libyen. Bereits 1969, kurz nach Gaddafis Militärputsch, hatte die britische Spezialeinheit *Special Air Service* (SAS, Teil des MI6) unter dem Namen *Hilton Assignment* einen Plan zum Sturz Gaddafis ausgearbeitet. Dieser sollte von ausländischen Söldnern und freigelassenen libyschen Gefangenen umgesetzt werden, also eine Art Blaupause für das Vorgehen, wie es dann ab Februar 2011 vorangetrieben wurde. Entsprechend wurden 2011 im Grenzgebiet im Westen und Osten Libyens die vorbereiteten Gangs von Marodeuren gesammelt, mit Waffen und Fahrzeugen sowie viel Geld ausgestattet, und warteten nur noch auf den Befehl, loszuschlagen. Dieser erfolgte am 17. Februar, dem von den Westblock-Geheimdiensten als »Tag des Zorns« annoncierten Beginns der Operation gegen Gaddafi, die mit zahlreichen Aufrufen zu öffentlichem »Widerstand«, sprich: Gewalt gegen Staatsorgane einherging. Angeblich hätten Social Media Aktivisten diese plötzlich auftauchende Fülle von Anti-Gaddafi-Seiten erstellt – das glaube, wer mag. Und tatsächlich ging es an diesem 17. Februar 2011 im Grenzgebiet im Westen und Osten des Landes los, mit aus dem Nichts auftauchenden, schwerbewaffneten und motorisierten »Freiheitskämpfern«, die in vielen Städten und Gemeinden gleichzeitig Anschläge verübten, damit für Unruhe und Verwirrung sorgten, und die Sicherheitsorgane des Landes überraschten, das auf so einen Ansturm der Gewalt überhaupt nicht vorbereitet war. Offenbar hatten Gaddafis Geheimdienste die sorgfältig getarnten Aufmarschbewegungen im Grenzgebiet nicht zu entdecken vermocht. Gleichzeitig wurden erste Rücktrittsforderungen gegen Gaddafi gestellt.

Auffällig ist, wie schnell die angeblichen »Freiheitskämpfer« vorankamen. Das hatte weniger mit der »umfassenden Unterstützung der empörten und schon lange gegen Gaddafi eingestellten Bevölkerung« zu tun (wie in der Westblockpropaganda vermeldet), sondern mit dem rücksichtslosen Vorgehen dieser Banden von Hooligans. Es handelte sich um eine nuanciert abgestimmte West-block-Täuschungsoperation vom Feinsten. Erst werden die von den Westblock-Geheimdiensten ausgebildeten und instruierten Marodeure ins Land geschickt (wobei Libyen der Vorwurf nicht zu ersparen ist, die Grenzsicherung sträflich vernachlässigt zu haben), dann reagieren die überraschten libyschen Sicherheitsorgane auf Vorfälle wie die Überfälle auf Polizeistationen, die Hinrichtung zweier Polizisten in Baida und die Folterung und Ermordung des Krankenhaus-Direktors in Bengasi, und im Westblock ist sofort von unmässiger Gewalt des Staates gegen friedliche Demonstranten die Rede, vom Einsatz der Armee gegen unbewaffnete Aufständische, die angeblich mit Artillerie, Hubschraubern und Raketen beschossen worden seien, und ähnlicher Blödsinn mehr. Augenzeugen vor Ort schildern ein ganz anderes Bild der Lage, nämlich die brutale Gewalt der aus den Nachbarländern eingefallenen Marodeure gegen die libysche Zivilbevölkerung (wie man es parallel zwei Jahre später bei den vom Westblock bewaffneten Hooligans in der Ukraine sah, als diese auf die wehrlose russischstämmige Bevölkerung der abtrünnigen Ostukraine losgelassen wurden), aber auch gegen die Sicherheitsorgane, die mit schweren Waffen von den Marodeuren zusammengeschossen werden. Die angeblichen libyschen Armee-Hubschrauber, die auf Demonstranten feuerten, existierten nur in der Phantasie der Westblockpropagandisten.

Den Westblock-Strippenziehern war klar, dass die Geschwindigkeit der entscheidende Faktor war bei dem Versuch, Gaddafi aus dem Amt zu treiben. Es musste alles sehr schnell gehen, bevor neutrale Beobachter auf die Idee kommen konnten, dass hier ein nach allen Regeln der Kunst vorbereiteter Umsturz von außen im Gange war. So vergingen von den ersten »Demonstrationen« in grenznahen Städten, sprich: Überfällen von bewaffneten Banden auf Polizeistationen und staatliche Verwaltungseinrichtung, aber auch den Überfällen von eingeschleusten Terroristen sogar in der Hauptstadt Tripolis, wo am 20. Februar die Große Volkshalle (das Parlamentsgebäude), das Justizministerium und der staatliche Fernsehsender angegriffen und in Brand gesteckt werden, bis zu den massiven Angriffen auf libysche Militärinstallationen überall im Lande nur wenige Tage. Spätestens an diesem Punkt hätten auch BRD-Polizisten den Befehl bekommen, von der Waffe Gebrauch zu machen, wenn Ähnliches in Berlin und Umgebung von statten gegangen wäre. Zu den vom Westen bewaffneten und trainierten Anti-Gaddafi-Gruppen gehörten auch zahlreiche islamistische Terrorbanden (man war nicht wählerisch bei der Auswahl der Fußtruppen, die den »dirty job« vor Ort erledigen sollten), die nun auf das libysche Volk losgelassen wurden – so viel zum angeblichen »Kampf gegen den (islamistischen) Terror«.

Die versammelten Westblock-Presstitutes vergaßen einmal mehr, den gesunden Menschenverstand einzuschalten und wie andere neutrale Beobachter das Widersprüchliche der offiziellen Westblockberichte zu hinterfragen. Denn wie soll es unbewaffneten, friedlichen Demonstranten möglich sein – wie von der Westblockpropaganda triumphierend vermeldet –, am 18. Februar eine ganze Militärgarnison in Baida zu stürmen und die libyschen Armee-Einheiten von dort zu vertreiben, wenn nicht die libysche Armee von bewaffneten Marodeuren überrascht worden wäre und auf den Einsatz schwerer Waffen gegen die Angreifer verzichtet hätte? Dass die Marodeure die Gelegenheit nutzten, fünfzig auf der zur Garnison gehörenden Luftwaffenbasis als Handlanger beschäftigte Schwarzafrikaner als angebliche Pro-Gaddafi-Söldner hinzurichten, zusammen mit zwei »Verrätern«, blieb unbeachtet beziehungsweise unkommentiert. Und natürlich nutzte auch die Familie des gestürzten Korruptionskönigs Idris vom Stamme der Senussi die Gunst der Stunde, um zum Sturz des widerwärtigen, mörderischen Gaddafi-Regimes aufzurufen. Jetzt sei die internationale Gemeinschaft aufgerufen, die »Menschenrechte« in Libyen durchzusetzen. Und natürlich erklärte man sich großzügig bereit, dem Willen des Volkes zu gehorchen, falls dies eine Rückkehr zur Monarchie wünsche. Leider erfüllten das Volk beziehungsweise die vom Ausland bezahlten Terroristenführer dem Monarchensprößling seinen Wunsch nicht.

Nun wurde die nächste Stufe der Westblockpropagandarakete gezündet, die nächste Eskalationsstufe eingeleitet. Bereits zehn Tage nach den ersten Demonstrationen, am 27. Februar wurde einer staunenden Weltöffentlichkeit ein *Nationaler Übergangsrat* vorgestellt, der die Regierungsbildung für die Zeit nach Gaddafi sicherstellen solle. Angesichts der »massiven Menschenrechtsverletzungen« der staatlichen Sicherheitsorgane zur Abwehr der massiven Übergriffe der eingereisten Marodeure wurden umgehend Forderungen nach westlicher Militärunterstützung für diese »Freiheitsbewegung« laut, merkwürdigerweise wurde speziell die NATO aufgefordert, hier einzugreifen. Wie vorbereitet wurde auch umgehend die Einrichtung einer »No-Fly-Zone« gefordert, die natürlich militärisch durchgesetzt werden müsse, sprich: die militärische Bekämpfung der libyschen Luftwaffe durch die versammelte und bereitstehende Westblock-Armada. Die No-Fly-Zone wurde vom UN-Sicherheitsrat abgenickt und in eine entsprechende UN-Resolution gegossen. Wobei westliche Spitzenmilitärs lächelnd kommentierten, jeder wisse doch, dass es sich dabei in Wahrheit um die Einrichtung einer No-Drive-Zone handle, dass also das Westblock-Militärbündnis binnen weniger Tage sämtliche Bewegungen der libyschen Armee unterbinden und diese aus der Luft nach allen Regeln der Kunst zusammenschießen werde, um den Söldnerbanden die Straßen nach Tripolis freizuschießen, um den Umsturz zum Abschluss zu bringen. Politikwissenschaftler weisen darauf hin, dass die NATO sich durch die Bombardierung der libyschen Truppen faktisch als Luftwaffe der Marodeure fungiert habe. Die UN-Resolution 1973 sei bewusst so formuliert worden, dass die Einrichtung einer Flugverbotszone zum Schutz der Zivilbevölkerung problemlos in einen völkerrechtswidrigen Krieg mit dem Ziel des Regimewechsels ausgeweitet werden konnte. Die eigentlichen Kriegsziele des Westens seien das libysche Öl, die geopolitische Kontrolle Nordafrikas und die Erneuerung der Ideologie vom humanitären Krieg gewesen.

Doch zunächst vergingen einige Tage, wo einzelne Staaten, unter anderem die BRD, wagten, die nun anrollende Welle der Begeisterung für eine Westblock-Militäraktion in Libyen zu hinterfragen und entsprechende Beschlüsse zu blockieren. Der Durchbruch für die finale Stufe des Umsturzplans kam, als es den libyschen Truppen, die den ersten Schock über die gewalttätigen Überfälle der Marodeure überwunden hatten, Mitte März 2011 gelang, in einer Gegenoffensive die Söldnerbanden fast wieder bis an die Grenze zu Ägypten beziehungsweise zu Tunesien zurückzudrängen. Angesichts der drohenden Niederlage ihrer Soldateska machten die USA und die EU nun Druck auf die Abweichler wie die BRD, dem Endkampf gegen Gaddafi zuzustimmen. Was nun auch geschah. Das Ergebnis ist bekannt, es lohnt nicht, die Einzelheiten hier nochmals aufzulisten. Sieben Monate später war Libyen komplett zerstört, der bisherige Staat zerschlagen, Gaddafi ermordet.

Ein ganz schwaches Bild während dieser gigantischen Westblocktäuschungs- und Gewaltstrategie gegen Libyen gab Russland ab. Unter dem damaligen Präsidenten Medwedew und seinem Premier Putin spielte Russland während der vom Westblock vom Zaun gebrochenen Libyenkrise den diplomatischen Wackeldackel. Es bedurfte erst der Wiederwahl Putins als Präsident 2012, um hier eine Wende herbeizuführen. Offenbar hatte sich Putin für seine zweite Präsidentschaft eine etwas andere, eigenständigere Agenda vorgenommen. Sein vorheriger Schmusekurs mit dem Westblock (man denke an die deutsch gehaltene Werbe-Rede des frischgebackenen Präsidenten Putin vor dem Bundestag 2001) war ganz offensichtlich – wie schon bei Gaddafi – nicht honoriert worden. Es bedurfte dann der Ereignisse des dramatischen Jahres 2013, mit dem russischen Asyl-Angebot an den US-Dissidenten Edward Snowden, vor dem Zugriff der US-Sicherheitsbehörden nach Russland zu flüchten (nachdem kein westeuropäisches Land auf die verschiedenen Asylgesuche Snowdens reagiert hatte), mit dem russischen Eingreifen in Syrien, um hier den üblichen Ablauf vom Einfall westlich finanzierter Terroristen, Bürgerkrieg, Umsturz und Installation eines westblockgenehmen Regimes zu durchbrechen und Bashar al-Assad trotz der Westblock-Wühltätigkeit im Amt zu halten, und der Ereignisse in Kiew, jenem von den USA und der EU inszenierten Staatsstreich in der Ukraine, mit dem die gewählte, neutrale beziehungsweise leicht prorussische Regierung unter Janukowitsch gewaltsam aus dem Amt gejagt und im Land ein westblockgenehmes Regime unter dem Milliardär Poroschenko installiert wurde, um ein Umdenken und ein aktiveres Handeln einzuleiten. Snowdon bekam Asyl, die Assad-Regierung in Syrien wurde gestützt und dabei unterstützt, die Westblock-Terroristen aus dem Land zu treiben, die Krim wurde besetzt. Zwei Jahre zuvor, im Falle Libyens, hatte Russland leichtfertig zugelassen, dass der Westblock nach

Kosovo, Irak und Afghanistan mit Bomben, Söldnern und Kanonen einen weiteren Failed State produziert, den er dann leichterdings nach eigenen Vorstellungen steuern und ausbeuten kann. Mit all den negativen Folgen bis heute einschließlich der ungelösten Flüchtlingsproblematik. Die Flüchtlinge werden jetzt in Milizen unterstehenden Lagern im Landesinneren gesammelt, und dort unmenschlicher Behandlung (Folter, Vergewaltigung, Mord) ausgesetzt, mit Billigung und Finanzierung der EU.

Doch werfen wir noch einmal einen Blick zurück. Die eigentliche Operation zum Sturz Gaddafis beginnt mit dem »Arabischen Frühling« in den Nachbarländern Tunesien (im Westen) und Ägypten (im Osten) im Herbst 2010. Die Demonstrantenmassen entstanden wie aus dem Nichts, stürzten die Regierungen in beiden Ländern, und verschwanden wieder spurlos im Nichts. Dieses Muster spricht für eine vom Westblock finanzierte »Farbenrevolution«, gezielt angezettelt, um ein passendes Aufmarschgebiet gegen Gaddafi zu gewinnen. Geplant ist offenbar eine Zangenoperation mit gleichzeitigen Angriffen von Ost und West in einer Art Wiederauflage des erfolgreichen tschadischen Coups gegen Gaddafi von 1986. Man kopierte das damalige Erfolgsrezept und begann den zweiten »Toyota War« beziehungsweise »Toyota Krieg No. 2«. Erneut waren es Tausende von Geländewagen dieses Herstellers, welche die vom Westblock finanzierten Söldnerbanden in die Lage versetzten, mit hoher Geschwindigkeit ins Land einzufallen, der Reihe nach Stützpunkte der Polizei und der Regierungstruppen zu stürmen, und – entscheidend unterstützt von der NATO-Luftwaffe – binnen weniger Wochen die Macht im Lande zu übernehmen. Allerdings waren offenbar nicht genügend Neufahrzeuge der Marke Toyota Landcruiser verfügbar, daher kaufte man offenbar alle erhältlichen Geländewagen des Typs Pickup auf.

Das führte zu kuriosen Situationen. Auf *YouTube* sind zahlreiche Videos »siegreich vorstürmender« Söldnerbanden vom Frühjahr 2011 zu sehen, wie sie durch Libyen rasen und Polizisten ermorden sowie von der NATO zusammengebombte Regierungsstellungen stürmen. Begleitet wurden die Horden häufig von »eingebetteteten« Westblock-Presstitutes, also Propaganda-Schreiberlingen und VJs, die quasi live vom Beifahrersitz solcher Geländewagen aus berichteten und jeden ermordeten Polizisten, jeden erschossenen Regierungssoldaten, jeden Terror-Luftangriff der NATO bejubelten. Dabei filmten sie aus dem Fahrzeuginneren die Straße vor ihnen. Bei vielen Fahrzeugen ist dabei am oberen Rand der Windschutzscheibe – spiegelverkehrt – eine transparente Aufschrift zu lesen, die Werbung eines großen Geländewagenhändlers. Recherchiert man den Namen dieser Geländewagen-Gebrauchtwagenfirma, so stellt sich schon nach kurzer Suche heraus, dass es sich um eine Firma im Großraum München handelt, genauer gesagt aus Pullach, also dem damaligen Hauptsitz des zwischenzeitlich nach Berlin umgesiedelten BRD-»Bundesnachrichtendienstes« BND. Ein Schelm, wer Böses dabei denkt. Ausgerechnet die Fahrzeuge eines Münchner Geländewagenhändlers werden im fernen Libyen von den »Aufständischen« benutzt? Damit fällt einmal mehr die Mär von dem »wie ein Mann gegen Gaddafi aufbegehrenden libyschen Volk« in sich zusammen, und aus dem Propagandanebel schält sich das Bild der vom Westblock finanzierten und ausgerüsteten Söldnerhorden heraus, die in einem günstigen historischen Moment die Gaddafi-Regierung auf dem schwachen Fuß erwischten und aus dem Amt zu jagen vermochten – unterstützt von der gesammelten, unendlichen Militärpower des mächtigsten Militärbündnisses aller Zeiten, der NATO.

Wie konnte Gaddafi derart überrumpelt werden? Ganz

einfach. Wie hätte er denn darauf kommen sollen, dass nach über zehn Jahren libyschen Schmusekurses gegenüber dem Westblock die Westblock-Geheimdienste und Propagandisten einen lange und sorgsam geschmiedeten Plan in kürzester Zeit mit Höchstgeschwindigkeit gegen ihn umsetzen würden? Dass die Westblockpropaganda aus normalen Polizeiaktionen gegen bewaffnete Unruhestifter »Massaker am eigenen Volk« machen würden, also die Fakten dreist ins Gegenteil verdrehen würde, und binnen weniger Tage (von den ersten »Demonstrationen« bis zu den ersten vernichtenden Luftschlägen der NATO vergingen gerade mal drei Wochen) die geballte Militärpower der NATO ihm seine gesamten Armeestrukturen aus der Hand bomben und die vom Westblock finanzierten Söldnerhorden am Boden ihn im Zustand völliger Hilflosigkeit vor sich her treiben würden? Dass sie ihn aus Tripoli vertreiben und schließlich wie bei einer Treibjagd die Schlinge immer enger zu ziehen würden, bis die Söldnerhorden ihn schließlich in einem Abwasserrohr zur Strecke bringen und auf schreckliche Weise zu Tode foltern würden? Das lag jenseits von Gaddafis Vorstellungsvermögen Anfang Februar 2011.

Als er dann aus seinem Dämmerschlaf erwachte und endlich die wahren Absichten der Westblock-Kamarilla und Soldateska erkannte, war es zu spät. Die libysche Armee war von der vereinigten NATO-Luftwaffe zu großen Teilen zerschlagen, sämtliche libysche Luftabwehr-Waffen von NATO-Cruise-Missiles zerstört und die Hauptnachschublager entweder zerbombt oder in den Händen der feindlichen Söldnerhorden. Der ansonsten wenig sympathische FDP-Westerwelle, kurz zuvor noch als Beleidiger von allen Hartz-IV-Beziehern in der Presse, die er »spätrömischer Dekadenz« und kursorisch gesammelter Faulheit bezichtigt hatte, ragte dennoch positiv aus den vereinigten Westblock-Bücklingen der Politik heraus. Damals BRD-Außenminister, weigerte er sich, sowohl politisch als auch militärisch bei diesem ebenso perfiden wie mörderischen »Spiel« des Westblocks gegen Libyen mitzumachen. Und enthielt sich im UN-Sicherheitsrat bei der Abstimmung über die Angriffsfreigabe in Form einer lächerlichen »Flugverbotszone« (die in der Realität einer »Gaddafi-Bekämpfungszone« entsprach) nicht nur der Stimme, sondern verhinderte auch eine Teilnahme der BRD-Bundeswehr am völkerrechtswidrigen Militär-einsatz der NATO gegen Libyen. Was auch immer seine Gründe dafür gewesen sein mögen – in diesem Fall und für diese Haltung gebührt dem mittlerweile verstorbenen »Liberalen« ein ehrendes Angedenken. Die Leichen von Gaddafi und seinem ebenfalls getöteten Sohn Mutassim werden am 25. Oktober 2011 an einem geheimen Ort in der Wüste bestattet.

Wie kam es nun, dass der Westblock es einmal mehr schaffte, die hochgebildete und vom »besten Pressewesen der Welt« angeblich ach so umfassend informierte West-blockbevölkerung in Europa und den USA so hinters Licht zu führen? Ganz einfach. Man zog die »R2P«-Karte, die *Responsibility to protect*-Schmierenkomödie aus dem Hut, ein maßgeblich von Bundeswehr-General Naumann 2001 im Rahmen *International Commission on Interven-tion and State Sovereignty* entwickeltes Konzept, und gab einmal mehr vor, mit einer mörderischen Militäraktion doch nur humanistische Absichten umzusetzen, dass es einzig und allein darum gehe, die notleidende, darbende, missbrauchte libysche Bevölkerung vor Gaddafi zu schüt-zen. Dabei müsse man leider militärische Mittel einsetzen, weil Gaddafi selber diese gegen sein Volk einsetze, und weil auf andere Weise das libysche Volk nicht wirksam vor seinem Peiniger Gaddafi zu schützen sei. Der Westblock rückte sich also kunstvoll und aufwendig ins Licht völliger Selbstlosigkeit und grenzenloser Güte, während man tatsächlich eiskalt einen perfiden geostrategischen Plan umsetzte, nach dem Irak nun auch noch ein zweites Land mit unermesslichen Ölvorräten dem unbeschränkten Zugriff des Westblocks zu unterwerfen.

Dazu brauchte es natürlich einen Bösewicht. Und die *spin doctors* in den Hinterzimmern der Westblock-Geheimdienste spielten einmal mehr das Spiel, das gegen einen Milosevic und einen Saddam Hussein so wunderbar funktioniert hatte (während es gegen Bashar al-Assad in Syrien dank des russichen Eingreifens leider kurz vor der Zielgrade durchkreuzt wurde). Man produzierte einen Diskurs, eine Saga, ein Märchen, eine Propagandachimäre der schlimmsten Sorte: die Lüge vom mörderischen, verbrecherischen, größenwahnsinnigen, gewalttätigen, unzurechnungsfähigen, idiotischen und überhaupt lebensunwerten Gaddafi. Und die Westblockpresse zog wie immer naiv-einträchtig mit. Oh Gott, dieser abgrundtief böse, verachtenswerte, hassenswerte Wüstling Gaddafi, Vergewaltiger, Massenmörder, Giftgasproduzent, Terrorfinanzier und so weiter und so fort. Und nun lässt er auch noch unschuldige Demonstrant*innen zusammenschießen. Nein, jetzt reicht es, jetzt muss mal was passieren. Auf diesem Stammtisch-Niveau agierend, bereitete man so den Boden für die seit langem geplante NATO-Militäraktion gegen Gaddafi, der mit der Finanzierung der Einigung Afrikas und der Entkopplung des Ölhandels vom US-Dollar seinen politischen wie biologischen Kreditrahmen beim Westblock endgültig überzogen hatte. Das Todesurteil war gefällt, der Plan fertig, und musste nur noch umgesetzt werden. Und die Stunde war nun gekommen, eine einmalige historische Konstellation, Russland und China in Schockstarre, und der Westblock mit Volldampf voranwalzend.

Zu den im Zusammenhang mit Gaddafi in die Welt gesetzten Propagandamärchen gehört auch das Folgende: Der Leiter des Ausschusses der neuen Regierung zur Suche nach Opfern der Herrschaft Gaddafis gab am 25. September 2011 bekannt, dass Ermittler in Tripolis ein Massengrab mit den sterblichen Überresten von 1270 Menschen gefunden hätten, vermutlich ehemaligen Insassen des Gefängnisses Abu Salim, in dem sich im Juni 1996 nach Protesten der Inhaftierten ein Massaker ereignet habe. Die Leichen seien mit Säure übergossen worden, offenbar um Beweise für das Massaker zu vernichten. Allerdings fiel das Märchen bei der ersten Überprüfung in sich zusammen, selbst Journalisten des US-Propagandasenders CNN mussten konstatieren, dass die Knochen, die gefunden worden seien, zu groß für menschliche Knochen seien beziehungsweise dass es sich vermutlich um Tierknochen aus einem benachbarten Schlachthof gehandelt habe. Von Westblockpropagandisten wurde auch insinuiert, die Familie Gaddafi verfüge über ein dem libyschen Volk geraubtes Vermögen von über hundertfünfzig Milliarden US-Dollar, wofür es keine neutralen Beweise gab und gibt. Nicht unerwähnt bleiben soll auch ein letztes Propagandamärchen, das die rassistischen Marodeure in die Welt setzten und das von der Westblockpresse dankbar aufgegriffen wurde: das Märchen von den angeblichen Tausenden schwarzafrikanischen Söldnern im Dienste Gaddafis, der sich nicht mehr auf seine eigenen Truppen habe verlassen können und daher für viel Geld (die Angaben für den Monatssold variierten zwischen tausendfünfhundert und zehntausendfünfhundert Dollar) ausländische Söldner, bevorzugt im Süden Afrikas, angeworben habe. Tatsächlich lebten bei Beginn des Staatsstreichs gegen Gaddafi knapp 1,7 Millionen Schwarzafrikaner als Gastarbeiter im Land. Die rassistischen Marodeure nutzten nun den ihnen erteilten Freibrief zur uneingeschränkten Verbreitung von Gewalt dazu, viele Hundert von ihnen abzuschlachten und das als »Kampf gegen Gaddafis Söldner« zu verkaufen, was die doofe Westblockpresse auch noch unkommentiert übernahm

Doch weiter mit den konkreten Umsturzvorbereitungen. Im Westen von Libyen: Die Regierung in Tunesien tritt nach »Massenprotesten« am *14. Januar 2011* zurück (und wird durch ein westblockgenehmes Regime ersetzt). Im Osten von Libyen: In Ägypten tritt Präsident Hosni Mubarak am *11. Februar 2011* zurück und wird ebenfalls durch ein westblockgenehmes Regime ersetzt. Damit ist das Terrain bereitet, das Aufmarschgebiet für die nun folgende Haupt- und Staatsaktion gegen Libyen, gegen Gaddafi. Von Westen wie von Osten können nun die schon vor der Küste ankernden Transportschiffe mit Tausenden von Geländewagen, hauptsächlich der Marke Toyota, aber nicht nur, entladen werden, und die insgeheim gesammelten Söldnerhorden, bestehend aus Landesflüchtlingen, Verbrechern, Räuberbanden, Hooligans und sonstigen Tunichtguten, bewaffnet und instruiert werden. Das Ziel ist klar: »Gaddafi muss weg«. Und zwar presto. Also verliert man keine Zeit. Die Lage in Libyen wird sorgsam sondiert, und auch hier die nächstbeste Gelegenheit genutzt. Sechs Tage später ist es so weit. Die NATO-Aktion »Gaddafi muss sterben« beginnt.

Dabei wird von der Westblockpropaganda ein entscheidendes Faktum hinsichtlich des Ursprungs dieses »Volksaufstandes« unterschlagen: Die Proteste beginnen nicht als Empörung der einfachen Bevölkerung gegen Gaddafi, dessen Herrschaft man überdrüssig war. So hätte man es gern gehabt. Doch was war tatsächlich passiert? Am 15. Februar 2011 demonstrierten in der Kleinstadt Zawija ausländische Hilfsarbeiter und lokale Minderheiten gegen die ihrer Meinung nach unzumutbare Unterbringung in behelfsmäßigen Unterkünften. Das eigentliche Problem entstand, als rassistische einheimische Mobs sich auf diese ausländischen Hilfsarbeiter, darunter viele Schwarzafrikaner und Pakistaner, stürzten und diese durch die Straße jagten, um sie zu verprügeln. Dagegen schritten die Polizei und Einheimische ein, die versuchten, die Rassistenmobs auseinanderzutreiben und ihre Opfer zu schützen. Es gelang, einen Großteil der Schlägertruppe festzunehmen und in ein Gefängnis in der Provinzhauptstadt Bengasi zu bringen. Daraufhin mobilisierten die gut organisierten Rassisten, der gewalttätigen Fußballszene entstammend, den sogenannten Hooligans, per Telefonkette einen Aufmarsch in der Provinzhauptstadt Bengasi für den Abend. Dort versammelten sich rund 600 gewaltbereite Schläger, die Molotow-Cocktails und Pflastersteine mit sich führten, vor dem Polizeipräsidium, und begannen dieses mit einem Hagel von Benzinbomben und Steinwürfen einzudecken. Anschließend zogen sie durchs Zentrum von Bengasi und hinterließen eine Spur der Zerstörung. Die überforderten Polizeikräfte antworteten wie auch im Westen üblich mit Tränengas, dem Einsatz von Wasserwerfern und Gummigeschossen. Dabei wurden achtunddreißig der Schläger verletzt sowie zehn Polizisten.

Der zu diesem Zeitpunkt neunundsechzigjährige Gaddafi hat noch knapp acht Monate zu leben. Die Westblockpropaganda nimmt die Straßenschlachten zum willkommenen Anlass, zum Sturz des »Volksschinders« Gaddafi aufzurufen, der die Polizei sein eigenes Volks misshandeln lasse. Die Hooligans organisieren nun, wie von ihren westlichen »Beratern« befohlen, weitere Aufmärsche und Prügelorgien im ganzen Land. Schon am 23. Februar, gerade mal sechs Tage nach den ersten »Demonstrationen«, fordert der mittels Gaddafis Millionenspende 2007 zum Präsidenten beförderte Sarkozy erstmals »Gaddafi muss weg« sowie die Einrichtung einer Flugverbotszone. Gaddafi hatte einen Tag zuvor, am 22. Februar 2011 (auch angesichts von Drohungen einer internationalen Militärintervention), ein Eingehen auf die unverschämten Rücktrittsforderungen der Rebellen naturgemäß abgelehnt. Vereinzelt wurde im Westblock erstaunlicherweise die Frage laut, ob Sarkozy möglicherweise so überhastet gehandelt haben könnte, weil er die Korruptionsvorgänge rund um seinen Wahlkampf 2007 endgültig im Dunkel verschwinden lassen wollte. Also ob dieser Krieg inklusive Regimewechsel angezettelt worden sei, um den Hauptzeugen in einem Fall von (illegaler) Parteienfinanzierung auszuschalten. Mit den bekannten Folgen. Eine ganze Region versinkt in Chaos, Staatszerfall, islamistischem Terror und Flüchtlingselend. Das wäre ein spektakulärer Politskandal bisher ungekannter Größe. Diese Motivation für den Libyenkrieg sei tatsächlich vorstellbar.

Nun kommen die bisher im Grenzgebiet auf der Lauer liegenden bewaffneten Kumpels der Hooligans zum Einsatz und stürmen los, eine Stadt nach der anderen überrennend. Die libyschen Sicherheitskräfte sind zunächst von dem unerwarteten Gewaltausbruch überrascht. Erst nach zwei Wochen gelingt es Schritt für Schritt, die eingefallenen Marodeure wieder Richtung Grenze zurückzutreiben. Angesichts dieser erfolgreichen Gegenoffensive der libyschen Regierungstruppen Mitte März 2011 geraten die Westblock-Häuptlinge in Panik und sehen ihren schönen Umsturzplan scheitern. Das muss auf alle Fälle verhindert werden. Frankreich unter dem Korruptionskönig Sarkozy entschließt sich, nach mehreren NATO-Meetings, vorzupreschen und sofort loszuschlagen. Kaum ist die Tinte unter einem gemeinsamen Kommuniqué der NATO trocken, schickt Sarkozy seine

Militärflugzeuge zur Unterstützung der ins Hintertreffen geratenen Marodeure los. Ein Sprecher des französischen Verteidigungsministeriums gibt am Abend des 19. März bekannt, dass gegen 17 Uhr französische Kampfflugzeuge mit Angriffen auf libysche Truppen begonnen hätten. Die Militäraktion erhält den Namen *Opération Harmattan* (Sandsturm). Dieser hektische militärische Aktivismus Frankreichs blieb nicht unkritisiert. Selbst der Vatikan rügte am 19. März Frankreich wegen der übereilt in Gang gesetzten Militäroperation. Schon ab dem 9. März hatte die NATO damit begonnen, den libyschen Luftraum rund um die Uhr mit AWACS-Flugzeugen zu überwachen.

Am 1. April forderte Gaddafi den Rücktritt der Staatschefs aller Länder, die sich am Militäreinsatz gegen sein Land beteiligen. Was im Westblock natürlich als Aprilscherz abgetan wird. Wie sehr um sein Erbe geschachert wurde, vermittelt ein mittlerweile bekannt gewordener Brief des libyschen »Übergangsrates« vom 3. April 2011, zwei Wochen nach Beginn des militärischen Einsatzes von Frankreich in Libyen. Dem von kundigen Beobachtern als authentisch angesehenen Brief zufolge versprachen Vertreter des libyschen »Übergangsrates« der französischen Regierung bei der Londoner Libyen-Konferenz vom 29. März 2011 fünfunddreißig Prozent der libyschen Ölreserven dafür, dass Frankreich die Rebellen als legitime Vertreter Libyens anerkenne und Waffen für den Kampf gegen Gaddafi liefere. Erst im Juli 2016 erfuhr die Öffentlichkeit, dass 2011 auch französische Spezialeinheiten an den Bodenkämpfen gegen die libysche Armee beteiligt waren, als der französische Verteidigungsminister den Tod dreier französischer Soldaten 2011 in Libyen bestätigte. Bei ihren Aktionen zugunsten der Söldnerbanden in Libyen schreckte der Westblock selbst vor Piraterie nicht zurück. So wurde am 3. August 2011 in der Nähe von Malta der mit Benzin beladene libysche Öltanker *Cartagena* von libyschen Rebellen, unterstützt von »unbekannten europäischen Spezialeinheiten«, geentert und in das von Rebellen kontrollierte Bengasi gesteuert.

Das Ende vom Lied ist bekannt. Gaddafi ist tot, ermordet von den Söldnerbanden. Libyen ist in einen ewigen Bürgerkrieg abgesunken beziehungsweise in viele Kleinstaaten zerfallen, die sich gegenseitig bekämpfen, Regionen, die jeweils von einer der seit 2011 niemals entwaffneten Söldnerbanden beherrscht werden. Die größte Gruppe im Osten Libyens, rund um die Großstadt Tobruk, wird von General Haftar beherrscht und von Ägypten sowie den Vereinigten Arabischen Emiraten unterstützt. Die größte Gruppe im Westen des Landes, rund um die Pro-forma-Hauptstadt Tripolis, wird von der islamistischen »Regierung« unter der Muslim-Bruderschaft beherrscht und von der Türkei, dem Sudan und Katar unterstützt. So, wie die Dinge stehen, wird dieser Konflikt noch lange Zeit fortdauern. Weil er den Interessen des Westblocks dient.

Nachwort

Das Thema *WikiLeaks* werde ich in einem der Folgebände noch ausführlich beleuchten. Allerdings seien hier vorab schon einige aus geschichtswissenschaftlicher Sicht wichtige Dinge angemerkt, die in unserer lieben, gleichgeschalteten Westblockpresse gern unterschlagen beziehungsweise völlig falsch dargestellt werden. So war sich der ansonsten kritisch gerierende britische *Guardian* nicht zu blöde, eine Phantasiegeschichte in die Welt zu setzen, der zufolge Trumps langjähriger Strippenzieher Paul Manafort vor 2016 (der Wahl Trumps zum 45. US-Präsidenten) mehrfach in der ecuadorianischen Botschaft in London geweilt habe, um mit Assange zu sprechen, mit dem Hintergrund, dass damals angeblich die Zusammenarbeit mit Russland im Hinblick auf die illegal gehackten DNC-Computer der Demokratischen Partei und die Veröffentlichung der damit in die Hand bekommenen Podesta-Mails abgesprochen worden sei, die entscheidend für Trumps Wahlsieg gewesen seien. Damit sei letzten Endes bewiesen, dass Trump ein »mandschurischer Kandidat« Putins beziehungsweise Russlands sei. Dumm nur, dass weder die mittlerweile vorliegenden internen Botschaftsdokumente noch die rund um die Botschaft versammelten unzähligen Überwachungskameras (London zählt generell zu den am intensivsten videoüberwachten Großstädten der Welt, noch deutlich vor Peking; die Gegend rund um die ecuadorianische Botschaft am Hans Crescent im Londoner Stadtteil Knightsbridge ist noch deutlich stärker videoüberwacht, nicht zuletzt von den Westblock-Geheimdiensten) auch nur die leiseste Spur eines Besuchs Manaforts zeigen. Da müsste er schon durch die Kanalisation Zugang zur Botschaft erlangt haben, um derart spurenlos hineingelangt zu sein und solche Gespräche geführt zu haben.

Kurz und gut – es gab diese Gespräche nie. Warum wird eine solche Meldung in die Welt gesetzt? Weil die Westblockpresse – gemäß ihren Vorgaben aus den Geheimdienstzentralen in Langley, London und Berlin – nicht müde wird, immer wieder eine angebliche russische Verschwörung hinter der Wahl Trumps zu konstruieren. Um damit ihren Ärger zu kanalisieren, dass die schon vor der Wahl fest vereinbarte Nachfolgerin des Staatsschauspielers Obama in Form der gleichstrickten Hillary »Mir egal wie ich an die Macht komme, Hauptsache, dass« Clinton in einer unvorhergesehenen Entscheidung des ansonsten zuverlässig manipulierten US-Wahlvolks (falls man nicht von einer generellen Manipulation dieser Wahlen ausgehen will) NICHT ins Amt gewählt wurde. Sondern Provokateur und Politclown und abgehalfterter Immobilienfuzzi Trump. Eine solche Einmischung Moskaus hat es aber offenbar nie gegeben. Jedenfalls haben alle US-Ermittlungsversuche samt der dreißig Millionen Dollar teuren »Ermittlung« des »Sondermittlers« Müller nicht einen einzigen belastbaren, öffentlich vorzeigbaren Beweis einer solchen Einmischung erbracht (weil es sie laut Kreml nie gegeben hat). Dagegen fielen bei diesen Ermittlungen aber jede Menge Verfahren wegen Steuerhinterziehung und verdeckter Lobbyisten-Tätigkeit an, was im US-Establishment eine Art Volkssport zu sein scheint. Was die Westblockpresse seit der *WikiLeaks*-Veröffentlichung der Podesta-Mails dagegen »mit fest geschlossenen Reihen« ignoriert, ist der Inhalt dieser Mails, der belegt, dass innerhalb der Demokratischen Partei Mitbewerber von Hillary »Ich bombe euch alle in die Hölle« Clinton wie der

Alt-»Linke« (nach BRD-Maßstäben CDU-nahe) Bernard Sanders mit illegalen Mitteln ausgebremst wurden, dass das Parteiestablishment vor keinem noch so billigen oder verbotenen Schachzug zurückschreckte, um die Chancen von anderen Kandidaten auf die Präsidentschaftskandidatur zu minimieren und Hillary »Russland muss in die Schranken gewiesen werden« Clinton durchzudrücken. Diese galt auch den US-Medien schon als so sehr gesetzt, dass blankes Entsetzen eintrat, als in der Wahlnacht von Minute zu Minute deutlicher wurde, dass Hillary »Was mein Mann damals im Oral Office und in Jugoslawien angestellt hat, ist mir völlig egal, solange ich seinen Namen benutzen kann, um Präsidentin zu werden« Clinton die Wahl verloren hatte und der neue Präsident Donald Trump heißen würde.

Aber womit hat nun der schlaksige, mit seinen von frühester Jugend an weißen Haaren etwas merkwürdig aussehende, nach außen sich so selbstbewusst gebende junge Mann Julian Assange so sehr den Hass der US-Behörden, der US-Presse und des US-Establishments auf sich gezogen, dass in den US-Medien ganz offen für seine zeitnahe Ermordung plädiert wurde? Ganz einfach: weil er der Welt mit unwiderlegbaren schriftlichen oder bildlichen oder sogar Video-Beweisen zeigte, wie verbrecherisch sich die USA in der Weltpolitik aufführen. Weil er den USA die Maske von Wohlanständigkeit, von selbstloser Demokratieförderung, von der selbstlosen Förderung des freien Welthandels vom Gesicht riss und die hässliche Fratze sichtbar machte, die sich dahinter verbirgt. Die Fratze eines Gemeinwesens, das einzig der Profitmaximierung seiner Oligarchie dient, und welches zu diesem Zweck vor keiner noch so verbrecherischen und dem Völkerrecht oder anderem Recht widersprechenden Maßnahme zurückschreckt, um seine Interessen durchzusetzen. Das gewählte Regierungen reihenweise mit gedungenen Söldnerbanden stürzt (von Iran 1953 bis zur Ukraine 2014) oder das zumindest versucht (von Kuba 1962 bis Syrien und Venezuela bis heute). Das mit seinen Geheimdiensten rund um die Welt nicht nur illegal alles abhört, was sich abhören lässt, sondern auch Menschen entführen und foltern lässt, die es der Terrorismus-Förderung verdächtigt (CIA-Abduction-Skandal), beziehungsweise Menschen mit ferngesteuerten Drohnen-Angriffen ohne jeglichen Gerichtsprozess *par ordre de mufti* beziehungsweise des US-Präsidenten ermorden lässt, wenn es sie wiederum des Terrorismus verdächtigt. Ob dabei reihenweise Hunderte oder Tausende von Unschuldigen als »Kollateralschäden« auftreten, ist egal. Es wird weitergemordet.

Aber den Kulminationspunkt erreichte der Hass der US-Regierung beziehungsweise des US-Establishments auf Assange mit der gelungenen Ausschleusung Edward Snowdons aus seinem zeitweiligen Exilort Hongkong, wo ihm der Zugriff der britischen und der US-Geheimdienste drohte, ins sichere Drittland Russland. Dass Assange das trotz seiner Geiselhaft im winzigen Zimmerchen in der ecuadorianischen Botschaft in London gelang, war ein Glanzpunkt der *WikiLeaks*-Geschichte und gleichzeitig eine Schmach, eine Niederlage für die USA, welche die verantwortlichen Herren (samt den wenigen Damen in der Führungsriege, unter anderem die liebe Hillary) der USA vor Wut schäumen ließ. Alles, was man Assange in diesem Zusammenhang vorwerfen kann, ist Naivität gegenüber dem gern als weltoffenes, sozial gerecht organisiertes Kinderparadies (Astrid Lindgren) dargestellten Schweden, das – bei genauerer Betrachtung, wie sie etwa Stieg Larsson in seiner Millennium-Trilogie und vielen seiner Zeitungsartikel vornahm – sich in der Realität als finsterer Schurkenstaat geriert. Dass Assange ausgerechnet dieses Land bis 2010 als »sicheres Drittland« für sich ansah, wo er sogar eine permanente Aufenthaltsgenehmigung anstrebte, ist schwer nachzuvollziehen. Es überrascht aus zeitgeschichtlicher Perspektive nicht, dass die beiden Damen, die ihn der Vergewaltigung bezichtigten, mittlerweile als Boobytraps der US-Geheimdienste enttarnt wurden (auch hierfür könnte man Assange Naivität vorwerfen). Über die Inhaftierung wegen Vergewaltigung sollte Assange zum einen moralisch diskreditiert werden (nach dem Lehrbuch für Zersetzung der US-Geheimdienste), was ja auch vielerorts gelang, und der Whistleblower zum anderen für eine Auslieferung in die USA konditioniert werden. Als Assange noch positiv über Schweden dachte (vor diesen Vorkommnissen), war ihm offenbar die traditionell enge geheimdienstliche Zusammenarbeit Schwedens mit den USA nicht bewusst sowie die schon seit Ende des Zweiten Weltkriegs vereinbarte politisch-militärische Bündnistreue des offiziell neutralen Schwedens zu den USA und später zur NATO (Vergleich: Johannes Seiffert: *Die größten Lügen der Weltgeschichte. Fälschungen, Tricks und Propaganda.* Berlin 2018, S. 157–256).

Aber um welchen angeblich gegen die USA gerichteten Terrorismus geht es bei dem seit 2001 von den USA mit Milliardenaufwand und Tausenden von Toten geführten »Krieg gegen den Terror« eigentlich? Letztlich – das bedürfte jetzt längerer Ausführungen, für die hier kein Platz ist, die aber in einem der Folgebände nachgeholt werden – geht es um Terrorismus, den die USA durch ihr Verhalten, durch ihre illegalen militärischen, geheimdienstlichen und wirtschaftlichen Maßnahmen (Sanktionen!) rund um die Welt selbst geschaffen haben und den sie jetzt zum Vorwand nehmen, im Angesicht erodierender eigener wirtschaftlicher Vormachtstellung (die kommunistische Volksrepublik China hat ihr mittlerweile den Rang als größte und erfolgreichste Volkswirtschaft abgelaufen) verbissen mit allen Mitteln (vor allem illegalen) die eigene politische, wirtschaftliche und militärische Vormachtstellung zu verteidigen, koste es, was es wolle. Da kann Trump mit erratischen (beziehungsweise ehrlichen) Entscheidungen wie dem (angeblichen) Rückzug aus Syrien noch so sehr »dazwischenfunken« (ob das nicht ein weiteres abgekartetes Spiel ist, bleibt abzuwarten) – die Generallinie bleibt und der US-Militäretat mit mittlerweile fast achthundert Milliarden Dollar jährlich auf Rekordhöhe. Diese Summe ist im Übrigen doppelt so hoch wie die Militäretats der zehn nächstkleineren Militärmächte (Russland, China, Japan, UK, Frankreich, BRD et cetera) zusammengenommen.

Was könnte man mit dieser Summe alles für den Weltfrieden, gegen das Kindersterben, ja, gegen den Klimawandel unternehmen. Stattdessen wird es in sinnlose, teure, funktionsunfähige, Milliarden verschlingende Produkte des militärisch-industriellen Komplexes wie dem die meiste Zeit am Boden verbringenden Mehrzweck-Kampfflugzeug F-35 oder in einsatzunfähige Kampfschiffe gesteckt. Aber auch in die Aufrechterhaltung der über tausend Militärbasen der US-Armee rund um die Welt (die größten davon nach wie vor in der BRD, als Dreh- und Angelpunkt für Osteuropa und Afrika genutzt), der größten weltweiten Militärpräsenz eines einzigen Staates in der Geschichte der Menschheit. Selbst das »weltumspannende«, realiter nur das Mittelmeer umfassende Römische Reich war nicht in der Lage, solches auf Dauer durchzuhalten. Das antike Rom zeigt aber wiederum durch die Geschichte seines Niedergangs, wohin ein solches, von den USA wider besseres Wissen betriebenes »imperial overstretching« führt – das von Paul Kennedy für die USA schon 1987 sehr hellsichtig diagnostiziert

wurde. Es führt geradewegs in den Abgrund, zum Rückfall in die historische Bedeutungslosigkeit. Bleibt nur
noch die von Alt-Imperialist Ronald Reagan in anderem
Zusammenhang gestellte Frage, ob das mit einem Win-
seln oder mit einem Knall passieren wird. Die Hoffnung
Paul Kennedys, dass die US-Staatsmänner und -frauen
ihre Aufgabe erfüllen, Maßnahmen einzuleiten, um die
Erosion der Vormachtstellung langfristig konstruktiv zu
begleiten (um den Zusammenbruch des US-Systems zu
vermeiden) und kurzfristige, letztlich destruktive Maßnahmen zu unterlassen, hat sich bislang nicht erfüllt.

PS: Den Ausdruck »Westblock« (als Gegensatz zum damaligen, vom Westen unablässig geschmähten »Ostblock«)
verwende ich in dankbarer Erinnerung an seinen Erfinder
William Blum (1933–2018).